比較犯罪学研究序説

朴 元奎 著

成 文 堂

はしがき

　筆者は、1992年に米国のフロリダ州立大学（FSU: Florida State University）より犯罪学博士号の学位を取得し、同年日本に帰国した。幸いにも現在奉職している北九州市立大学法学部に刑事学の専任教員として採用され、学部では犯罪学と刑事司法政策の授業、大学院では刑事学の講座を担当するようになってから早くも20年が過ぎようとしている。帰国に際して、筆者の指導教授である Dr. Gordon P. Waldo から言われたことは、米国と日本を架橋するような研究をするようとのメッセージであった。そして、その後アメリカ犯罪学会などで幾度か再会する度に、研究者としての心構えとして奇をてらうようなことはせずに、常に「基本にもどれ」という言葉であった。筆者が日本で犯罪学者として独り立ちしてからは、指導教授のこの言葉を胸に刻みながら研究に従事してきたつもりである。そして、筆者が FSU 留学時代から今日まで最も主要な研究テーマとして一貫して取り組んできたのは、比較犯罪学の理論と方法論である。日米双方の大学院で研究教育を受けてきたという貴重な経験を活かすことのできる研究テーマであるとの理由から、犯罪学、被害者学、刑事政策の分野における様々な今日的諸問題について日米の比較研究を中心として研究業績を積み上げてきた。今回、筆者の研究業績の中でもとくに日米比較を柱とした比較犯罪学の基本的構想にかかる主要論文を選び出し、「比較犯罪学研究序説」と題して一冊にまとめたものが本書である。被害者学や刑事司法に関する論文については、今回は1本も収さめていないので、他日、公刊できる機会があればと願っている。

　本書は、序章を含む全7章から構成されている。序章は、もともとは、2011年8月に神戸で開催された国際犯罪学会第16回世界大会（the 16th World Congress, International Society of Criminology in Kobe, Japan, August, 5-9, 2011）において"Challenges and Prospects for Comparative Criminology in the Globalization Era."と題して報告された英語論文がベースとなっている（原文は『北九州市立大学法政論集』第40巻第4号（2013年）381-395頁に掲載されている。）。しかしながら、その後の問題状況の変化および議論の発展などもあり、本書の出版に際して、日本語論文として全面的に新たに書き下ろしたものである。筆者の長年にわたる比較犯罪

学研究の成果をふまえ、21世紀の社会が直面しているグローバル化現象が比較犯罪学研究のあり方に対してどのようにまたどの程度の影響を与えているのか、そして今後どのよう方向で研究が進展していく可能性があるのかについて筆者なりの考えおよび展望をまとめたものである。本書全体にかかる筆者の基本的な研究構想ないしは指針を提示した内容となっている。

第1章は、筆者にとって比較犯罪学研究の出発点ともなった思い出深い作品である。筆者が1983年8月からフロリダ州立大学犯罪学・刑事司法学部（FSU, College of Criminology and Criminal Justice）の大学院課程に留学し、博士課程に在籍中に私の指導教授であったDr. Waldoの下で、本格的に博士論文を書き始める前に、いわば比較研究の方法論的基礎に関する予備的調査研究として執筆したものである。比較犯罪学の方法論については、アメリカの実証的な犯罪学的調査研究ではある意味当然の議論ではあったが、比較研究が盛んな日本ではなぜか方法論に関する議論がほとんどまったくといってよいほど欠落していたために、日本の読者を想定して執筆したものである。筆者の恩師の一人である藤本哲也中央大学名誉教授（当時中央大学法学部教授）からのご推薦を受け、『比較法雑誌』誌に掲載していただいた。藤本先生は、アメリカの犯罪学博士号（カリフォルニア大学バークリー校、1975年）を日本人として初めて取得した犯罪学者である。大学院生時代に藤本先生との出会いがなければ、筆者自身アメリカに留学することもなかったであろう。そして、藤本先生に続いて筆者自身フロリダ州立大学から犯罪学修士号そして犯罪学博士号を取得することができたのは、大学院生時代から変わらぬ藤本先生からの心温まるご指導ご鞭撻のおかげである。この機会に改めて心より感謝申し上げたい。

第2章は、著者の指導教授であるDr. Waldoから、博士論文を執筆する過程で、関連の研究テーマとして与えられたものである。日米の公式犯罪統計の質に関する比較研究をした先行研究はアメリカには存在していないので、研究をする価値のあるテーマであると言われて、当初は博士論文の副産物として英語で執筆し、2001年11月に開催されたアメリカ犯罪学会で報告した英文原稿に基づいている（なお、原文は『北九州市立大学法政論集』第31巻第1号、2003年、31-52頁に掲載されている。）。日本の読者の便宜を考え、いずれ日本語版として公表したいと考えていたところ、『犯罪と非行に関する全国協議会誌（JCCD）』百号記念論文集（2007年）に掲載して頂いた。執筆当時、日本は先進諸国の中で犯罪率の最も低い国の

一つとして国際的に喧伝されていた。そして同時に、比較犯罪学に関心をもつ研究者の間では、公式の犯罪統計である日本の警察統計についても、「世界で最も包括的で、かつ綿密に収集・作成された公式統計」であるとみなされていた。そのような通説的な見解に対して、日本の警察統計は、公式統計である以上、いわゆる「暗数」問題が不可避であり、米国の『統一犯罪報告書』と比較した場合に、同程度の重大な欠陥を被っており、日本の警察統計が必ずしも米国の統一犯罪報告書よりも正確であるということはできない、との問題提起をした内容となっている。

第3章は、筆者が1992年にFSUに提出した博士論文の主要部分を日本語論文として内容を圧縮して『法学新報』誌上に3回に分けて発表したものである。筆者のその後の研究活動の原点ともいうべき代表的な研究業績である。アメリカ社会で生まれた主要な犯罪学理論が一体どこまで日本の犯罪動向のパターンを説明できるのかを検証しようと試みた計量的比較犯罪学調査研究の一例である。しかも分析手法として、時系列回帰分析の手法を用いて、複雑な統計分析を試みている点も本研究の特色の一つである。本研究結果の犯罪学理論に対する理論的含意は、日本の犯罪データがアメリカの主要な犯罪学理論によっても十分に説明できることを実証したということである。その限りで、表面上は明らかに異なる歴史的・文化的背景をもっているにもかかわらず、日本の犯罪パターンは、アメリカにおいて作用しているものと全く同じようなメカニズムによって決定されていると解釈しうるということである。比較文化的または比較国家的犯罪学における理論的一般化に関連して、日本の経験は、社会・文化の違いを越えた犯罪原因の普遍性に対する好意的な証拠を提供しているということである。そして、それが示唆することは、戦後日本の犯罪動向を説明するために、1980年代に支配的な見解であったいわゆる「日本文化特殊論」に訴える必要はないことを含意しているということである。幸いに、本研究はその後他のアメリカ人犯罪学者たち（たとえば、Roberts and LaFree, 2001; 2004）によって戦後日本の時系列データを2000年までに拡張するデザインで反復調査されている。そこでの研究成果も基本的には著者の見解を支持するものとなっている。ともあれ、博士論文を執筆していたFSUでの留学生活は、多くの親切な友人や先生方を含む素晴らしい研究教育環境に囲まれて、のびのびと好きな研究に打ち込めたという意味で、またおそらく日本で当たり前の学生生活を過ごしていたら体験できなかったであろう貴重な時間を過

ごすことができたという意味でも、著者にとってはひとつの大きな財産となっている。それを次の世代の若手研究者たちに伝えていかなければならないと強く感じている。

　第4章は、序章と同様に、もともとは2011年8月に神戸で開催された国際犯罪学会第16回世界大会において"Some Characteristics of Japanese Sociological Criminology: A Content Analysis of the Official Publication of the Japanese Association of Sociological Criminology, 1974-2010."と題して報告した英語論文がベースとなっている。今回、本書に収録するために、日本語論文として大幅に加筆修正を加えている。本研究の直接のきっかけとなったのは、米国留学中の1990年に British Journal of Criminology に掲載された E. G. Cohen and D. P. Farrington による「英米犯罪学の相違点: 引用分析」と題する共同論文を読んだことにある (E. G. Cohen and D. P. Farrington. 1990. Differences between English and American Criminology: An Analysis of Citation. British Journal of Criminology 30: 467-482)。彼らの分析結果は、要約的にいえば、アメリカ犯罪学は定量分析が主流であり、一方英国犯罪学は歴史的および定性的分析に特色があるというものであった。それでは定量的犯罪学に特色のあるアメリカ犯罪学と比較して、日本の犯罪学研究の理論的および方法論的特色ないしは相違点または類似点はどうなのかを分析検討しようとしたのが、本論文である。国際犯罪学会での報告は、日本の社会学的犯罪学の現状とその特色を発信する絶好の機会であり、それゆえ比較犯罪学的研究に関心をもつ著者にとっては願ってもない情報交換の場となった。ただし、その際に、ひとつ驚かされたことのひとつは、他のアジア圏（とくに中国・台湾、韓国、香港、シンガポール、インドなど）からの研究報告の内容が、欧米の犯罪学研究の水準に近づいているということであった。これらのアジア諸国においては、英米などに留学して犯罪学・刑事司法の博士号を取得した者が中心となって自国の後継者の育成にあたっており、またその研究成果を着実に蓄積する研究教育体制が格段に進歩していることをうかがわせた。近年の国際学会におけるアジア圏の若手研究者の活躍から予想できることは、英米の研究水準に伍して、日本ではなくこれら他のアジア圏の若手研究者たちが今後のアジアの犯罪学・刑事司法研究をリードしていくだろうということであった。

　第5章は、第4章との関連で、近年の日本における犯罪学・刑事司法分野における研究教育の長期低迷傾向に危機感を抱き、今後の犯罪学・刑事司法教育のあ

り方について自分なりに考察する必要性を感じて執筆した二本の論文をもとに、内容的に一貫性のとれるような形に編集しなおし、適宜加筆修正を加えながら改題し、独立した章としたものである。最初の論文は、『青少年問題』誌から依頼されて執筆したもので、「アメリカの犯罪学教育について考える」と題して、アメリカと異なり、独立した犯罪学部・刑事司法学部のない日本の大学で大学院生や若手研究者が将来犯罪学の専門家になることの制度的な難しさを指摘し、そのような厳しい制度的制約の中で犯罪学者になるための方策について若干の提言を試みた。もう一つの論文は、『犯罪学雑誌』の特集号に掲載されたもので、日本犯罪学会の下に組織化された「犯罪学教育調査研究会」（代表・安部哲夫独協大学法学部教授）による共同研究「刑事司法教育における犯罪学の位置」の成果である。筆者に課せられた研究テーマはアメリカにおける犯罪学教育の現状と特色から日本の犯罪学・刑事政策教育が一体何を学ぶことができるのかということであった。アメリカの犯罪学・刑事司法教育の成功例に学びつつ、そこから日本の犯罪学・刑事政策研究教育を活性化ためのいくつかの具体的な提言を試みた。願わくは、日本でも大学レベルで独立した犯罪学・刑事司法（政策）の教育プログラムが整備され、犯罪学者が一つのプロフェッションとして、日本の学界や社会からも認知されることを望んでいる。また、人材養成という観点からも、犯罪学を学ぶことが、単に研究者としてのキャリアのみならず、刑事司法機関および民間の関連職種の専門的な職業人としてのキャリアパスにつながるような教育体制の確立およびそのような人材の受け皿としての労働市場における需要の拡大が強く望まれるところである。

　なお、後者の論文は、筆者がイリノイ大学シカゴ校（UIC: University of Illinois at Chicago）の客員研究員として滞在していた時に現地において執筆した、在外研究の成果の一部でもある。思い返せば、1980年代に初めてフロリダ州立大学に留学した時には、先ず生活する上で絶対に必要だったのが車と電話だった。それが今回滞在したシカゴでは、到着したその日に真っ先に購入したのがスマートフォンであり、そしてアパート入居が決まるとすぐにインターネット接続の契約をする必要があった。生活のあらゆる側面でインターネットによる情報収集、メール、買い物を含む各種契約など、スマートフォンとインターネットなしでの生活はままならないという高度情報通信社会の洗礼を受けたことにショックを受けたことを昨日のことのように強烈に覚えている。そして、シカゴに滞在中もインター

ネットで国内外から舞い込む電子メールをチェックする毎日に、まさにグローバル化による情報伝達の迅速化、一都市に滞在しながらも国境の壁を通り越して世界中とつながっているという生活感覚などグローバル化の影響を強く感じざるをえなかった。本書の序章で論じているように、このようなグローバル化が犯罪学研究に及ぼす影響について検討することは、ある意味犯罪学だけではなくすべての学問領域に共通した今日的課題となっていることは間違いない。

　第6章は、FSU 留学中に授業などで大変お世話になったフロリダ州立大学犯罪学・刑事司法学部名誉教授であるジェフリー博士（C. Ray Jeffery）（1994年に FSU をご退職され、その後長い闘病生活を過ごした後、2007年12月6日永眠された。享年86歳であった。）によって命名された「環境設計による犯罪予防」（Crime Prevention Through Environmental Design: CEPTED）の進展と変容について分析・検討したものである。日本の議論では、ジェフリー博士の CPTED と並んで、同博士と同時期に同じような犯罪予防論を展開した建築家であるニューマン（Oscar Newman）氏の「防犯空間（defensible space）」理論そしてイギリス内務省研究企画課所属の研究官（当時）であったクラーク（Ronald V. Clarke）博士の「状況的予防（situational prevention）」論を含めて「環境犯罪学」（environmental criminology）の名称の下に包括される新しい犯罪予防モデルとして同列に紹介されることが多い。しかし、ジェフリー博士は、当初より後二者の理論との違いを強調し、現在北米などで一般的に理解されている CPTED 概念の使用を強く拒絶するようになっていた。なぜそのようなことになってしまったのか、そして逆にいえば、なぜジェフリー博士の CPTED が無視されるようになってしまったのか、その原因を探り、CPTED の生みの親であるジェフリー博士の理論をできるかぎり正確にトレースしようとしたのが本章である。かつてジェフリー博士から直接教えを受けたことのある者として、同博士の基本思想を日本の読者に正確に伝えることで、その学恩に応えることができれば幸甚である。なお、ジェフリー博士は、FSU では必修科目である「犯罪学理論Ⅱ：生物・心理学理論」、選択科目では「犯罪・非行の予防と処遇」と「犯罪学的思考の歴史」の授業を担当していた。とくに「生物学・心理学理論」の授業では、分厚い生物学的心理学の参考書を読ませられたり、彼の講義ノートに基づく生物学および大脳生理学の基礎知識を定期テストのために暗記しなければならずかなり苦労したことを今でも思い出す。また、犯罪予防論の授業では、生意気にも CPTED 理論の批判論文を書いて先

生からは良い評価をしていただけなかったこともある。しかし、ほぼ毎朝規則正しく研究室に来られIBMのタイプライターに向かってタイプを打ち続けている姿を見て、当時先生の研究室の真向かいで研究助手の仕事をしていた筆者にとってまさに研究者の鏡のような先生であった。1990年に出版されたジェフリー博士の犯罪学テキスト（Criminology: An Interdisciplinary Approach, Englewood Cliffs, NJ: Prentice Hall, 1990）は、先生の犯罪学理論のすべてが凝縮されている良書である。先生の御署名入りのテキストを思い出として今でも大切に自分の書棚にしまっている。

　本書を出版するにあたり実に多くの人からのご支援ご協力をえた。先ず初めに、イギリス犯罪学研究の第一人者で、日頃より学会や研究会などで親交のある拓殖大学政経学部の守山正教授には、本書出版の企画段階からいろいろとご相談にのって頂き、同氏のご助言と推薦もあって成文堂から出版していただける機会を得ることができた。ここに守山教授のご厚意に心より感謝申し上げたい。

　次に、筆者が現在勤務している北九州市立大学法学部の同僚の先生方々にも感謝しなければならない。北九州市立大学の海外研修制度により、2014年3月から1年半の間、米国イリノイ大学シカゴ校（UIC）へ客員研究員として在外研究する機会に恵まれ、大学での教育活動や学内行政の面で多大なご配慮をしていただいた。このような機会がなければ、本書を出版しようという企画構想は生まれなかったと思う。

　さらに、今回の在外研究中に大変お世話になった訪問先のUICのデビッド・メリマン（David Merriman）教授にも感謝申し上げたい。経済学者で計量経済学を専門にする同教授（当時はLoyola University of Chicago助教授）とは、筆者が1980年代後半にFSUにおいて博士論文を執筆中に、犯罪の計量経済学的分析の研究を通じて知り合った友人である。それ以来の旧交をあたためながら、同教授のご厚意で客員研究員として快適な研究生活をUICで過ごすことができたのは、なによりの幸運であった。本書の一部はUICでの在外研究の成果であり、それを可能にしてくれた同教授のご厚意に心より謝意を表したい。

　また、北九州市立大学法学部法律学科資料室のスタッフである石川直美さんには、本書に掲載されている各種の図表の作成などでご助力して頂いた。記して感謝の意を表したいと思う。

　それから、極めて厳しい出版事情の中、本書の出版を引き受けてくださった成

文堂の阿部成一社長、編集部の篠崎雄彦氏にも多大のお世話になった。心より感謝申し上げたい。ならびに、本書に収録した既発表論文について転載許可を戴いた関係各位に厚くお礼申し上げたい。

　最後に、著者にとって献身的な最愛の妻であり、また二人の子どもたちにとっては心優しい最良の母である京子、いつも穏やかで包容力のある娘として立派な成人に成長した凜々子、そして一年間アメリカの現地校で学び文化や人種の多様性の中で分け隔てのないすばらしい教育を体験し一回りも二回りも大きく成長した息子の奎司に対しては、ここに最大の感謝の意を表したいと思う。家族の存在が著者の研究生活の心の支えであり、それが励みとなって苦楽を共に分かち合いながらもこれまで自由気ままな研究生活を過ごすことを可能にしてくれた。これまでの感謝の念を込めて、本書を私の家族に捧げたい。

2017(平成29)年3月

朴　元奎

目　　次

はしがき (*i*)

序　章　グローバル化時代における比較犯罪学の課題と展望
　一　はじめに……………………………………………………………… *1*
　二　比較犯罪学とは何か——比較犯罪学と国際犯罪学・トランスナショ
　　　ナル犯罪学・グローバル犯罪学との関係……………………………… *2*
　三　グローバル化時代における比較犯罪学の新たな課題と展望……… *7*
　　1　トランスナショナル犯罪・国際犯罪と犯罪統制のニーズ (*8*)
　　2　比較分析を進展させること (*9*)
　　3　国際比較データの拡充 (*10*)
　　4　刑事司法における国際協力体制の構築 (*19*)
　　5　犯罪学理論の国際的適用可能性の拡大 (*22*)
　四　おわりに——今後の展望に向けて…………………………………… *25*

第1章　比較犯罪学の方法論的諸問題
　一　序…………………………………………………………………… *33*
　二　比較犯罪学の概念化……………………………………………… *35*
　三　比較犯罪学の存在根拠…………………………………………… *38*
　　1　科学的進歩 (*38*)
　　2　国際的協力 (*39*)
　　3　自国制度の理解 (*39*)
　　4　自国制度の改善 (*39*)
　　5　法の統一と調和 (*40*)
　四　比較犯罪学の方法論的諸問題…………………………………… *41*
　　1　言語の相違と翻訳の問題 (*42*)
　　2　公式犯罪統計の妥当性と信頼性の問題 (*44*)
　五　要　約……………………………………………………………… *47*

第2章　公式犯罪統計の日米比較

　一　はじめに …………………………………………………… *51*
　二　犯罪の暗数の問題 ………………………………………… *53*
　三　犯罪の計上方法の問題 …………………………………… *54*
　四　犯罪指標の構成 …………………………………………… *55*
　五　法執行機関の意思決定および犯罪記録業務 …………… *56*
　六　人口的基礎 ………………………………………………… *59*
　七　おわりに …………………………………………………… *60*

第3章　戦後日本における犯罪率の推移

　一　問題の所在 ………………………………………………… *65*
　二　従来の研究の検討 ………………………………………… *66*
　　1　エヴァンス（Evans, 1977）の研究（*66*）
　　2　ウォルピン（Wolpin, 1980）の研究（*68*）
　　3　ガートナー＝パーカー（Gartner and Parker, 1990）の研究（*70*）
　　4　メリマン（Merriman, 1988 and 1991）の研究（*71*）
　　5　松村＝竹内（1990）の研究（*76*）
　　6　まとめ（*78*）
　三　理論的枠組みと研究仮説 ………………………………… *79*
　　1　批判的経済学理論（*80*）
　　2　抑止理論および社会統制理論（*82*）
　　3　統合的アプローチ（*83*）
　　4　研究仮説（*84*）
　四　研究方法 …………………………………………………… *86*
　　1　調査研究の設計（*86*）
　　2　資料源（*87*）
　　3　変数の操作化（*90*）
　　4　データ解析の戦略（*99*）
　五　データの分析 ……………………………………………… *108*
　　1　戦後の犯罪動向に関する記述分析（1946-1988）（*108*）
　　2　回帰モデルの分析（1954-1988）（*122*）

3　研究結果（*145*）
　六　議論と結論——研究の限界……………………………………… *156*
　　1　議論と結論（*156*）
　　2　研究の限界（*163*）

第4章　日本における社会学的犯罪学の特色
　一　序 …………………………………………………………………… *173*
　二　日本犯罪社会学会の特徴とは何か ……………………………… *174*
　三　先行研究——文献の検討 ………………………………………… *177*
　　1　星野の研究（2009）（*177*）
　　2　コーエン＝ファーリントン（Cohen and Farrington, 2007）（*179*）
　四　データと研究方法 ………………………………………………… *180*
　　1　学会機関誌『犯罪社会学研究』（1976年～2010年）（*181*）
　　2　内容分析（*181*）
　　3　引用分析（*182*）
　五　分析結果 …………………………………………………………… *183*
　　1　研究主題（*183*）
　　2　研究方法（*187*）
　　3　本誌において最も引用されている研究者は誰か（*188*）
　六　議論と結論 ………………………………………………………… *190*

第5章　犯罪学・刑事司法教育の日米比較
　一　はじめに …………………………………………………………… *195*
　二　アメリカ犯罪学における研究教育体制の生成期 ……………… *196*
　三　アメリカにおける犯罪学・刑事司法教育プログラムの発展拡大
　　　………………………………………………………………………… *199*
　四　アメリカにおける犯罪学・刑事司法教育プログラムの特色 … *200*
　　1　教育組織（*202*）
　　2　教育課程（*203*）
　　3　犯罪学・刑事司法教育プログラムにおける人材養成（*206*）
　五　アメリカにおける犯罪学・刑事司法教育における当面の課題 … *207*

六　結びに代えて——日本における犯罪学・刑事政策教育の今後の展望
　　　……………………………………………………………………… *209*

第 6 章　ジェフリーの CPTED 理論の進展と変容
　一　はじめに ……………………………………………………… *215*
　二　ジェフリーの CPTED モデルの特徴とその進展・変容……… *216*
　　　1　行動主義的アプローチに基礎を置く CPTED モデル（1971年）（*216*）
　　　2　社会生物学的学習理論・生物学的環境主義モデルに基礎を置く CPTED モデル（1977年および1990年）（*219*）
　三　防犯空間理論・状況的犯罪予防論との比較検討……………… *223*
　　　1　防犯空間理論：社会統制モデル（*224*）
　　　2　状況的予防（*227*）
　四　ジェフリーの CPTED に対する反響：なぜジェフリーは無視されたのか？ ……………………………………………………… *231*
　　　1　どの程度無視されていたのか？（*231*）
　　　2　ジェフリーが無視された原因（*237*）
　五　おわりに——システムズ・アプローチよりする統合的犯罪予防モデルへの転換……………………………………………………… *239*

参考文献 ………………………………………………………………… *251*
初出一覧 ………………………………………………………………… *271*
事項・人名索引 ………………………………………………………… *273*

序　章　グローバル化時代における比較犯罪学の課題と展望

一　はじめに

　1990年代以降に始まるグローバル化とは、国境を越えたヒト・モノ・カネの移動の増加とそれに伴う国家間の相互依存関係の増大を意味する現象を一般に指し示す言葉として理解されている。そして、それは同時にパーソナル・コンピュータの普及と高度情報通信（インターネット）分野の目覚ましい進歩とともに、経済、社会、文化、政治の各分野において、かつてないほどの大きな影響を及ぼしている。グローバル化の進行は、一面では人々の社会生活の利便さや経済成長をもたらす一方で、他面では伝統的な国際システムの根幹であった国家の自立性、領土性が失われることから、国内的な問題の枠を越えて、たとえば、社会問題のレベルでも国境を越えた環境汚染などの越境性、さらにはそれが地球温暖化のように地球規模に拡大する超領土性といった観点から取り組むべき問題を生み出している。

　現在、このようなグローバル化時代の真っ只中にあって、経済活動の多国籍化と超国家化、ボーダレス化、文化的同質性、欧米化などが犯罪および犯罪統制の問題にどのような影響を及ぼすのか、という問題を検討することは、比較犯罪学（以下、特に断りのない限り刑事司法政策を含む広い意味において使用する。）関心をもつ研究者にとって極めて重要な課題であるといえる。

　犯罪学的な関心から言うと、1990年代におけるグローバル化のひとつの帰結は、トランスナショナル犯罪（transnational crime）の増加であった。とりわけ、種々の国民国家の内外への商品とサービスの密輸である。その他、人身取引・売買、武器取引、芸術品取引、クレジットカード偽造・詐欺などである。マネー・ロンダリングは、国際金融のフローがグローバル化する経済において高まるにつれて劇的に増加した。不法資金は禁制品とともに移動し、しばしば最近数十年間に急増した、多数の海外の財政的保護地に隠匿されている。このように、グロー

バル化は、犯罪者がモノと人を移動させる能力を不当に利用するにつれて、国境を越える犯罪の著しい成長に寄与した。携帯電話、インターネット、ウェブのようなテクノロジーは犯罪者間のコミュニケーションを促進するために利用されている。

　このような問題に直面しながら、比較犯罪学は、グローバル化ないしトランスナショナル化のプロセスによってチャレンジされている。そして、1990年代半ばから後半にかけて犯罪問題を国家を越えて比較したり対比したりすることの関心が台頭した。これが「比較犯罪学に対する関心のリバイバル」といわれているものである[1]。この関心の再興を促すことに寄与したもう一つの事情は、この時期に国際比較研究実施のための技術的進歩が見られたということである。多くの国々は、以前は犯罪および刑事司法に関する情報を開示することに消極的であったが、いまでは多くの国々がこうしたデータをインターネットで提供している。インターネットではこれらのデータが適切なコンピューター設備をもった者であればだれでもが利用可能である。このようなデータの公開性と利用可能性が比較犯罪学的調査研究の実行可能性を高める風潮を作り出したといってよいであろう。さらには、インターポール、国連の国際犯罪予防センター、ヨーロッパ評議会などが、後述するように、各種の国際比較犯罪データを開発・改善するようになっている。そのために、この種の国際比較調査研究のデータの質と量の向上があり、方法論的により厳格な調査研究が実施される環境が確実に整備されるようになったということである。

　そこで、本章では、グローバル化の成長が比較犯罪学研究のあり方にどのように有意味な影響をあたえているのかついて議論することにしたい。その際に、議論の焦点としては、90年代以降の比較犯罪学における理論的展開、方法論的進展、国際比較データ源の量的・質的拡大などを中心に、最近の研究動向を概観し、分析・検討する。

二　比較犯罪学とは何か──比較犯罪学と国際犯罪学・トランスナショナル犯罪学・グローバル犯罪学との関係

　「比較犯罪学」(comparative criminology) という用語は、曖昧かつ多義的であり必ずしも犯罪学者たちの間で確立した定義があるわけではない（朴、1990：89-92）。むしろ、近年のグローバル化時代においては、「国際犯罪学」(international criminology）(Natarajan, 2005 and 2011; Watts, Bessant and Hil, 2008; Crawford, 2011; Smith, Zhan, and Barberet, 2011)、「トランスナショナル犯罪学」(transnational criminology) (Sheptycki and Wardak, 2005)、あるいは「グローバル犯罪学」(global criminology）(Friedrichs, 2011; Van Swaaningen, 2011; Warren and Palmer, 2015) といった目新しい用語とほぼ相互交換的に使用される傾向にある。しかし、私見では、比較犯罪学における「比較」の意味を厳格にとらえようとするならば、近年よく使用されるようになっている国際犯罪学、トランスナショナル犯罪学、そしてグローバル犯罪学とは、部分的に相互関連はしているが、両者の間には若干のニュアンスの違いがあり、概念的には区別すべきものと考えている。本節では、比較犯罪学という伝統的な用語法と国際犯罪学、トランスナショナル犯罪学、グローバル犯罪学といった最近の用語法との関係について検討する。

　比較犯罪学の概念化に関して、最近、アドラー、ミューラーそしてローファーは、比較犯罪学を「犯罪学において比較的方法を適用する、犯罪と犯罪統制に関する比較文化的 (cross-cultural) または比較国家的 (cross-national) な研究である」と単純明快に定義している (Adler, Mueller and Laufer, 2007: 384)。また、ビアーンとネルケンも、同様に、比較犯罪学を「二つ以上の文化における犯罪の系統的および理論的に明示的な比較」であると定義している (Beirne and Nelken, 1997: xiii)。彼らの定義において共通しているのは、かつてクリナードとアボット (Marshall B. Clinard and Daniel J. Abbott) によって提示された比較犯罪学の概念化に合致しているということである。すなわち、彼らによれば、「真の比較犯罪学は、種々の社会を通して理論的枠組、命題、あるいはモデルを検証することを目的とする調査研究の企て」をいう (朴、1990：90)。そして、比較犯罪学は、多様な社会的、経済的、政治的、文化的制度の中で、犯罪パターンの共通性および差異を見出すことをその中心的な課題とする。この意味で、比較犯罪学は、「比較文化的犯罪学」(cross-cultural criminology) または「比較国家的犯罪学」(cross-national criminology) と同義といえる[2]。

　そして、この意味における比較犯罪学研究は、一般的に横断的（同一時点における異なる社会、国家、文化の比較）調査設計にもとづく比較文化的、ないしは比較国家的アプローチによって特色づけられる。しかしながら、ここで留意すべきことは、この種の比較研究の現状は、旧態依然として「外国の犯罪学および刑事司法の単純な記述紹介するもの」が多いということである。その代表例は、ホウィ

スト著『比較犯罪学』(Brunon Holyst, Comparative Criminology, 1979) である[3]。本書の刊行以降も、犯罪学の研究分野では、研究者の属する国以外の国、つまり諸外国を対象とした単なる記述紹介タイプの調査研究を比較研究または比較的アプローチと呼ぶ慣行が継続している。最近の例としては、Barak (2000)、Howard and Newman (2001)、そして Tonry (2007) など、枚挙にいとまがない[4]。

そこで、比較犯罪学の概念化にとって必要なことは、犯罪学における「比較的方法の利用」の趣旨をより強調することにあると思われる。すなわち、比較文化的アプローチであれ、比較国家的アプローチであれ、「比較研究」の目標は、すべての文化、すべての領域（国家）、すべての時代に適用可能な一般理論をもたらすために、同定可能な変数から共通の特徴を抽出することを可能にするということである。この意味において、比較犯罪学は、文化、時間、および場所の差異を超えて犯罪に関する理論の一般化を求めることが期待されている。この立場からは、比較犯罪学は、上述したような横断的、比較文化的、または比較国家的研究に加えて、理論的一般化の観点から、時間的比較をもその射程に入れることが望ましい、とされる。たとえば、シェリー (Louise I. Shelley) は、比較犯罪学を「犯罪と刑事司法の歴史的および比較文化的研究」として定義している。そして続けて、比較犯罪学は、「犯罪の動態と犯罪に対する社会的反作用をある国の様々な地域および文化において、あるいは諸国家間において、または様々な歴史的時期を通して分析するものである」と述べている（朴、1990：91）。

本書における筆者の立場も、シェリーと同じ意味合いで比較犯罪学の用語を用いるのが妥当であると考えている。なぜならば、この立場が犯罪学研究における科学的アプローチないしは科学的方法論として最もふさわしいからである。つまり、比較的方法の利用こそが、分析対象となる犯罪現象の因果的法則性を説明し、理解するという科学的目標を前進させるだけではなく、刑事司法の政策作成にとっての健全な基礎を提供することにも貢献しうるからである。

対照的に、「国際犯罪学」、「トランスナショナル犯罪学」、または「グローバル犯罪学」の用語法は、「比較的方法の利用」という点よりは、むしろ「分析対象」ないしは「分析レベル」の独自性ないし新奇性に焦点をあてた概念化にその特色があるように思える。すなわち、国際犯罪学やトランスナショナル犯罪学は、その固有の研究対象として「国際犯罪」または「トランスナショナル犯罪」もしくは「刑事司法の国際的連携」に焦点をあてている。そして、グローバル犯罪学

は、あえて言えば、分析のレベルとしてトランスナショナルなレベルでの犯罪と犯罪統制の研究を含むものであるが、それに加えてより端的に「世界的規模」において問題となる犯罪および犯罪統制を問題にしようとしている点にその存在意義を見出しているように見える。

　国際犯罪学の固有の研究対象としての「国際犯罪」(international crimes) とは、たとえば、1998年の「国際刑事裁判所ローマ規程」(Rome Statute of the International Criminal Court) は、「国際犯罪」を「世界の平和、安全そして福祉をおびやかし、国際社会全体の関心事でもある最も重大な犯罪」と定義している（同規程、前文）。そして、ICCの管轄権の範囲内にある犯罪として、次の三つのカテゴリーが「中核的犯罪」として承認されている（5条1項）。すなわち、ジェノサイド（集団殺害犯罪）（同6条）、「人道に対する犯罪」（同7条）、「戦争犯罪」（同8条）である[5]。要するに、「国際犯罪」とは、国際法によって犯罪と定義された行為である。そのような行為は、国家間の合意、協約、または国際法の慣例に基づいて犯罪となる。本質的に、これらの犯罪は、それらを承認した国々によって審理されるか、または国際刑事裁判所によって審理されうる。国連によって確認されている国際犯罪とは以下のとおりである。すなわち、侵略（他国に対する）、侵略の脅威、他国の内政・外交への介入、植民地および他の形式の外国支配、ジェノサイド（集団殺害犯罪）、アパルトヘイト、組織的または大規模な人権侵害、重大な戦争犯罪、傭兵の募集・使用・資金供与・訓練、テロリズム、麻薬取引、意図的かつ重大な環境破壊などである（Dammer and Fairchild,, 2006: 5）。

　一方、「トランスナショナル犯罪」(transnational crimes)（「国境を越える犯罪」または「越境犯罪」と訳される場合もある。）は、1990年代の主要な問題として台頭してきたものであり、近年の比較刑事司法ないしは国際刑事司法において世界的規模で展開される犯罪の問題の複雑さと重大さを反映するために用いられる用語である。トランスナショナル犯罪とは、国境を越えて、2か国以上の法律に違反する犯罪行為または取引である。第4回国連犯罪動向および刑事司法運用調査 (Fourth United Nations Surveys of Crime Trends and Operation of Criminal Justice Systems: UNCJS) は、トランスナショナル犯罪を「犯罪の端緒、一部および直接的または間接的影響またはいずれか1つが、2か国以上を含む犯行」と定義している。国連などでこのカテゴリーに含まる犯罪として認められているのは、たとえば、「マネー・ロンダリング、絵画・芸術品などの文化財窃盗、違法な麻薬取引、テ

ロリズム、経済犯罪(たとえば、保険金詐欺、詐欺破産)、違法な企業慣行、環境犯罪、違法な武器取引、海賊行為、ハイジャック(航空機、船舶、車両など)、コンピューター犯罪(サイバー犯罪)、人身売買(子ども、不法移民、女性など)、違法な臓器売買、合法的ビジネスへの侵入、知的財産窃盗、公務員腐敗・汚職、国際組織犯罪など」である(Dammer and Fairchild, 2006: 6; Adler et al., 2007: 395-402)。

　トランスナショナル犯罪は、しばしば国際犯罪とほぼ同様の意味で用いられている(警察庁、1999：1)。実際、国際的な麻薬取引、テロリズムのように、両カテゴリーの犯罪タイプに分類されているものもあり、両者の間には若干の重複がみられる。しかしながら、それらは技術的には同一ではないことに留意すべきである。すなわち、トランスナショナル犯罪は常に少なくとも2か国以上にまたがる法違反行為を伴うのに対して、いくつかの国際犯罪(たとえば、ジェノサイドやアパルトヘイトなど)は1国内だけで発生している国内問題でもある。

　このような概念的区別ないしはニュアンスをふまえ、国際犯罪学とトランスナショナル犯罪学とは、その研究対象として相互関連した重複する問題を共有しつつも、それなりに独自の研究対象を有する研究分野として構想されうるであろう。それらに加えて、グローバル犯罪学とは、グローバルなパースペクティブから犯罪と刑事司法を扱う新しい研究分野である。それは、上述した意味における国際犯罪やトランスナショナル犯罪、並びに国際刑法と国際関係、国際的な法執行と刑事司法、国際刑事裁判所の手続と証拠に関する規則、犯罪予防と刑事司法基準の確立における国連および他の国際機関の役割などより広範な問題領域を含むものとして構想されている(たとえば、Friedrichs, 2011: 167)。この意味で、グローバル犯罪学は、世界的規模の研究範囲の拡がりを視野に入れているという意味で、国際犯罪学とトランスナショナル犯罪学を含む上位概念として位置づけることも可能であろう。そして、国際犯罪学、トランスナショナル犯罪学、そしてグローバル犯罪学が、方法論的に比較的方法を利用して国際犯罪、トランスナショナル犯罪、ないしは犯罪および刑事司法のグローバル化などの問題に取り組む限りにおいて、方法としての比較犯罪学と国際犯罪学、トランスナショナル犯罪学、グローバル犯罪学との関係は、相互補完的なものであり、ほぼ同意義なものといえよう。犯罪学者のグレッグ・バラク(Gregg Barak)が「比較犯罪学は、国内的、国際的、およびトランスナショナルなレベルでの犯罪および犯罪統制の研究を含む」と主張しているのは、この意味において理解できる(Barak, 2000:

xi）⁽⁶⁾。

三　グローバル化時代における比較犯罪学の新たな課題と展望

　伝統的な比較犯罪学の中心的課題は、比較文化的ないし比較国家的アプローチに立って、次のような基本的問題に取組むものが主流であった。すなわち、⑴なぜある社会（国家）は他の社会（国家）よりも犯罪が低いのかまたは高いのか、⑵自国と諸外国間における犯罪の定義や犯罪統制の類似点と相違点とは何か、⑶主にアメリカ社会から生まれた犯罪学理論はどの程度に自国を含む他の国々においても適用説明することは可能か。それが、前節で指摘したように、1990年に始まるグローバル化に直面することによって、比較犯罪学の課題も大きな影響を受けるようになった。それはグローバル化の進行とともに、1990年代から国際犯罪や国境を越えた新しいタイプの犯罪が台頭してきたということである (Findlay, 1999; William, 1999; Shelley, 2005: UNODC, 2010)。グローバル化がもたらした弊害として、国際犯罪やトランスナショナル犯罪によって多くの人々および社会が大きな脅威にさらされるような事態になっているということである。とくにヨーロッパ諸国が他の世界よりもこのような事態の深刻な影響を受けていたのではないかとおもわれる。1991年の旧ソビエト連邦の完全な崩壊、それに続く中東欧の共産主義国家体制の解体とそれに伴うヨーロッパ内における事実上の国境の廃止は、ヨーロッパにおいて未曾有の犯罪問題をもたらした。また、同時に、東欧圏、とくに旧ユーゴスラビア解体の過程で発生した民族対立に起因するジェノサイドなどの戦争犯罪などの問題も国際的な問題へと発展した。その結果として、1国内の犯罪学は、国際犯罪学やトランスナショナル犯罪学にならなければならなかったし、犯罪学のグローバル化が喫緊の課題となっているのである。

　この文脈で、グローバル化は、比較犯罪学に対しても1つの研究の焦点となっている。今日のグローバル化のパースペクティブを比較犯罪学の研究に適用するという問題関心からすると、比較犯罪学の研究の範囲は、伝統的な犯罪原因の探究よりはるかに広がりをみせている。それは、犯罪学理論の比較国家的な検証や発展を目標としていたことを超えて、前述したように国際犯罪を含むトランスナショナル犯罪とそのトランスナショナルな犯罪統制の研究、自国の犯罪統制モデルを他の国々に輸出することの問題、および司法制度の国際協力や国際的データ

の利用可能性に関連した問題点などにまで拡大している。そこで、グローバル化時代における比較犯罪学にとって検討されるべき5つの新たな課題を提起し、今後の展望について考察することにする（Howard, Newman and Pridemore, 2000; Nelken, 2011）。

1 トランスナショナル犯罪・国際犯罪と犯罪統制のニーズ

まず始めに、近年、比較犯罪学に対して最も多くの関心が寄せられている問題課題は、トランスナショナル犯罪とその犯罪統制である。グローバル化の拡大によって世界はますます小さくなっているにつれて、犯罪と刑事司法も次第にトランスナショナルなものとなっている。前節で列挙したような一連のトランスナショナル犯罪の問題は、グローバルな国際協調的またはトランスナショナルな刑事司法的対応のニーズを示している。トランスナショナル犯罪の効率的な犯罪予防策は、組織犯罪集団の資金源となっている禁制品や違法なサービスの需要を下げるための手段方法を開発したり、国際犯罪組織との闘いにおいて各国の捜査連携を強化するなど、国際的な協働体制の構築の成否にかかっている。その際に、犯罪のトランスナショナル化に対応するための戦略として必要不可欠なことは、各国の捜査機関において犯罪のトランスナショナル化を支えるネットワーク等を解明し、情報の収集・分析を高めること、そして、たとえば、国際刑事警察機構（International Criminal Police Organization: ICPO-INTERPOL）や各国の警察機関との情報交換に努めるとともに、国際会議への参加、国際的な犯罪に対する外国治安機関等との協力連携を強化していくことである（警察庁、2011：20-39）。

さらに、トランスナショナル犯罪と同様に、近年の比較犯罪学ないしは比較刑事司法が強く関心を寄せている問題は、世界各地とりわけ、旧ソ連、中東欧諸国、並びにアフリカ諸国などで頻発している民族紛争に起因する様々な国際犯罪（ジェノサイド、戦争犯罪、人道に対する犯罪）の蔓延と深刻化である。この種の重大な人権侵害行為は、第二次世界大戦以降、国連などによって「国際犯罪」として認識されている。この用語は、政府全体または国家全体が自国市民または他国市民のいずれかに対して組織的に敢行される重大な犯罪または人権侵害を意味する。この問題を比較国家的な犯罪学の研究分野に包含することは、人権の普遍性の尊重という原理的な理由から重要であると思われる。また、2001年9月11日のアメリカ同時多発テロ事件は、国際テロリズムの台頭を印象づけた。このテロ事

件以降、中東やヨーロッパ地域において様々な形で国際テロ事件が頻発し今日にまで至っている。世界に拡散しているといわれる国際犯罪の状況に対して、これまで国際連合やICCなどの国際組織・機関が国際犯罪対策において一定の役割を演じてきた。しかし、アメリカ、ロシア、中国などの大国がICCに未加盟であり、依然として国際的な協力体制はぜい弱なままである（日本は2007年に正式に105ヵ国目の加盟国となった。）。それゆえ、比較犯罪学にとって国際テロリズムを含むこれらの国際犯罪は、極めてチャレンジングなトピックとなっている（Natarajan, 2011）[7]。

2　比較分析を進展させること

　犯罪学や刑事司法における比較研究は、種々の国家や文化における犯罪率や刑事司法制度を比較することに主眼が置かれていた。もちろん、それは大変有意義な研究であり、典型的には諸外国の刑事手続や実務に習熟している研究者によって行われている。このタイプの比較研究の中心的な焦点は、Ⅰ国ではなく、できるだけ多くの外国に向けられている。比較犯罪学者は、この意味で、世界的視野をもち、多数の司法制度に関する専門家であることが期待されている。この理由から、比較調査研究は、比較犯罪学の目標を達成するために特別の予備的作業を必要とする（朴、1990：93-99；Adler, Mueller and Laufer, 2007: 388-390）。この作業には、外国法の研究、外国の刑事司法制度の理解、外国文化について学ぶこと、国際的データの収集などを含んでいる。それゆえ、比較調査研究の可能性は、社会科学方法論について高度に訓練された経験があり、そして夫々の外国の刑事司法制度についての深い知識をもっている社会科学者の存否にかかっている[8]。今後そのような訓練を受けた調査研究者がますます増加するならば、グローバル化の増大傾向は、確実に有能な研究者たちによる共同研究の可能性を高めるものと予想される。そして、現在の犯罪学関連の各種国際学会または国際会議などが、比較犯罪学の主題に関心をもつ研究者たちの定期的な会合の機会を保証することによって、比較犯罪学研究を進展させることが期待されている。

　たとえば、日本の研究者について言えば、彼らは伝統的に米国や英国などの英米法系の諸制度やドイツやフランスなどの大陸法系の諸制度を調査するために比較研究を積極的に行っている。この種の研究は、言うまでもなく、他者の経験から学ぶために有意味なことであり、自国の刑事司法制度について新しい洞察と理

解を与え、その結果自国制度の改善につなげることを可能にする。すなわち、ある国で用いられている犯罪対策の技法が他国においても首尾よく採用されるかもしれないのである。その一例として、日本の警察制度の特色のひとつである「交番」制度をあげることができる。日本の取締活動は国際的にみて有効かつ効率的であると高く評価されているので、多くの国々では取締活動の中核とみられている交番制度を研究し、この制度について多くの論文著書がこれまで出版されてきた（Bayley, 1991; Ganapathy, 2005: 161; Leishman, 2007）。外国の調査研究者や実務家の中には、交番制度が地域社会と警察との信頼関係を高めるために、合衆国においても効果的な制度になるであろうと主張するものもいる（Dammer and Fairchild, 2006: 9; Reichel, 2012）。加えて、交番制度は、アメリカや他の外国における地域防犯（community policing）に向けての趨勢に対して重要な含意を持っているかもしれない。

もう一つ別の最近の例としては、和解や調停プログラムのような修復的司法をあげることができる。修復的司法は、オーストラリアやニュージーランドなどのオセアニア諸国や発展途上国などにおいて原住民の部族や村落共同体において実践されてきた長い歴史と伝統をもつインフォーマルな紛争解決方法である。これらの異なる文化から生まれた伝統的かつ前近代的な制度を近代的な制度として先進国に移植しようとする試みが、オーストラリアやニュージーランドをはじめとして、カナダやアメリカなどでも様々な問題の局面において顕著となっている。よって、修復的司法の発展可能性は、比較犯罪学に関心を持つ者にとって極めて重要な課題となっている（藤本、2004）。

3　国際比較データの拡充

比較分析を進展させていく上で、必要不可欠な条件のひとつは、犯罪や刑事司法制度に関する妥当かつ信頼できる国際統計データが利用できるかどうかということである。この点に関して、近年目覚ましい技術的進歩が比較犯罪学の分野において見られる。国連や欧州連合（以下、EUと略）などが中心となって、国際的な犯罪統計および刑事司法統計が急速に整備されるようになり、世界の多くの国々の犯罪および刑事司法の状況に関する相当量の情報が容易に利用可能になっている。それを可能にした最大の理由は、世界の多くの主要国が、それぞれ管理運営しているWEBサイトを通して、犯罪発生状況のデータや各種の刑事司法統

計を公表、提供するようになったからである。また、国連やEUなどの国際機関などもインターネットで同様な犯罪および司法統計を提供するようになっている。これらのWEBサイトでは、また各国の犯罪や刑事司法の状況に関する新刊の出版物一覧の情報も閲覧可能となっている。したがって、以前よりもはるかに多くの各種統計資料や情報を収集することができるようになったばかりではなく、当該資料・情報をより迅速にかつしばしば当該外国の現地にまで直接赴くことなく収集することができるようになったということである。インターネットによる当該資料・情報の透明性とアクセス可能性は、確実に比較犯罪学調査研究の期待を現実的に実現しうる環境をつくりあげている。

　これまでのところ、国際比較レベルで収集された公式犯罪データには、三つの主要な資料源がある（Howard, Newman and Pridemore, 2000: 172-183）。第一に、ある特定の国またはごく少数の国々の比較分析に関心をもつ比較調査研究者にとって、国別のデータへの最良のアクセス方法は、インターネットを利用して当該国から直接必要な情報を収集することである（浜井、2013：236-253）[9]。特定の外国の公式データを利用するという方法は、公式統計に内在する暗数問題などが不可避であるが、調査研究者にとっては当該国におけるデータ収集に関連した特徴や個別の犯罪の定義に精通することを可能とする。ただ、外国の。犯罪統計に関しては、各国の事情により、制度面だけでなく統計の取り方が異なったり、発展途上国においては公開さていなかったりすることもある。実際、日本と同レベルで統計が整備された国はむしろ少数であるといってよい。それゆえ、比較調査研究において多数の国家を含めようとする場合や調査対象となる外国の言語に習熟していないような場合には、比較調査研究者は、他の二つの国際比較データの資料源を利用することができる。

　そのうちの一つがICPO-INTERPOL（以下、Interpolと略）編集の「国際犯罪統計」（International Crime Statistics）である。Interpolは、1923年に184ヵ国のメンバー国で設立された、世界最大の国際警察組織である。Interpolの公式ウェブサイト（https://www.interpol.int/）によれば、当該組織の任務は「国境を越える警察の共助」を促進し、そして国際的な犯罪を予防またはそれと戦うすべての組織、機関、サービスを支援することにある。この促進および支援の一環として、Interpolは、1950年から国際犯罪統計を隔年公表していた。本統計は、現存する国際比較犯罪データ源の中で最も古いものであり、全加盟国の警察組織に標準的

な質問紙が毎年送付され、そのうち約100カ国から提供された殺人、強盗、暴行、不法目的侵入、詐欺、薬物犯罪、性犯罪などを含む犯罪の一般的なカテゴリーに関する認知件数とその10万人当たりの比率、犯罪解決（検挙）件数・比率などのデータを含んでいる。ただし、本統計の最大の難点は、収集されたデータの妥当性と信頼性を評価する工夫がまったくなされていないということである。データ収集がひとつのフォームによって標準化され、そしてその指示書がフランス語、スペイン語、英語、アラビアに翻訳されている一方で、調査参加国の担当警察職員がどれほど適切にこれらの指示書に従っているかを評価するための努力は全くなされていない。よって、Interpolの国家横断的な犯罪データは、各国の公式統計に関連する誤差（過少報告、犯罪定義の違い、計上方法の違いなど）を同じように含んでおり、調査対象となる国の数が増加するにつれて、その不正確さ、不完全さが一層増幅することになる。それゆえ、このような問題を自覚しているInterpolは、長年当該データを国家同士の比較をするための基礎として用いられるべきではないと明確に主張している（Neapolitan 2005: 248）。しかし、それにもかかわらず、研究者やメディアが本統計を国際比較の基礎データとして無批判的に利用してきた経緯から、2000年になって一般に公開することを中止してしまった。その結果、2003年以降、国際犯罪統計は、「公認された警察職員」（authorized police personnel）にだけ限定的に利用可能とする運用に方針を変更してしまった。研究者がInterpolのデータを利用できないということは、そのデータの妥当性と信頼性に重大な問題を抱えているとはいえ、比較調査研究の発展にとってはおおきな打撃であることに間違いはない。Interpolの警察関係者と比較研究者とがその問題の改善に向けて共同して努力・工夫を重ねていくことが、今後強く期待されるところである。

　Interpolのデータが研究者に利用できない状況の中で、現在、比較犯罪学者にとって最も利用価値のある国際的な公式犯罪統計の第三の資料源は、「国連犯罪動向および刑事司法制度運用調査」（United Nations Surveys of Crime Trends and Operation of Criminal Justice Systems: UN-CTS）
（https://www.unodc.org/unodc/en/data-and-analysis/United-Nations-Surveys-on-Crime-Trends-and-the-Operations-of-Criminal-Justice-Systems.html）のデータである。UN-CTSは、警察の犯罪認知件数や検挙件数といったデータだけでなく、その人口比や検察、裁判、矯正、保護といった刑事司法統計データを収集している。国連

の犯罪調査は、調査研究者や実務家など世界中の利用者のために当該データの分析と情報伝達を改善することを目標として、国連国際犯罪予防センター（United Nations Centre for International Crime Prevention）、国連薬物・犯罪オフィス（United Nations Office on Drugs and Crime）によって、1970年から開始された大規模な国際調査である。UN-CTS は、当初は 5 年毎に国連加盟国政府に対して質問紙を送付する形で、実施されていたが、2000年以降は毎年実施されている[10]。

UN-CTS によって提供されるデータは、各国の公式犯罪統計から収集されたものである。したがって、その統計の情報源は、Interpol のデータベースのそれと類似している。しかしながら、Interpol は加盟国の警察からその情報を収集しているのに対して、UN-CTS は各国政府が国連にこれらのデータを報告する形をとっているので、UN-CTS データは、犯罪と刑事司法制度に関する各国によるより公式な声明とみなされている。また、Interpol と違って、UN-CTS のデータ収集機関は、各国から提供される情報の妥当性を評価するために、次のような工夫を施している（Howard, Newman and Pridemore, 2000: 174; 浜井、2013：136）。まず第一に、犯罪の種類における国家間の差異による誤差を最小限にする試みにおいて、国連は各犯罪の標準的な定義を提供している。そして、ほとんどの加盟国は当該質問票に応答していないが、各国の定義と国連の定義との間の不一致については注記するように求められている。第二に、報告された数値において、30％の年次変化がある場合、または刑事司法のある段階の数値が他の段階の数値に適合していない場合（たとえば、逮捕人員よりも刑務所入所人員の方が多い場合）、国連は報告機関に連絡をし、これらの潜在的な不正確さを説明するように求めている。また、各国は有意味な変動の原因とされるなんらかの状況（戦争、政治的混乱、計上手続など）を報告するように奨励されている。最後に、国連は、将来の質問紙を改善するために、各調査後に調査の過程における実際の経験および各国の報告機関から出された改善意見などを検討している。

このように、UN-CTS は、調査を経るごとにできるだけ比較可能なデータ収集を目指して質問紙の改良を行うなど、収集したデータについて「質的」なコントロールのレベルをそれなりに高めようとしている。その限りにおいて、Interpol のデータよりも妥当なものとみなされている。ただ、そうとはいえ、UN-CTS は、Interpol データと同様に、すべての公式犯罪統計に共通の困難性（犯罪の暗数または過少報告の問題）とともに、二か国間以上の国家的比較に関連し

たユニークな問題（国家のサンプルの偏り、警察の報告手続、データ収集能力のレベルの違いなど）にも直面していることも疑いのない事実である。このような二重の困難性に直面しつつも、UN-CTSは、たとえば、犯罪の定義において諸国間において大きな違いのない「殺人」などの特定の罪種に分析対象を限定したり、多数の国家をその政治、経済、社会制度の発展に応じて分類し、類似した諸条件の国家間を比較対照サンプルとして調査することによって、比較調査研究者にとっては、国家的比較分析の有益な情報源として活用しうる可能性は開かれていると思われる[11]。

　ところで、公式犯罪統計の欠点を補足する手段、すなわち犯罪の暗数を推定する方法として開発利用されているのが、犯罪被害者化調査（victimization survey）と自己申告調査（self-report survey）である。先ずは、被害者化調査から収集された非公式の犯罪統計資料源として最も有名なのは、「全米犯罪被害者化調査」（National Crime Victimization Survey: NCVS）と「英国犯罪調査」（British Crime Survey: BCS）である。一国またはごく少数の国家間の比較に関心を持つ調査研究者は、NCVSやBCSのような国別の被害化調査からの情報を利用することが有用である。しかしながら、もし調査研究者が多数の国家を大規模に比較しようとするならば、サンプル、質問項目、調査手続における相違によって国別調査はデータの質の統制をとることが大変困難なものとならざるをえない。そこで、国際的なレベルにおいて、犯罪被害に関する国別データの比較可能性を保証するために考案実施されているのが、「国際犯罪被害調査」（International Crime Victimization Survey: ICVS）である。ICVSは、1989年、1992年、1996年、2000年、そして2004/2005年に過去5回実施されている。過去5回の調査結果については、国連地域間犯罪司法研究所（UNICRI-United Nations Interregional Crime and Justice Research Institute）のウエブサイトで閲覧可能である（www.unicri.it/services/library_documentation/publications/icvs/）。2004/2005年調査では、30カ国と33の首都又は主要都市が調査に参加している（染田その他、2008：9）[12]。

　ICVSが国際比較調査として優れているのは、全参加国が統一の調査項目を用いており、またサンプリング手法等の調査方法が標準化されているという点である。それがICVSデータの比較可能性を高め、より正確な国際比較を可能にしている。ICVSでは、世帯サンプルを対象としており、その中で16歳以上の年齢の者だけを応答者として選択している。各国または各都市のサンプルは、少なくと

も2000人の応答者を含み、一般的にCATI（Computer Assisted Telephone Interview）と呼ばれる手法によって電話インタビューされている。この方法が電話設備の不十分さのために適用されえない国々では、対面的なインタビューが主要な都市において行われ、1000人から1500人の応答者というサンプルを対象としている。そして、応答者は、11種類の「伝統的」な犯罪に関して自らの被害体験について標準化された質問紙に記入するように要請され、被害が警察に通報されたかどうか、通報しない理由、警察、犯罪の不安および犯罪予防に対する態度について質問されることになっている。

　ICVSのもう一つの利点は、この種の被害調査は関係する国の司法制度および公式統計から独立しているということである。よって、当該国の公式犯罪統計に内在する過少報告（暗数）の程度を推定することを可能にするという点において、公式統計の欠点を補完することが期待されているということである。

　しかし、ICVSにもそのデータの質的統制に問題がないわけではない。たとえば、ICVSで用いられたサンプル数が前述したように比較的小さいということである。そのために強姦や加重暴行のような、あまり頻発しない犯罪の推計をえられない。しかも、小さなサンプル数の上に、その不回答率の高さ（最初の三回の調査の平均不回答率43％。国または都市によっては最大70％もあった。）が、当該サンプルの代表性の観点からすると、少ないサンプルから得られた情報の正確性について一定の疑問が残るといわざるをえないであろう。また、ICVSは、過去5年間の期間に対する被害化を想起させる回顧的調査であり、それに伴う「応答者の記憶の減退・忘却」や「入れ込み」（telescopying）によるエラーが生じやすいという問題を抱えている。

　ICVSは、非公式統計として、より適切な国際比較ができるよう様々な努力がなされているが、上述したような調査方法上の重大な技術的問題が依然として残されている。ICVSが2005年以降現在まで調査が一時中断の状態になっているのは、調査コストの問題に加え、調査実施に伴う技術的困難性の負担が、UN-CTSのような公式統計よりも大きいことを示唆している。それゆえ、ICVSが、今後とも有意義な非公式統計として活用されるためには、おそらく、調査設計の目的の変更を含む大きな改革を必要とするかもしれない。すなわち、ICVSは、決して公式統計の暗数を推計する手段として利用するのではなく、端的に被害者の被害体験そのものの性質と程度を測定したり、被害者と刑事司法との関係

(たとえば、被害者の犯罪届出行動、刑事司法制度に対する被害者の意識・態度など）を研究するための基礎的なデータを提供するものとして利用可能となるように、変えていかなければならないであろう[13]。

次に、公式犯罪統計の代替手段としてよく知られているのは、自己申告調査（self-report survey）である。自己申告調査とは、質問紙を用いて直接対象者に対して過去の犯罪・非行の経験を尋ねる調査である。自己申告調査は、公式犯罪統計よりも犯罪の実態に近いデータを犯罪者個人を単位として収集できる、調査の際に犯罪学のさまざまな理論変数（たとえば、社会的絆、ライフスタイル、家庭環境など）の測定を行なうことができる、サンプルを無作為抽出し母集団の特性を推定することができるといった、仮説検証型の実証的調査研究に良く適合した調査方法である（浜井、2013：193）。したがって、自己申告調査は、世界中でとくに青少年の非行研究において最も頻繁にかつ一般的に用いられている調査技法である。しかしながら、国毎に犯罪非行の定義が異なっていたり、またサンプルや質問項目が異なっているために、個々の自己申告調査から得られた調査結果を適切に国際比較することは事実上大変困難なことであった。それが、1980年代後半になって、当時、オランダ・ユトレヒト大学教授であったヨスィーネ・ユンガー＝タシ（Josine Junger-Tas）の強いイニシアティブとリーダーシップの下で、複数の国々が同時に参加する形で自己申告調査をデザイン、実施しようとする意欲的な国際的プロジェクトがスタートした。これが「国際自己申告非行調査」（International Self-Reported Delinquency Study: ISRD）である。ISRD の主要な調査目標は、国家間における非行と被害化の相違点と類似点および傾向を観察し比較すること、政策的問題と関係づけながら少年非行に関する理論的争点を検証すること、そして、もし国家間において少年非行のパターンに相違があるならば、その違いを説明できる社会経済的または文化的差異または法的または刑事政策の特色とは何かを分析すること、にある。

第一回調査（ISRD-1）は、13ヵ国が参加して1992-1993年に実施された。第2回調査（ISRD-2）は、2005-2007年に31カ国の参加を得て、実施された。第3回調査は、2012年に開始され、2016年末に終了予定である。参加国は35か国にまで拡大している[14]。第1回調査から第3回調査までの調査結果については、ISRD のウェブサイト（http://www.northeastern.edu/isrd/）で一般公開されており、誰でも閲覧することができる。

ISRD プロジェクトは、その出発点において、より妥当かつ信頼性のある国際比較をすることを強く意図して、リサーチ・デザインが企図されている。そのため、調査実施の段階では、各国間で比較可能なサンプル（各国の中学校レヴェルに相当する7年生から9年生、年齢では12歳から16歳までの学校生徒）を無作為抽出して、少年非行および被害化に関する標準化された質問紙および統一的なデータ収集手続を利用することが、参加国に対して要請されている。ただ、そうとはいえ、実際には、第1回調査では、参加国の間でサンプルの抽出の枠（sampling frame）が異なっていたり、応答率が異なるなど、少年非行に関する国際比較調査の価値を減ずるような技術的・方法問題が生じたりもした。それゆえ、第1回調査は、ある意味で、予備的調査と位置づけながら、第2回調査では、参加国の大幅な増加もあってデータの比較可能性を高めるための検討がなされ、国際比較レベルでの ISRD が非行の程度およびパターンに関する貴重な資料源であることを示している。さらに、第3回調査もこの方針の下で、より一層妥当かつ信頼のある国際比較調査となるよう継続的な改善の努力がなされている。

　以上のように、国際比較調査研究を実行する上で、国際比較データ源の利用可能性は、そのアクセスの容易さ、データの妥当性と信頼性の質的向上も加わり、確実に進展、拡充しつつある。とりわけ、国家を分析単位とする国際的なレベルでの比較犯罪学的調査を実行しようとする場合においては、いわば独立変数または説明変数の指標として用いられる様々なマクロレベルの説明的データ源も整備されている（Howard, Newman, and Pridemore, 2000: 183-189）。現在、利用可能な主要な説明的データ源としては、以下のようなものがある。先ず第一は、米国・連邦国勢調査局国際プログラムセンター『国際データベース』（The International Programs Center of the U. S. Census Bureau, International Data Base: IDB）である。このデータベースは、犯罪学者にとって有益な世界227ヵ国からの人口統計学的情報（人口、人口動態、人口移動、結婚歴、人種・宗教、識字率、雇用、所得など）を含んでいる。IDB はオンラインで利用可能で、アクセスが容易である。このデータベースは、マクロな社会構造レベルの犯罪学理論、たとえば社会解体理論に関連した変数の指標となりうる人口統計データを含んでいる（https://www.census.gov/population/international/data/idb/informationGateway.php）。

　第二は、世界保健機構（World Health Organization: WHO）の『世界健康統計年鑑』（World Health Statistics Annual）（http://www.who.int/gho/publications/world_health_

statistics/en/)とそのオンライ版である『WHO死亡統計データベース』(WHO Mortality Database)(http://www.who.int/healthinfo/mortality_data/en/)はある。WHOの世界健康統計年鑑は、80ヵ国以上の死因別死亡統計を報告しており、そのオンライ版である死亡統計データベースは、WHOが良質のデータであるとみなした国のデータだけを含んでいる。WHOのデータの中で、犯罪学者にとって最も利用価値があると思われるのは、殺人、乳幼児死亡率、平均寿命、アルコール使用などである。

　第三は、世界銀行(World Bank)の『世界開発指標』(World Development Indicators、WDI)と国際通貨基金(International monetary Fund：IMF)の「IMFデータ公表基準」(IMF Dissemination Standards Bulletin Board: DSBB』(http://dsbb.imf.org/)などである。これらのデータ源は、犯罪学者にとって有益な経済的データを含んでいる。世界銀行のデータは、経済成長や経済的構造の指標に関するデータを多く含んでおり、ウエブサイトで入手可能である(http://data.worldbank.org/data-catalog/world-development-indicators)。IMFのデータは、IMF加盟国の47か国からIMFに報告された経済的および財政的データを含んでいる。各国のデータは、データの信頼性やデータの質が保証されていることを条件にIMFのDSBBと呼ばれる電子掲示板に掲載されることになっている。これらの国際的な経済指標のデータ源も、犯罪学者にとっては様々なマクロレベルの犯罪学理論を実証的に検証する場合に、有益な情報を提供することができよう。

　以上の議論から、国際的な犯罪データ源の利用可能性が格段に進歩・拡充されるようになってきていることが示された。ただし、他方ではデータの妥当性と信頼性を保証し、様々な国家間の比較研究をする際のデータの比較可能性を確保することについては依然として大きな課題が残されているのも事実といえよう。そのような現状をふまえ、今後これらの国際的な犯罪データを利用する比較研究を適切かつ慎重に行っていくために、比較犯罪学者は少なくとも以下のような点に留意すべきである(Dammer and Fairchild, 2006: 33-34)。先ず第一に、犯罪データの比較可能性を高めていくためには、比較対象とする罪種と国家の選択においてより慎重であるべきである。すなわち、国家間の犯罪率を比較する場合、当該国の「刑法犯総数」といった最も包括的カテゴリーに基づいた犯罪実数および人口10万人当たりの比率ではなく、むしろ特定の罪種(殺人、強盗、自動車窃盗、万引など)別の犯罪率または拘禁率といったできるだけ各国間で定義の差異が生じない

ようなカテゴリーを比較すること。さらに、できるだけ社会的、経済的、そして政治的諸条件において類似した国家同士間の比較に限定することが望ましい。全く異なる体制にある国家間の比較は、適切な比較にとっての障害となりうる。第二に、社会調査法において一般的に推奨されている「トライアンギュレーション」(triangulation) と呼ばれる調査方法を国際比較調査においても可能な限り利用すべきである。トライアンギュレーションとは、同じ調査結果を複数の調査方法で検証することをいう（バビー、2003：117）。これは、測定しようとしたデータの妥当性を改善する一つの方法として複数の測定尺度ないしはデータ源を利用するということである。国際的な犯罪および刑事司法データにおいてトライアンギュレーションを利用する場合には、たとえば、UN-CTSに基づいて一定の研究結果が得られれば、それを次にはICVSやISRDなどの別のデータ源および様々な統計手法を使って検証しようとすることである。それによって、異なる国々における犯罪率についてより妥当な判断をくだすことができるであろう。第三に、国家を分析単位とする従来の比較犯罪学的研究の調査設計では、国家横断的デザイン（同一時点における異なる国家または地域・都市間の比較）が主流であったが、今後は各国の犯罪傾向の経年変化を比較分析する「縦断的デザイン」（同一国家または地域・都市における異なる時点の比較）ことに調査の力点を変えていくことも重要である。犯罪量の正確な水準を測定することは、暗数の問題もあって大変困難を伴うことはよく知られている。ただし、仮に公式統計であれ非公式統計であれ、各国統計の暗数レベルが毎年「一定」であると仮定すれば、犯罪傾向の経年変化のパターンは、それなりに妥当かつ信頼性のある有益な情報を提供することができるはずである。最後に、種々の国際比較データを利用して比較調査を行う場合に、比較犯罪学者はその利用可能なデータの限界を十分に認識しなければならないであろう。その犯罪データが提供しうる特定の情報と同様にそのデータによっては提供することのできないものとをしっかり識別することが、良質の比較犯罪学研究の発展にとって重要な前提条件であるように思われる。

4 刑事司法における国際協力体制の構築

トランスナショナル犯罪の台頭および国際テロリズムや国際人権法違反などの国際犯罪の頻発や深刻化といった問題への対応は、1国内だけの問題ではなく、関係各国の間での問題解決にむけての国際的な協力体制を構築・整備していくこ

とが重要な課題となる。その際に、自国制度との比較において、諸外国の刑事司法制度の組織や構造および運営・機能面での特色および諸外国の刑事司法機関が直面している問題の意義についての基本的知識を学ぶ必要がある。比較刑事司法研究調査は。このような課題に的確に応えるために、重要な役割を果たすものと期待されている。

　刑事司法における国際協力の最初の実例としては、既述したInterpolが代表的であり、かつ最も有名である。今日、犯罪のグローバル化とともに、Interpolの活動が益々比重を増していく一方で、トランスナショナル犯罪に対する捜査、司法における国際共助の取組みは、地域レベルにおいても増大している。EU28か国の法執行機関として1999年に設置された「欧州警察局」(European Police Office: Europol) は、地域協力の主要例である（https://www.europol.europa.eu/）。Europolでは、EU加盟国の警察であれば、他のEU加盟国の国境を越えて犯人を追跡することが許可されている。そして、Euro-warrantsという逮捕令状は、EU加盟国のいずれかの裁判所によって発出されるが、当該発出国からの命令を待つことなしに別のEU加盟国の警察に逮捕状執行の権限が与えられている。このような制度は、国境を越える犯罪に対処するための1つの手段としてみなされている。

　日本でも犯罪のグローバル化に対応するために、警察庁では、Interpolや外交当局を通じて外国治安機関との情報交換に努めているほか、国際会議への参加、二国間協議の推進等により協力関係を強化している（警察庁、2010：28-39）。特に、地理的にも経済的にも関係が深く来日外国人犯罪の国籍別・地域別の検挙状況で上位を占める中国および韓国を始めとする東アジア諸国との地域的連携・協力を強化していくことが、日本を含む関係各国の治安機関に求められている。

　犯罪防止および刑事司法における国際連携・協力体制の整備、さらには超国家的刑事司法組織（supranational criminal justice bodies）の構築において国連が果たしている役割も大きい。第一に、国連は、「国連犯罪防止・刑事司法プログラム・ネットワーク研究所」(Institutes of the UN Crime Prevention and Criminal Justice Programme Network: PNI) の下で、犯罪と薬物問題に関する各国および各地域の研究所の設立および活動を支援している。PNIは、現在国連薬物・犯罪オフィス、そして世界各地に設置された17カ所の地域間および地域研修所と専門研究機関から構成されている（https://www.unodc.org/unodc/en/commissions/CCPCJ/PNI/

institutes.html)。PNI の主要な支援活動は、国連加盟国における犯罪予防と刑事司法の分野において国際協力、情報交換、技術支援および調査研究を強化することに置かれている。「国連アジア極東犯罪防止研修所（略称「アジ研」」(United Nations Asia and Far East Institute for the Prevention of Crime and Treatment of Offenders : UNAFEI) も PNI の１つであり、日本国政府と国連との協定に基づいて設置され、共同運営されている国連の地域研修所の１つである（http://www.unafei.or.jp/）。アジ研は、アジア太平洋地域の発展途上国を始めとする国連加盟国における刑事司法制度の発展と相互協力の強化に努めている。

　第二に、トランスナショナル犯罪の実行犯の大多数は、ある特定の国の法によって裁かれ、処罰されることが、ある意味世界共通の刑事司法制度の基本である。それゆえ上記のような各国の警察機関や司法機関の間での国際連携・協力が積極的に行われている。しかし、グローバル化が進む中では、そのような伝統的な「国際司法共助」のアプローチに止まらず、さらに一歩すすめて、特定の犯罪について、国際的に統一されたルールの下で対応をするというアプローチが台頭するようになっている（川出・金、2012：463-465）。たとえば、国連で成立した国際準則をひとつの模範として、それを批准した加盟国に対しては当該準則に整合するように国内法の整備を義務づけるという対応の仕方である。このアプローチは、異なる国々による同一内容の法の採用であり、少なくとも諸国間に現存する法的障害物を最小限にすることによって法律上の主要な相違を除去することを意味している（朴、1990：95）。世界各国が国際準則などの条約に基づいて特定の問題について国際同調的な取り組みを行うことは、たとえば、犯人引渡し、犯罪者処遇、人身売買、ハイジャック、マネーロンダリング、そして比較的最近では薬物犯罪、組織犯罪とテロリズムなどにおいて具体化されているとおりである。

　第三に、それに加えて、国連は、一定の「国際犯罪」については、国家の主権に属さない国際的な裁判所を創設し、そこで処罰をおこなうという、「超国家的刑事司法組織」を指向している。その代表例は、「国際犯罪」の裁判権を管轄する超国家的法廷である「国際刑事裁判所」（ICC）の設置である。同じような超国家的法廷の例は、地域レベルにおいても、たとえば、欧州評議会加盟国を対象とする「欧州人権裁判所」(European Court of Human Rights) や EU の「欧州司法裁判所」(European Court of Justice: ECJ) においても見受けられる（Dammer and Fairchild, 2006: 355）。シェンゲン協定（1990年）による国境の開放、マーストリヒ

ト条約(1992年)によるEU統合、経済的市場と通貨の地域内融合は、EU加盟国の政府機関や司法機関の間における連携協力を高めた。そして、EU加盟国間における司法管轄に関連した争点を解決する手段として、EU全体で統一的な法の運用の必要性から超国家的司法裁判所としてのECJの任務が強化されている。この動きは、ある意味で、ヨーロッパ諸国間における言語の違い、文化の違いにもかかわらず、刑事司法問題において統一的な関係を構築しようとする試みに他ならない。法の統一および調和という目標に近づくためには、まさに言語・文化の違いを乗り越えて関係諸外国の法制度の知識が必要不可欠なものとなる。比較犯罪学・刑事司法の調査研究は、この目的を果たすために重要な役割を担っているのである。

5 犯罪学理論の国際的適用可能性の拡大

比較犯罪学の存在根拠のひとつは、ある特定の文化または社会で生まれた犯罪学理論が他の文化または社会においても妥当するかどうかを検証することよって、当該理論の説明可能な範囲または経験的一般化を明らかにすることができるという点にある(朴、1990:93-94)。そのために、犯罪学における比較的方法の使用は、犯罪および刑事司法に関する理論の国際的適用可能性を検討するために重要であり、それはより妥当かつ信頼できる科学的理論の発展へと導くものである。そして、まさにグローバル化は、比較犯罪学者にとって犯罪学理論の国際的適用可能性を検証する良い機会を提供しているといえる。なぜならば、今日のグローバル化時代において、世界は「グローバル・ヴィレッジ」(global village)へと変化している(Barak, 2000: xvi-xvii; :Adler et. Al. 2007: 385-386)。すなわち、輸送、コミュニケーション・システムが高度に発達し、ヒト・モノ・カネの動きにとって国境がますます意味を持たなくなっている。そしてこのようなグローバル化の動きは、たとえば、EUのように、異なる国々の間で、法、政治、刑事司法制度の実務において国家を超えて統一的な秩序ないしは類似のシステムに収斂する傾向を加速化している。もしそうであるならば、このような加速的な収斂傾向の状況において、ある特定の文化または社会で生まれた犯罪学理論が同じような収斂傾向にある他の異なる文化または社会においても適用可能かを検証することは、その理論の普遍的な説明力を証明するために、大変有意義な作業であると思われる。

たとえば、アメリカにおける犯罪率を説明するために展開されたアメリカ犯罪

学理論が同じ先進国でありながら国際的に低犯罪率でも有名な日本やスイスのような他の文化または国家にも適用可能であるならば、そのような比較国家的な理論検証はアメリカ理論の普遍的妥当性を高めるのに有益である(15)。これは、科学的探究の重要な論点である「反復」(replication) の問題である。反復的なデザインをもった比較犯罪学的調査は、あきらに当該理論の精密化 (elaboration) と特定化 (specification) に役立つべきものと思われる。その結果として、犯罪学における比較調査研究は、理論の説明力を高めることになる。その意味で、比較犯罪学にとっての今後の挑戦的な課題は、複数の文化または国家を通して適用可能な特色ある理論を構築し展開することにある (Howard, Newman and Pridemore, 2000: 189)。

ただし、そうとはいえ、比較犯罪学の分野において最も困難な原理的問題のひとつは、比較犯罪学の概念やカテゴリーは普遍的か個別的か、ということである。使用される概念は、すべての国や場所に当てはまるのか、それとも文化制約的なのかという点である。おそらくは普遍的に当てはまる概念もあるだろうが、なるべく慎重に使用しなければならない概念もなくはないであろう。たとえば、「アノミー」、「異質的接触」(differential association) あるいは「異質的機会」(differential opportunity) などは普遍的な概念かもしれないが、この概念の個別具体的な適用性はどうかといえば、普遍的でない場合が少なくないと思われる (朴、1990：98-99)。いずれにせよ、比較犯罪学の理想的な成果は、犯罪の普遍的理論を探求することとできるだけ多くの国々をそれらの様々な特徴に関して比較することである。しかし、これは期待が大きすぎて実際には達成されていないのが現実である。そこでより謙抑的に、二、三の国における特定の犯罪と統制の例を調査するなど焦点を絞った試みを通してより多くの理論的進歩が実現しうるものと思われる。

現在、国際比較調査において諸外国間の犯罪率の違いを説明する際に、よく用いられる主要な理論的枠組は、次の三つである (Barak, 2000: xv-xvi; Howard, Newman and Pridemore, 2000: 148-159)。第一の理論は、最も抽象度の高い分析概念を含む「近代化理論」(Modernization theory) である (Clinard and Abbot, 1973; Shelley, 1981)。この理論は、近代化の指標となる都市化と産業化のような社会変動が犯罪と被害化の変化と相関していると主張する。この理論によれば、社会経済的発展の有害的影響、たとえば、経済不況、貧富の差の拡大、都市人口の拡

大、人口の移動性と匿名性の増大、社会的紐帯の弱体化、社会階層の格差の拡大、社会経済的不平等の拡大などが犯罪率上昇に寄与すると仮定されている。そして、どの国においても近代化のプロセスを体験するにつれて、犯罪率において類似した傾向を示すようになると予想されている。このような近代化の犯罪に及ぼす影響に関する国際的調査の実例は最近年数多くみられる（Howard, Newman and Pridemore, 2000: 149-150）。おそらく比較国家的犯罪学における最も有力な理論的パースペクティブといえよう[16]。

　第二の理論は、構造的理論（structural theories）である。この理論は主にアメリカ社会で生まれた社会学的犯罪学理論によって代表されるものであり、伝統的に国家全体レベルよりはそれよりも比較的小さな分析の単位（都市または州）とともに利用されている。そして、社会的学習、ストレイン、または社会統制などの分析概念を使って犯罪率の場所的差異を説明しようとしている。構造的理論による説明は、比較犯罪学の関心が高まるにつれて、次第に様々な国家間の比較レベルでも検証されるようになっている（Howard, Newman and Pridemore, 2000: 154-158）。近代化理論と並んで、今後とも比較犯罪学的調査研究において、妥当かつ信頼性のある横断的な国際比較データが近年整備・拡充されている中で、理論検証型比較調査の中心的地位を占めていくことが予想される。

　第三の理論的説明は、国家社会全体レベルの人口統計学的特徴（たとえば、年齢構成と性別構成）に焦点をあてたものであり、当該国の暴力犯罪と財産犯罪の水準を説明しようとする試みの中で用いられている。多くの研究で犯罪の人口統計学的相関要因として一般的に受け入れられている説明は、逮捕データや被害化データにもとづいて、若年男子が最大の犯罪者率および被害者化率を有しているということ、よって、彼らの人口比が上昇するにつれて、犯罪率が上昇するであろうというものである。ただし、これまでのところ経験的には、この関係を分析した比較国家的調査の研究結果は一貫していない（朴、1993a: 202-204; Howard, Newman and Pridemore, 2000: 158-159）。犯罪学上、年齢・性別変数は、犯罪の因果的メカニズムの決定要因としてではなく、むしろ「統制変数」としてよく用いられてきたものであり、今後もそのような理論的位置づけにおいて、犯罪との相関関係を慎重に検証していくことが望まれるところである。

　いずれにせよ、比較犯罪学における理論的発展のために、比較犯罪学者にとって課せられた使命としては、以上に取り上げられた諸理論を、妥当かつ信頼性の

あるデータの利用可能性の限度ではあるが、できる限り多くの比較国家レベルでその理論検証作業を慎重にかつ着実に続けていくことであろう。そのような弛みない努力によってのみ、これら理論の説明力を拡大するか、あるいはそれらの限界を論証するかのいずれかを約束することができるのである。

四　おわりに――今後の展望に向けて

　以上の議論から、グローバル化の時代における比較犯罪学研究は、大きな期待とともにその発展の可能性をもつ有望な研究分野であることが示唆された。この研究分野がとりわけ大きな発展の可能性をもつといえるのは、グローバル化によって国民国家の国境の壁が意味をもたくなってきていることの結果として、その研究対象となる範囲が世界中のありとあらゆる国および地域の犯罪問題（犯罪のグローバル化）および刑事司法システム（刑事司法の国際連携・協力または超国家的刑事司法）にまで及んでいるからである。比較犯罪学の利点としては、国際比較によって、犯罪学理論の国際的適用可能性を検証することで犯罪学理論の科学的進歩に貢献しうること、自国を他の諸外国と比較して自国制度の理解を深めること、また各国間の類似点や相違点を確証することで、自国制度の改善につなげることに役立つこと、あるいは国際的または地域的な収斂傾向が加速する中で法の統一または調和を図るための必要的な知見を提供することができることなどがあげられる。

　なぜ犯罪率が低い国もあれば、高い国もあるのか。犯罪問題に悩む国がある一方で、なぜうまくやり遂げた国もあるのか。厳罰主義の政策を基調とする国々もあればそうではない国々もあるのはどうしてか。地域や文化の違いが、また地理上の違いが現れるのはなぜなのか。先進諸国と発展途上国との間で犯罪や犯罪統制において違いが生ずるのはなぜか。こうした多様な国々の社会的・政治的な国内状況や国際状況のうち、各国の類似点も相違点も共に説明するのは一体何か。比較犯罪学の中核にあるのは、まさにこのような問いかけである。

　このような課題に応えるために必要とされることは、第一には、これまで同様、引き続き各国の事例研究のデータを積み上げて、個々の外国に関する認識を増進させていくことである。いかなる国にも、目新しい問題、その特徴的なパターンや関係性は常に現われる。そうしたものを探求するのは、従来の文献を基

点として用いれば可能であろう。ひとつの研究テーマに絞ったり、特定の理論モデルなり、着想なりを取り上げて、特定の国を対象にして探求していけばいいのである。第二には、一国の事例研究の成果を踏まえて、それをさらに二カ国か三カ国に、さらには四カ国ほどにまで比較の対象を拡大していくことである。この場合も一つのテーマに的を絞り、それを仮説として再定式化して、幾つかの国々に適用して検証するという作業が望ましい。これこそが現時点で考え得る実行可能な現実的な比較分析ではないかと思われる。

そして、このような比較犯罪学研究を志す者にとって大切なことは、国際的な研究体制の構築および拡充である。犯罪学の国際学会としては、国際犯罪学会（International Society for Criminology: ISC）が1938年の創設以来最も古くから活動している。アメリカの ASC には国際犯罪学部会があり、そこに毎年アメリカ人研究者と主に英語圏またはヨーロッパ圏の外国人研究者が参集し、国際的な研究交流が活発に行われている。ヨーロッパでは、伝統のあるイギリス犯罪学会（British Society of Criminology）とは別個に、2000年にヨーロッパ犯罪学会（European Society of Criminology）が創設され、EU統合に呼応するかのように、犯罪学研究の地域統合化の動きがでている。

アジアに眼を向ければ、アメリカやヨーロッパの動きに比べてやや立ち遅れていたが、それでも2009年にはアジア犯罪学会が設立され、アジア諸国の犯罪学研究者・実務家と、アジアに関心をもつ他の国々の研究者・実務家が一堂に介して研究成果を公表し、相互交流を図る場ができるようになった。21世紀においておそらく日本から世界を眺めた場合に、また世界から日本を眺めた場合に、日米の関係は依然として重要ではあるが、それ以上にアジア、とりわけ北東アジアや東南アジア諸国との関係を考慮する必要があるであろう。アジア犯罪学会の果たすべき役割、期待には大きいものがある。アジア地域における比較研究の連携協力体制をより確固たるものとし、そしてアジア地域のみならず世界の各地域との連携、そしてひいては世界的な研究のネットワーク体制の構築へと進んでいくことが強く期待される。

結論として、グローバル化の時代において比較犯罪学が取り組むべき課題は、あまりにも多種多様であり、かつ言語の壁を乗り越えなければならない困難な作業を伴うものである。それゆえ、眼前に立ちふさがる高い障害物を前にして、筆者には時として一種の「めまい」のような気持が生ずることがある。一人の研究

者ができる能力には自ずから限界があることは自明である。それだけに、比較犯罪学とは、基本的問題意識、研究の視座を共有するものが共同して取り組むべき研究分野である。願わくは、本書が将来の比較犯罪学調査研究を前進させていくための小さな一歩となることを切望するものである。

(1) アメリカにおける比較犯罪学に対する関心の最初の高まりは、1980年代に遡ることができる。この時期にアメリカ犯罪学会（The American Society of Criminology: ASC）を中心とする研究者間における国際交流が活発化したこと、およびそれに伴うアメリカ犯罪学理論の国際的な承認、そしてその犯罪学理論の国際的適用可能性についての新たな理論的関心が高まってきた。その具体的な表れとしては、①公刊された比較犯罪学文献の数が増大してきたこと、②1981年に ASC の下部組織として「国際犯罪学部会」（Division of International Criminology）が設立されたことによって裏付けられる（なお、この点について詳細は、本書第1章を参照）。

しかし、90年代に入ると、一時期、80年代ほどの関心の高まりはなくなり、研究業績においても見るべき成果はあがっていなかった。ところが、1990年代半ばから現在に至るまで比較犯罪学に対する関心が再び高まってきた。それは犯罪のグローバル化とクロス・ナショナルな犯罪調査研究を実施するための方法論的な改善とそのための技術的進歩のためである。

(2) ただし、そうとはいえ、最近の用語法の傾向として「比較文化的」アプローチよりは「比較国家的」アプローチの用語を使用することの方が主流となりつつあるようにみえる。その理由としては、国民国家が政治的統一体として刑事司法機関の公式の犯罪統制活動の運用上の基礎であるということ、そして、それは文化という曖昧な概念よりも容易に定義され、他のものとの場所的・時間的な区別がより明確であるということが考えられる。そのために、犯罪学における最も最近の比較研究は、国民国家を分析の対象として諸国家間の類似性と相違性を検討するものが多い。たとえば、Barak, 2000; Farrington, Langan, and Tonry, 2004; Tonry and Doob, 2004; Tonry, 2007など参照。

(3) その邦訳として、B. ホウィスト著（中山研一監訳）『比較犯罪学』（成文堂、1986年）を参照。ホウィストの『比較犯罪学』の内容は、犯罪学諸理論の概略的説明と諸外国及び国際組織における犯罪学研究の単純な記述紹介から構成されている。

(4) さらに、「比較刑事司法」（comparative criminal justice）と題する大学テキストも近年数多く出版されるようになっているが、それらの多くも、実に多種多様な各国の刑事司法制度の概要を要約的に記述紹介だけのものとなっている（Reichel, 2002; Natarajan, 2005 and 2011; Dammer and Fairchild, 2006; Pakes, 2010; Terrill, 2013）。しかも、これらの記述内容は、時としてしばしば時代遅れであり、通常は「法の動態」（law in action）について習得するというよりはむしろ「法の静態」（law in Books）に関して知識を得ることができるにすぎないというのが実情である。

(5) 1998年に採択されたローマ規程5条では、国際犯罪の一つとして「侵略犯罪」(the crime of aggression) も含まれていたが、同5条2項によって、規程発効後に可能となる改正手続きにより必要な関連規程が採択されうるまで、ICCは侵略犯罪について管轄権を行使できなとされていた。それが、2010年のICC規程検討会議において、侵略戦争の定義とICCが管轄権行使をするための条件に関する改正規定が採択され、第5条2項は削除されることになった。詳しくは、洪恵子「第2章 ICCにおける管轄権の構造」村瀬信也・洪恵子共編『国際刑事裁判所 第二版』(東信堂、2014年) 44頁参照。
(6) 警察庁 (1999:1) は、「国際犯罪」を「外国人による犯罪、国民の外国における犯罪その他外国に係る犯罪」と定義している。また、比較的最近では、「世界的規模で活動する犯罪組織のわが国への浸透、犯罪組織の構成員の多国籍化、犯罪行為の世界的展開」といった状況を「犯罪のグローバル化」と呼んでいる (警察庁、2010:2-5)。この用語法は、トランスナショナル犯罪またはグローバル犯罪の概念とほぼ同様な意味で用いられているが、警察庁の用語では、国連やICCローマ規程による「国際犯罪」の定義に見られるような「国際人権法違反」という視点が欠落していることに留意すべきである。
(7) アメリカでは、テロリズムの問題は、伝統的には「政治犯罪」(political criminality) という問題枠組の中で議論されていた。それが9.11同時多発テロ事件を契機に、多くの犯罪学者たちがテロリズムまたは国際テロリズムそれ自体の調査研究に取り組むようになった。そして、2014年にASCの下部組織として「テロリズムおよびバイアス犯罪部会」(Division of Terrorism & Bias Crimes) が設立されたことからも分かるように、テロリズムは、今日、人気のある研究テーマとなっている。
(8) 比較犯罪学的調査研究は、その比較研究のタイプに応じて様々な予備的知識が必要される。とくに問題となるのは、調査研究者の母国語とは異なる言語圏、文化圏に属する国との比較をしようとする場合である。日米の警察制度を比較した先駆的な研究として、ベイリー (1977) が高く評価されている。しかしながら、アメリカ人のベイリー自身は、日本語能力を欠いていたために、通訳を介して、日本の警察活動 (交番制度) を短期間に参与観察したものであり、その観察結果から得られた質的データの信頼性と妥当性については方法論的には問題のある研究であった。一方で、日本語能力の優れたアメリカ人類学者であるエイムズ (Walter L. Ames, 著『日本警察の生態学』(1985) は、著者本人の日本語能力を活かして自ら警察内部を本格的に参与観察したものとして画期的なものであった。彼の調査研究は、ベイリーより長期間の参与観察であり、方法論的にはより妥当であったといえる。また、ジョンソン (David T. Johnson) 著『アメリカ人のみた日本の検察制度:日米の比較考察』(2004) も日本語能力を駆使して、日本の検察内部に入り検察官に対する実地調査や面接調査、そして質問紙調査など利用した最初の実証調査であり、他の日米比較研究とは一線を画する優れた調査研究である。外国との比較研究をする場合、当該国の外国語および文化・歴史に関する知識は必要不可欠といえる。アメリカのニューヨーク市立大学ジョン・ジェイ刑事司法学部 (John Jay

College of Criminal Justice, the City University of New York）は、全米で最初の「国際刑事司法」（International Criminal Justice: ICJ）プログラムを2001年に設置した。2010年には同学部の修士課程においても ICJ プログラムがスタートしたとのことである。ICJ プログラムを履修する学生達には、外国語科目が必修科目として義務づけられている（Natarajan, 2011：xx）。国際比較調査研究を進展させていく上で、大事な一歩といえよう。

(9) たとえば、アメリカ合衆国との比較調査研究をする場合、最良のデータ資料源としては、「連邦捜査局」（Federal Bureau of Investigation: FBI）によって公刊されている『統一犯罪報告書』（Uniform Crime Reports: http://www.fbi.gov/about-us/cjis/ucr/ucr）、ニューヨーク州立大学オールバニー校、刑事司法学部、ヒンデラング刑事司法リサーチセンター（The State University of New York at Albany, School of Criminal Justice, Hindelang Criminal justice Research Center）から編集発行されている『刑事司法統計集』（Sourcebook of Criminal Justice Statistics: http://www.albay.edu/sourcebook/）が、誰に対してもインターネットでいつでも閲覧できる体制にある。さらにアメリカの犯罪統計や刑事司法統計の多くも、連邦司法省司法統計局（U. S. Department of Justice, Bureau of Justice Statistics: BJS）のウェブサイト http://www.ojp.usdoj.gov/bjs/）で公開されている。

(10) UN-CTS の調査結果は、第1回と第2回調査（1970-1980）から第11回調査（2007-2008）までが公表されている（http://www.unodc.org/unodc/en/crime_survey_eleventh.html）。現在、2015年調査が集計中である。

(11) この関連で、最近の注目すべき国際比較データ源として作成されているは、『欧州犯罪・刑事司法統計資料集』European Sourcebook of Crime and Criminal Justice: ES と略）である。この資料集は、欧州評議会（the Council of Europe）の加盟国（現在、47か国）のために犯罪と刑事司法データの要約を作成することを目的として、欧州評議会の下の専門家委員会（1996年設置）のメンバーによってヨーロッパ各国の警察統計、検察統計、司法統計（有罪判決と量刑）、矯正統計をまとめたものである。ES の初版（1999年）は、ヨーロッパ36か国の参加・協力を得て1990年から1996年までの参加国のデータを含んでいた。それ以降、財政事情の悪化もあって、基本的には4年毎に出版されている。最新版は2014年に出版された第5版であり、41か国から収集された2008年から2011年までのデータを含んでいる。なお、ES のデータは、ウエブサイト（http://wp.unil.ch/europeansourcebook/）で閲覧公開されている。

　ES の最大の特色は、ヨーロッパ国家間のデータの妥当な比較を保証するために、「各参加国から派遣される専門委員」（national correspondents）の制度を導入したことである。この専門委員たちが、各国から収集されたデータの質を統制するために、各国データの法的および統計的定義の違いから生ずる系統的誤差を最小化しようと詳細にチェックしているということである。このような努力を継続しながら、当該データの比較可能性を向上させている。ES の公刊は、ヨーロッパ諸国間の比較調査研究を促しているだ

(12) 日本は、UNICRIの参加要請を受けて、2000年からICVSに参加している。日本での調査実施主体は、法務省法務総合研究所であり、質問紙の翻訳、調査実施、基礎集計および国際比較に関する報告書作成を行っている（浜井、2013：176-185）。なお、ICVSは、2004-2005年の第5回調査を最後に、その後実施されていない。その代わりに、調査経費の最小化と国際比較をより適したものにすることを目的に、カナダ、デンマーク、ドイツ、オランダ、イギリスおよびスウェーデンの先進6カ国だけが参加する形で、2010年にパイロット調査を実施している。ICVS2010パイロット調査の詳細については、滝澤その他（2013）を参照。

(13) この点に関連して想起されるは、1973年からアメリカで暗数調査のために開発された「全米犯罪調査」（「National Crime Survey: NCS」）が1990年に「被害者化調査」（NCVS）と改称した背景についてである。NCSからNCVSへ改称されたのは、大規模な被害調査を数多く実施するにつれて、それを暗数推定の方法として利用することに多くの方法論的、技術的問題点（たとえば、被害の暗数、応答エラー、調査対象となる罪種の制約など）が内在していることが明らかとなり、結局、少なくとも社会において現実に発生した犯罪の全体像を把握しようとする問題関心にこたえるものとしてはあまり多くの期待をすることができないという認識が強まってきたことによるものと思われる（朴、1996：29）。ICVSについても、まさに同じような問題がそのまま妥当するものといえよう。

(14) 第3回調査（ISRD-3）の参加国は、前2回同様に、ほとんどがヨーロッパ圏に集中している。ヨーロッパ圏以外の国からの参加としては、北米からは、アメリカ1国、中南米からはブラジル、チリ、ベネズエラの3カ国、アジアからは中国、インド、インドネシア、韓国の4か国、アフリカからカボヴェルデ（Cape Verde）が調査に加わった（http://www.northeastern.edu/isrd/isrd3/）。本調査では、参加国毎に1800人の中学生がサンプルとして調査対象となった。第3回調査の研究結果は、2017年4月以降にISRDのウエブサイトにおいて公開される予定である。なお、第1回調査以来、日本は、ISRDプロジェクトには参加していない。

(15) 本書「第3章 戦後日本における犯罪率の推移」（初出は朴、1993a；1993b；1994）は、日本の時系列データを利用して、アメリカの主要な犯罪学理論の経験的妥当性を検証しようとした比較調査研究の一例である。その研究結果から、比較文化的犯罪学における理論的一般化に関して、日本の経験は、社会・文化の違いを越えた犯罪原因の普遍性に対する好意的な証拠を提供していることを証明したものである。その反復的調査研究としては、Roberts and LaFree（2001; 2004）などがある。

(16) 近代化理論と同じ分析レベルの理論でありながら、対立的な仮説を提唱しているのが「犯罪機会理論」（Opportunity theories）である。コーエンとフェルソンのルーティンアクテビティ・アプローチはその代表的な機会理論の1つであるが（Cohen and

Felson 1979)、この理論は、近代的な経済条件と社会組織が犯罪行動に従事する機会の増大を提供すると示唆している。社会経済的発展の利得的側面(経済的豊かさ、合法的経済的機会の増大、物質的生活水準の向上など)が、犯罪抑止要因としてではなく、むしろ非合法的活動(とりわけ財産犯)に従事する機会を高めるとみなしている。このアプローチは、経済成長が潜在的な犯罪標的を増やし、その結果、犯罪被害化のリスクを高めていると考えている。機会理論を直接国際比較レベルにおいて横断的に検証する調査研究は、その種のデータ(たとえば、各国の世帯における外出時間や平均TV視聴時間など)の入手の困難性のために、今のところ広まっていない。しかし、近年アメリカなどで有力に支持されている理論でもあるので、それを他の文化・国家においても妥当するかどうかを検討することは、比較犯罪学者にとっては、ひとつの挑戦的な課題であることは明らかである。

さらに、近代化理論が各国を独立した単位として扱うのに対しては、より広範な「世界」という視座から世界秩序の構造と変動などを全体論的に説明しようとするのが、マルクス主義的パースペクティブに依拠する「世界システム論」(World systems theory) である。世界システム論による説明は、要するに、現代の発展途上国(周辺国)はすでに発展した先進諸国(中核国・半周辺国)に依存し、そして様々な程度において先進諸国によって政治的にも経済的にも搾取されていると主張する。よって、資本主義が発展するにつれて、ある国における犯罪と犯罪統制の変化は、変化する世界の政治経済体制との関係おいて、経済的な支配と従属といった立場から生ずる主に外部的な搾取の影響力に依存しているとみなしている (Howard, Newman and Pridemore, 2000: 152-154)。しかし、世界システム論の主張は、国際比較のレベルで経験的に実証することが困難であるといわれている。なぜならば、この理論を検証するためには、資本主義的な発展段階に即して、社会経済的変動に関係する縦断的データを必要とするが、そのような研究目的に適した長期の時系列データを国際的なレベルで入手することは現時点では困難であるからである。現在の国際比較調査ではもっぱら横断的な調査デザインによるものが主流であり、本理論はある意味で理論仮説の域にとどまっているといえよう。そのためか、犯罪学文献においてもこの理論が言及されることはほとんどないといってよい。今後、理論検証にむけた調査デザインの実行可能性に関して、一層の地道な努力が必要とされるであろう。

第1章 比較犯罪学の方法論的諸問題

一 序

 アメリカ犯罪学の注目すべき最近の動向のひとつとして、犯罪および刑事司法研究における「比較的アプローチ」への関心の高まりということがあげられる[1]。比較研究が法学、社会学、人類学並びに政治学等の分野においてすでに長い歴史をもっている一方で、比較犯罪学的研究が台頭し始めてきたのは、1960年代ないし70年代初頭にかけてである[2]。なぜ犯罪学において比較的研究の関心が近年富に高まってきたかについては、次のような理論的および実務的要因が、しばしば指摘されている[3]。第一に、第二次大戦以降のテクノロジーおよびコミュニケーション手段の急速な発達に伴う国際的レベルでの犯罪行為の問題（たとえば、国際テロリズム、ハイジャック、密輸等）が、新たに発生してきたことで、これらが国際的関心をもたらしたということ。第二に、戦後の学者間の国際交流の高まりの中で、アメリカの社会学的犯罪学が国際的承認を受けているということ、そしてその犯罪学理論の国際的な適用可能性についての新たな関心が高まってきたということ。第三に、比較方法の利用は理論の検証および発展のために有意義であるという学問的信仰が存するということである。

 事実、比較犯罪学的研究の関心の高まりは、公刊された比較犯罪学文献の数の増大によっても裏づけられる。たとえば、比較犯罪学に関する最近の主要なモノグラフィーとしては、次のようなものがあげられる。マンハイム（Herman Mannheim, 1965）、ケバン＝ケバン（Ruth S. Cavan and Jordan T. Cavan, 1968）、クリナード＝アボット（Marshall B. Clinard and Deniel J. Abbott, 1973）、ベイリー（David H. Bayley, 1976）クリフォード（William Clifford, 1976）、チャン（Dae H. Chang, 1976）、チャン＝ブラジセック（Dae H. Chang and Donald L. Blazicek, 1986）、ホゥイスト（Brunon Holyst, 1979）、ウィックス＝クーパー（Robert J. Wicks and H. H. A. Cooper,

1979)、シェリー（Louise I. Shelley, 1981 a and 1981 b)、コール=フランコウスキー=ガーツ (George F. Cole, Stanislaw J. Frankowski, and Marc G. Gertz, 1981)、ジョンソン (Elmer H. Johnson, 1983)、バラク-グランツ=ジョンソン (Israel L. Barak-Glantz and Elmer H. Johnson, 1983)、カイザー (Günther Kaiser, 1984)、テリル (Richard J. Terrill, 1984) などである。とくに、クリナード=アボットの共著『発展途上諸国における犯罪』(Crime in Developing Countries, 1973) の公刊後急速なペースで、比較（文化）的研究がアメリカ犯罪学において別個独立した地位を占めるに至ったと言われている[4]。さらに、アメリカ犯罪学会（The American Society of Criminology: ASC）は、その分科会の一つとして「国際犯罪学部会」(Division on International Criminology) を組織化しており、国際問題に関する応用的な経験的調査の重要性を認識し、ASCの年次集会においてはこの種の比較研究が報告されているのである[5]。

しかしながら、比較犯罪学研究は、それほど単純かつ容易なものではない。比較研究への関心が高まっているにもかかわらず、今日までその経験的調査は量においてわずかであるし、そしてその質においては記述的である[6]。いずれにせよ、われわれが比較研究を行う場合、その解決しがたい方法論的問題に直面しなければならない。たとえば、犯罪の国際比較においては言語の困難性や翻訳、研究単位の定義、データの収集、加工、処理、並びにサンプリング手続等の問題が、研究結果の妥当性や信頼性に影響を及ぼすものとして常に留意されなければならないのである。

また、より基本的には、比較犯罪学的研究において「比較」という用語の不明瞭さ、混同、および誤用さえある。実際、従来の「比較」犯罪学は、その言葉の意味を狭く考えていたように見える。つまり、従来の「比較」研究は、(a)犯罪原因に関する様々な理論的アプローチの比較（たとえば、マンハイム、ホウィスト）、(b)外国の犯罪学および刑事司法の単純な紹介記述（たとえば、ケバン=ケバン、チャン、コール=フランコウスキー=ガーツ、ホウィスト、ウィックス=クーパー、ジョンソン、カイザー、テリル）、並びに(c)主にアメリカ犯罪学理論の他の国での反復研究 (Replication studies) であった（たとえば、カプラン=ルブランク（Aron Caplan and Marc Leblanc, 1985)、デゥフルー (Lois B. Defleur, 1967 and 1969)、ダウンズ (David M. Downes, 1966)、ワインバーグ (S. Kirson Weinberg, 1964)))。

それゆえ、本章の目的は、「比較」犯罪学の概念を明らかにし、なぜ「比較」

犯罪学が必要とされるのかを検討するとともに、犯罪学において比較方法を用いる際に生じる方法論的問題のいくつかを論議することにある。

二　比較犯罪学の概念化

「比較犯罪学」とは何かという問題は、今日まで充分に議論されていないように思われる。そのためにか、犯罪学における「比較」という用語の使用において若干の相違があるように見える。私見では、これまでのところ、「比較犯罪学」に関して次の三つの異なる概念化がなされているように思える。第一は、最狭義の「比較犯罪学」である。マンハイムは、彼の著書『比較犯罪学』(Comparative Criminology, 1965)において「比較」という用語の使用についての理由づけをなんら説明していないし、また系統的な比較文化的分析を企てていない。彼が彼の著書においてしたことは、犯罪原因論における三つの異なる理論的パースペクティブ（生物的、心理学的、そして社会学的）を比較検討したということである。それゆえ、彼は、「比較」犯罪学という概念を犯罪学諸理論における「折衷主義」の意味で使用しているように思われる[7]。同様に、ホウィストは、比較犯罪学を次のように定義している。すなわち、「犯罪学の理論的側面（定義、範囲、他の学問との関係、犯罪原因論による犯罪現象の解釈の評価、研究方法論）のみならず実践的側面（現代型犯罪の評価、犯罪予防における新しいパースペクティブ）をも呈示する総合的研究である」[8]と。ホウィストも、マンハイム同様、彼の著書『比較犯罪学』(Comparative Criminology, 1979)において系統的な比較文化的分析を展開しているわけではなく、むしろ相当の関心を犯罪学の理論的側面に向けているように見える。ただし、世界各国の犯罪学研究の範囲および方法についてそれらの具体的特徴を指摘し、また諸外国における犯罪学研究センターおよび犯罪研究に関連した国際組織の諸活動を詳細に紹介しているのが、彼の『比較犯罪学』の特徴といえる。要するに、ホウィストの『比較犯罪学』は、犯罪学諸理論の概略的説明と諸外国及び国際組織における犯罪学研究の単純な記述紹介から構成されているのである。

　第二の用語法は、狭義のそれである。これは、クリナード＝アボットによって例証されるであろう。彼らは、次のように述べている。すなわち、「真の比較犯罪学は、種々の社会を通して検証されうる理論的枠組、命題、あるいはモデルを

使用することによって、現存するデータに取り組みそして新たな調査を企てなければならない。適切な比較犯罪学にとって大切なことは、類似した社会的プロセスが高度工業社会と発展途上社会における犯罪を説明するのかどうかを確認するということ、そして高度工業諸国と発展途上諸国との間の類似点と相違点を示すということである」[9]と。彼らによる「比較」の用語法は、はっきり言って「比較文化的」(cross-cultural)、「比較社会的」(cross-societal)、「比較国家的」(cross-national)、「通国家的」(trans-national)、あるいは「通文化的」(trans-cultural) と同義語であるように見える。そして、この用語法にもとづく比較犯罪学は、単なる犯罪の比較文化的研究ではなく、むしろそれはひとつの科学的アプローチであり、かつ巨視的分析の企てである。つまり、そこにおいては、一定の現象の質あるいはある一定の行動の目的および意味がそれらの置かれている幅広い環境から派生しているものとみられており、それゆえ、比較犯罪学は多様な経済的、政治的、あるいは文化的制度の中で犯罪パターンの共通性および差異を見出すことをその中心的課題とするのである[10]。要するに、第二の用語法は、横断的 (cross-sectional) あるいは社会交差的比較への強調によって特徴づけられると言ってよいであろう。

　最後の用語法は、広義の比較犯罪学である[11]。横断的または社会交差的比較に加えて、これは理論的一般化の観点から時間的比較をも問題にする。たとえば、シェリーが比較犯罪学を「犯罪と刑事司法の歴史的および比較文化的研究」として定義しているのがそれである。シェリーによれば、比較犯罪学は、「犯罪の動態と犯罪に対する社会的反作用をある国の様々な地域および文化において、あるいは諸国家間において、または様々な歴史的時期を通して分析するものである[12]」。また、チャンも同様に彼の編著書である『犯罪学－比較文化的アプローチ』(Criminology: a Cross-Cultural Perspectives, 1976) において次のことを指摘している。すなわち、「本書において『比較』が意味するのは、類似した観察可能な諸条件の現象の下で類似した要素あるいは変数を測定したり、比較することによって諸文化または諸条件を通しての類似点や相違点を明らかにしようとする試みの中で一様に適用される科学的な道具（方法論）である。比較研究の目標は、すべての文化、すべての領域、すべての時代に適用可能な一般理論をもたらすために、同定可能な変数から共通の特徴を抽出することを可能にするということである[13]」。この意味において、比較犯罪学は、文化、時間、および場所の差異を超

えて犯罪に関する理論の一般化を求めることが期待されている。しかし、ここで留意しなければならないことは、比較文化的一般化は、いわゆる文化相対主義的思考に反しているということ、つまり文化的差異を無視そしてそれを禁じてさえいるのではないかということである。グリュック（Sheldon Glueck）の定義は、このことを端的に示すものである。彼によれば、「比較犯罪学は、異なる社会間における文化的差異とは無関係に、原因力として作用する原因論的普遍的特性を見出すことを意図したプロジェクトである[14]」。かくて、比較犯罪学の適切な一般化を確立しようとする試みは、もし犯罪学的事象は文化的及び構造的変化を免れないとするならば、一種のアイロニーを含むことになろう。実際、社会現象それ自体社会の複雑な因果の連鎖から生じているので、そのような現象が比較犯罪学者達によって求められる法則的規則性を容易には受け入れることはないのである。

　それはそれとして、マンハイムが述べているように、犯罪学は、個別的事例における事実、原因、そして蓋然性を研究する個性記述的（idiographic）学問でもあるのみならず、普遍的に妥当する科学法則の発見を直接の目的とする法則定立的（nomothetic）学問でもある[15]。それゆえ、比較犯罪学の力点は、科学の目的及び活動に内在するこうした二つの中心的傾向を架橋する試みとして理解されるべきであろう。この点に関して、ベンディックス（Reinhard Bendix）の比較社会学的研究の構想は、とても示唆的である。すなわち、「比較社会学的研究は、あらゆる社会にとって真実であるものとある特定の時間と場所における一つの社会について真実であるものとの間のレベルにおいて概念と一般化を展開する試みを示している」と、彼は述べている[16]。ベンディックスによる比較社会学の定式化に従いながら、クリナード＝アボットは比較犯罪学の目標を次のように規定している。すなわち、「比較犯罪学の目標は、あらゆる社会に適用可能な普遍的特性と一つあるいはごく少数の社会にだけ当てはまる独自的特性との間のレベルにおいて、概念と一般化を展開することであるべきである」[17]と。けだし、クリナード＝アボットによる比較犯罪学の概念化の利点は、ともすれば比較研究者が犯罪学的事象における文化的差異の側面を無視するという比較文化的一般化アプローチに内在するアイロニーを回避することができるということである。それゆえ、社会的現実に則した妥当な理論構築という観点からすれば、この構想の枠内で比較研究を企てることが、最も適切であるように思える。

さて、比較犯罪学の概念化が明らかにされたので、次には比較犯罪学の存在根拠の問題に議論を進めることにする。

三　比較犯罪学の存在根拠

なぜ犯罪学が比較的でなければならないのか、あるいは、なぜ比較犯罪学が必要とされるのか、これが比較犯罪学の存在根拠の問題である。この問題は、又比較犯罪学の究極的な目標は何かという問題でもある。なぜならば、比較犯罪学の存在根拠は、部分的にはその目標によって正当化されうるからである。

犯罪学および刑事司法における比較アプローチの存在根拠は、概ね次の五つの価値に分けられるであろう。すなわち、(i)科学的進歩、(ii)国際的協力、(iii)自国制度の理解、(iv)自国制度の改善、そして(v)法の統一及び調和である[18]。以下では、各々の論点についてもう少し詳しく検討してみたい。

1　科学的進歩

犯罪学者達の間での長年の認識によれば、比較犯罪学の存在根拠は、研究者が元来ある特定の文化ないし社会において発達した理論の範囲および一般化を明らかにすることができるということにある[19]。ある社会から派生した理論は、その理論の仮説の妥当性を測るために、様々な社会において検証されなければならない。なぜならば、もし比較研究が様々な社会ないし文化を通して一定の仮説を支持するならば、経験的一般化に対する研究者の信頼は増大するであろうからである。かくて、比較的方法は、社会的、経済的、並びに政治的制度における変動による事実及び状況の多様性に対して一般的な理論を検証するために、種々の文化及び社会を実験的デザインにおける「セル」(cells)および「ユニット」(units)あるいは準臨床的事例のように用いることから成っている[20]。

いずれにせよ、比較的方法の使用は、犯罪および刑事司法に関する理論の国際的適用可能性を検討するために重要であり、そしてそれはより妥当かつ信頼できる理論の発展へと導くものである[21]。それゆえに、真の犯罪学という学問を展開するためには、もっと多くの比較研究が必要であり、そしてある社会から派生した理論はできるだけ正確に他の社会へ適用されなければならない。そうすることによって、われわれは、より一般的な理論の構築へと向かって行くことができ

るのである。要するに、比較犯罪学は、科学的犯罪学の理解を拡大、強化するための適切な道具であることにその存在意義があるといえよう。

2 国際的協力

現代世界においては、改善された交通輸送およびコミュニケーション・システムの結果として、国際的な影響を及ぼす犯罪の機会が増大している。技術的進展のように、新しいタイプの犯罪は、諸国家間で発展し、そして広がっている。近年、いわゆる国際犯罪に対する実務的および理論的関心が高まっている一方で、国際的な犯罪統制の努力は、まだ現実には充分なものとはいえない状態である。国際テロリズム、ハイジャック、麻薬などの禁製品の密輸、国際的詐欺、国際スパイ、金品の闇取引などの国際犯罪は、すべてもしそれらが予防されるならば、国際的協力を必要とする問題であることは、言うまでもないことであろう[22]。要するに、近年大きな問題となりつつある国際犯罪およびその国際的な犯罪統制の研究を容易にするために、比較犯罪学的知見が必要とされるのである[23]。かくて、比較犯罪学は、犯罪防止の国際的協力の下に学者および実務家に彼らの研究成果または経験を交換する機会を提供するものである。

3 自国制度の理解

比較アプローチの目的は、自国と外国の制度についてその相違および類似点を確認し、説明することである。ある国の研究者は、外国の研究者と彼らの経験および研究結果を交換することによって、彼らの取り組んでいる問題のより深い理解をえることができる。実務家および政策決定者にとっては、外国の刑事司法制度について知ることは、犯罪に対処する際に貴重な洞察力および創意工夫といったものを提供するであろう。要するに、比較的アプローチは、国際協力や情報交換を通して他の文化や社会の刑事司法制度についての知識を得ることによって、自国の制度の現状を評価し、よって自国制度の理解を高めるのに役立つのである[24]。

4 自国制度の改善

比較研究の価値のひとつは、同じような問題に直面している他の文化および社会の経験から学ぶことによって何かと得るところが多いということである。もし

現行の刑事司法制度を改善しようとする試みがなされる場合、他の国々の経験的知識および教訓が貴重なものであるというのは言うまでもない。周知のように、刑事司法の場面で統制的実験デザインを履践することは、その法律的、倫理的、および経済的問題のためにとても困難なことである。それゆえ、改良プログラムを評価するためには、比較研究が統制的実験デザインに代わるものとして用いられうるのであり、そこにおいては、外国の類似したプログラムおよび制度が一種の実験グループあるいはコントロール・グループとして利用されているのである。こうしたことから、比較的方法は、自国の刑事司法制度を改善する目的をもった犯罪学研究において必要とされるのである[25]。

5 法の統一と調和

比較犯罪学の必要性のひとつは、それによって通文化的あるいは通社会的に法の統一および調和が達成されるということである。ちなみに、概念的に区別すると、法の「統一」が意味するのは、異なる国々による同一内容の法の採用であり、法の「調和」は、諸国家間に現存する法的障害を最小限にすることによって法律上の主要な相違を除去することを意味している[26]。

各国は、各々独自の刑法および刑事手続制度を発展させているが、法の目的および機能においては基本的類似性を共有しているといえる。とくに、先進諸国の間では社会的および経済的一様性が増大している折から、将来より類似した法制度が様々な国において適用されるということを予想することは、あながち間違いではないであろう。事実、国際連合のような国際組織は、こうした法の統一プロセスに以前にも増して影響を及ぼしているようである。たとえば、国連の1975年に採択した「被拘禁者処遇最低基準規則」(The Standard Minimum Rules for the Treatment of Prisoners)が、ひとつのモデルとして各国の立法および規則を促進したのはそのごく一例である[27]。要するに、他の個所との繰り返しになるが、外国の法制度の知識は、法の統一および調和という目標に近づくための必要条件であり、比較犯罪学的研究は、この目的を果たすために重要な役割を担っているのである。

四　比較犯罪学の方法論的諸問題

　以上のように、比較犯罪学の必要性は犯罪学者達の間で充分認識されてはいるが、しかしその意欲的な目標を達成する手段は、残念ながらまだ確固として確立されてはいない。最近の比較文化的研究への関心の高まりにもかかわらず、フィールド・リサーチあるいは理論構築のためのなんら首尾一貫した方法論は充分に展開されていないというのが現状である[28]。実際のところ、比較犯罪学の方法論的問題は、しばしば比較研究の重要性を軽視するために強調されている。そして、次のような方法論的批判がよく呈示されている。すなわち、比較文化的研究のために必要とされる比較的方法は、非常に複雑であるのに、われわれの現在のアプローチはあまりにも単純なのでそのような比較研究は、有意義性という幻想を捕まえようとする虚しい試みであると[29]。このように、比較犯罪学的研究の実行可能性および現実的意義に関しては、なお相当の懐疑的な態度があり、例えば、このことは犯罪統計の国際比較において最もよく例証されよう。すなわち、大部分の犯罪について諸国家間でその犯罪率を直接に比較することは困難であると言われている。この犯罪統計の国際比較の困難性は、一般的には各国における犯罪規定および報告システムの相違といった理論的、技術的要因に起因しているし、さらにはその制度の根底にある文化的、社会的、経済的、そして政治的背景の差異といった遠因によっても限界づけられているのである。

　このように重大な方法論的問題が、比較犯罪学研究には存するが、そのような問題は比較研究が犯罪、刑事司法、並びに社会の三者の関係に対してもたらすであろう新しい知見によって相殺されるというのが、本書の基本的立場である。それゆえ、犯罪学における比較的方法論の弱点に取り組み、それを克服する知的努力が重要であると言えよう。そこで、以下では、比較犯罪学研究においてわれわれが直面するであろうユニークな方法論的問題のいくつかについて分析、検討してみることにしたい。

　比較犯罪学研究に固有の方法論的問題は、主として諸国家間における経験的データの比較可能性（comparability）の問題に関するものである。このデータの比較可能性の問題は、大概二つのタイプに区分することができる。ひとつは、言語の相違と翻訳の問題であり、もうひとつは、犯罪統計の妥当性と信頼性の問題

である。

1 言語の相違と翻訳の問題

　この問題は、簡単に言えば、母国語と異なる言語を使用しなければならないということが、比較文化的研究の実行を困難にしているということである。研究者が通訳ないし翻訳に頼らなければならない場合、とくに言葉の微妙な差異をコントロールすることは難しい。それゆえ、使用される概念およびその操作的指標が意味の同等性を有しているということが、比較文化的研究において基本的に重要なことである[30]。言うまでもなく、有効かつ妥当な比較が可能であるのは、あらゆる国の犯罪学者達が同じような用語法を使用することができ、それによってある一定の変数が普遍的に同じ意味および定義をもたらす場合のみである。

　しかしながら、現実には種々の文化および社会において行為および意味の同等性を獲得することは、とても困難であるか、あるいは不可能でさえある。「犯罪」概念に関していえば、容易に次のことを看取することができる。すなわち、二つの社会あるいは歴史的時期の間において、犯罪は正確に同じように定義されていないし、またたとえ同一の行動様式であったとしても、どちらか一方では犯罪と見なすが、他方ではそうではないということがままあるのである。もしわれわれが詐欺、窃盗、および性犯罪といった用語を見た場合、それらの用語が必ずしも同定できるような行動を指し示すものではないということにすぐ気がつくはずである[31]。というのは、そのような用語は、科学的普遍性を目的とするような社会学的カテゴリーではなく、むしろ特定の行動に対する歴史的および現代的態度を反映する法律的カテゴリーだからである。社会的価値が変化するにつれて、犯罪として特徴づけられた行為およびその行為が法の下で規定される方法も変化する。同じことは、殺人といったような暴力犯罪についてさえ言うことができるであろう[32]。いずれにせよ、概念の比較可能性を保持する唯一の方法は、法律の相違のためにあらゆる社会を通して適用することができないという欠点をもつ法律的カテゴリーの使用を回避することであり、そして明確な行動的類似性を犯罪概念の包摂基準とすることによってより一般的な社会学的カテゴリーを使用するということである[33]。

　ところで、概念の指標の同等性に関して、もうひとつ別のタイプの方法論的問題がある。犯罪学においては、われわれは、しばしば犯罪原因の要因としてある

特定の変数の指標を展開する必要性に直面する。たとえば、アメリカの犯罪学者が異質的接触（differential association）理論および異質的機会（differential opportunity）理論の適用可能性をアメリカ以外の国で検証したいとしよう。また、これらの理論がその外国の母国語による質問紙調査によってテストされるとしよう。つまり、ここでの問題は、アメリカ理論によって表示された概念の指標が、調査の対象となる外国の言語および生活様式に適切に翻訳されうるのかどうかということである。

　比較研究において、通常言語の同等性を保持するために用いられる技法に「再翻訳」（back translation）手続と呼ばれるものがある。これは、まず原質問項目が被験者の母国語に翻訳され、そして次にはその翻訳されたものを今度は異なる翻訳者によってオリジナルの言語へと再び翻訳し直すというものである。そして、質問項目の同等性を検討するために、原質問項目と再翻訳された質問項目とをつき合わせて検討するのである[34]。このような慎重な翻訳手続によって、恐らく異質的接触および異質的機会の指標はもたらされるであろうが、しかし、これらの指標が調査される全社会において同等性があるということを確証するのはまた別問題である。たとえば、フライディ（Paul C. Friday）は、スウェーデンの少年非行の研究において、再翻訳手続が翻訳者間において大きな一貫性を示している一方で、アメリカで生まれた異質的接触および異質的機会理論は、スウェーデンにおいては比較可能な意味をもっていないと結論づけている[35]。つまり異質的機会を測定するための中心的項目であるアメリカ的概念の「領域」（area）に相当するものがスウェーデンにはないと彼は言っている。アメリカの理論に基づく質問項目が、あまりにもアメリカ的状況すぎるので、質問項目の状況設定がスウェーデンに通用しないというわけである。要するに、ここで重要なことは、単に翻訳による言語の単純かつ表面的な同等性のみならず、概念の「機能的同等性」（functional equivalence）をも確かめる必要があるということである。それゆえ、もし質問項目を翻訳してもその内容が理解されないような場合、こうした質問は比較調査からは除外されなければならないであろう。明らかに、複数の異なる言語に取り組む場合に、比較可能な社会的カテゴリーを獲得することは、とても難しい。様々な国の社会制度における文化的差異は、研究対象の組み合わせや標準化を困難にしている。そこで、言語の相違と翻訳の問題に関して、現段階でわれわれの為しうる最善のことがらは、繰り返して言えば、犯罪の法律的カテゴ

リーよりも比較可能な社会学的カテゴリーを確立するように試みること、そして、意味のない翻訳を避けるために、例えば、「再翻訳」手続を用いることによって出来るだけ正確な翻訳を心掛け、そして、比較の対象となる社会的、文化的状況の文脈と一致するような方法で内容的にも理解できるような翻訳をするということである。そのためには、いずれにしても有能な翻訳者を選ぶ必要があり、たとえば、外国生活が長く、その国の人と機微にふれた付き合いをしており、その国の言葉が母国語のようにわかる人を翻訳者として選ぶ配慮が比較研究においては必要であろう。

2　公式犯罪統計の妥当性と信頼性の問題

　比較犯罪学における第二番目の主要な方法論的問題は多くの国々、とりわけ発展途上諸国においては妥当かつ信頼できる犯罪統計データがないということである。犯罪学研究においては、通常その利用の便利さ、容易さから、公式の犯罪統計を利用する場合が多い。しかし、公式の犯罪統計の利用については、その不正確、不完全さ、そしてバイアスの存在といった重大な欠陥が従来から問題視されている。これらの問題は、調査の対象となる国の数が増加するにつれて、一層増幅することになる。したがって、公式データを利用する比較研究も、主としてそのデータの妥当性と信頼性をいかに確保するのかといった観点から、この問題に取り組まなければならないのである。

(1) 妥当性の問題

　ごく一般的な意味で、ある抽象的な概念の指標は、それが測ろうとしているものを測っている程度において妥当であると言われる。つまり、妥当性の問題は、概念と指標の間の決定的な関係を評価することによって検討されうる。公式犯罪統計の妥当性の欠如の問題は、ある一定の国における公式の犯罪記録が現実に発生した犯罪の一部分しか反映していないということである[36]。この問題は、公式の犯罪統計には決して現れることのない認知されない犯罪量にかかわるものであり、しばしば犯罪の「暗数」(the dark figure) ないしは「過小報告」(under-reporting) とも呼ばれている。犯罪の暗数の原因及び問題点については、これまでに多くの犯罪学者達が議論してきており、たとえば、「自己申告」(self-report) 研究そして「被害者化」(victimization) 調査が、暗数の問題を克服する手段として様々に実施されているのである。しかしながら、暗数問題は、現実には、国内

の統計調査においてとても処理しがたいものであり、それゆえ、もし犯罪の国際比較がなされる場合で、ある一定タイプの犯罪に対する異なる社会的態度が比較研究者の利用するデータの数値の背後に隠されている場合には、なおさらこの問題の度合が増すばかりである。したがって、ここで注意しなければならないことは、複数の文化および社会を通して犯罪率の変化を説明しようとする比較研究は、そのような変化が調査対象となっている国々において報告されていない犯罪のレベルの変化の結果ではないことを論証しなければならないということである[37]。この課題は、とても複雑で、達成するのが困難ではあるが、決して黙過されるべきではない。

　比較研究におけるデータの妥当性の問題は、また犯罪の異なる指標の問題とも関連している。つまり、もし二つの社会が同一犯罪について異なる指標(たとえば、認知された犯罪、逮捕、起訴、有罪判決、懲役刑、あるいは刑務所人口)を使用している場合には、明らかに犯罪量の直接の比較は、不適切である。これらの指標の各々は、ある一定の犯罪がある社会においてどの程度発生しているかについてのひとつの具体的表示を与えることができる。しかしながら、これらの表示のすべてが、必ずしも同じ大きさないしは正確さを有しているとは限らないのではあるが。ともかくも、これらの指標は、現実の犯罪から異なる距離をもって存在している。それゆえ、刑事司法制度の連続的な段階において犯罪の総量が、減少していくのを観察することができる。すなわち、認知された犯罪より逮捕の方が、逮捕よりも起訴の方が、また起訴よりも有罪判決の方が、その量において少ないのである。この理由から、「警察に認知された犯罪」の数が、現実の犯罪行動の最も正確な公式の測定尺度であると一般には見なされている。それゆえ、犯罪の妥当な測定という観点からすれば、「警察に認知された犯罪」が、他の指標よりも妥当であり、望ましいものであるということになろう。このことは、結果として、他の指標の妥当性および有用性を過少評価することにはなる。がしかし、留意すべきことは、他の指標もまだ潜在的な利用法をもっているということである。つまり、どのタイプの指標が、犯罪学研究において利用されるべきかどうかについての判断は、その研究目的に依存している。それゆえ、たとえ警察に認知された犯罪の指標が利用可能であったとしても、より重要なことは、研究者が比較しようとする調査対象において同一の指標を少なくとももつべきだということである。同一の指標なしには、直接の比較が妥当性のないものになることはいう

までもないであろう。

(2) 信頼性の問題

　公式データの信頼性の問題は、一般にデータの記録ないしその報告手続に関連している。信頼性は、通常同一現象の反復的な測定で認められる測定結果の安定かつ一致的な傾向の程度を指し示すものである。反復測定の結果が一致的であればあるほど、測定方法の信頼性は高い、逆に測定結果が一致的でなければ、信頼性は低いということになる。この信頼性は、そのデータを生み出し、そして発行する組織の特質の関数であると言われる。すなわち、信頼性の程度は、事務的エラー、データ収集上の変化、収集機関によってなされるデータの修正、データ操作等の要因によって影響されるのである。

　公式データの不信頼性の問題は、とくに発展途上諸国において問題であるといわれている。なぜならば、これらの国々には公式の一貫した記録保管のシステムがない場合が多いからである。そして、発展途上諸国の犯罪について知られていることの多くは、経験および決して一般化されることのない地方の報告からもたらされているのが現状である。この点に関して、クリナード=アボットは、次のように言っている。すなわち、「発展途上諸国のほぼすべては、非能率的な犯罪記録制度および犯罪報告の方法の問題で悩んでいる。犯罪の報告は系統的に用意されてはいないし、時として無計画に警察職員によって収集されている。これらの警察職員は、政府の政策立案においてめったに役立てられることはなく、それゆえ、犯罪統計について多くの知見ないしは関心をもつことも期待されてはいない。ほとんどの発展途上国は、統計データを収集、分析するための電算化されたシステムを利用していない。そして、手による計算に基づくデータは、常に信頼できないものである」と[38]。

　このような不信頼性の問題は、合理的に包括的かつ系統的な記録手続を持つ高度工業諸国においてさえ重大であり、それゆえ、多くのサービスが全国的ではなく、手続も一様ではない、そしてデータが利用できないような発展途上諸国においては、一層この問題はその深刻さの度合を増すばかりであることは、想像するに難くない。そして、これらの非能率的な信頼できない記録システムの問題は、統計の技術的問題に加えて、基本的には訓練された職員の不足あるいは制約された資源によって全国的な適用範囲を供給することが困難であるという極めて人的、物的コストの問題にも起因していると言えよう。それゆえ、たとえば、発展

途上諸国の公式データが犯罪率の増加を示したと仮定しよう。発展途上諸国のいくつかにおいては、これは、実際の犯罪の上昇ではなくて、記録手続の改善、公衆の認識の高まり、警察職員の増加などの要因のひとつの反映であるかもしれないということが論議されうるであろう。

　いずれにせよ、こうして見ると、ハード・データをもって発展途上諸国の犯罪についてのなんらかの命題、仮説を証明することは、ほとんど困難または不可能であるとさえ言える。要するに、発展途上諸国における公式犯罪統計の不正確さおよび不完全さは、犯罪の国際比較においてひとつの大きな障害となっているのである。信頼できるデータがなければ、異なる国家間での犯罪率の直接の比較は、問題の余地を残すものである。それゆえ、適切な財政的資源および専門職の人的資源を確保することによって発展途上諸国においても、一日も早く画一的にそして一貫して犯罪統計データを収集、処理、そして報告するシステムを確立することが望まれるところである。

五　要　約

　本章の目的は、比較犯罪学の概念化および存在根拠を明らかにし、そして犯罪学における国際的および比較文化的研究に固有の方法論的問題を分析、検討することにあった。そして、比較研究への関心の高まりおよび比較研究の必要性にもかかわらず、比較犯罪学は、その固有の方法論的問題によって多くの困難を伴うものであることが明らかにされた。すなわち、比較研究は、言語の困難性の問題に加えて、通常の社会調査においても生ずる問題ではあるが、主として公式データの妥当性および信頼性の問題に直面しなければならない。しかも、比較研究の場合、これらの問題は、調査される国（とくに発展途上諸国）の数が増加するにつれて、一層その問題の深刻さの度合を高めることになるので、比較研究を行うのは決して容易ではないのである。

　それはそれとして、本章で強調したかったことは、重大な方法論的問題が存する一方で、このような問題は比較研究がもたらす新しい科学的知見によってペイ・オフされるであろうということである。そのために、この方法論的問題を克服するための努力が重要であり、本章でもそのいくつかの試みが論じられた。たとえば、言語の同等性を確保するための、「再翻訳」手続の採用、そして公式統

計の暗数の問題をカバーするめには「自己申告」研究や「被害者化」調査と付き合わせて公式統計の妥当性と信頼性を再検討すること、およびとくに発展途上諸国の公式統計を妥当かつ信頼できるものに整備する必要があるということである。最後に、比較犯罪学の今後の発展のためには、各国の犯罪学者達が相互に言葉の壁を乗り超えて自由活発な研究成果、意見、および情報の交換を通して国際協力していくことが望まれるところである。

(1) Bennett (1980), Friday (1979), Horton and Platt (1986) を参照。
(2) 比較犯罪学の発達が遅れた理由については、Szabo (1975: 368-369), Cole et al.(1981: 15-17), Johnson (1983: 13-14) を参照のこと。ちなみに、ザボー（Denis Szabo）は、比較犯罪学の発展の遅れについて、次の三つの理由をあげている。第一には、第一次大戦と第二次大戦の間の数年における国家主義および社会主義のドグマの台頭が比較犯罪学の発展を妨げたということ。つまり、これらのドグマが、比較的方法の普遍主義および相対主義に敵対していたからである。第二には、アメリカの研究者は、社会改良、社会復帰、並びに犯罪予防政策に没頭していて、彼らの関心を比較研究へ向ける余裕がなかったということ。第三には、相互作用主義ないしラベリング論の台頭が、いわゆる犯罪原因論的研究の正当性に対して重大な疑問を提起したということ。つまり、ラベリング論を契機とする「犯罪学の政治化」の結果として、刑事司法の比較研究よりもむしろ刑事制裁の差別的執行のプロセスの研究が、重要視されるようになったからである。
(3) Chang (1976: 34-35), Cole et al. (1981: preface), Johnson (1983: preface), Shelley (1981 a: xx), Bennett (1980: 252-253), Kohn (1987: 713)を参照。
(4) Beirne (1983: 22)を参照。。
(5) Barak-Glantz and Johnson (1983: 14-15)を参照。
(6) Blazicek and Janeksela (1978: 233)を参照。
(7) Beirne (1983: 21).
(8) Holyst (1979: preface).
(9) Clinard and Abbott (1973: 1).
(10) Barak-Glantz and Johnson (1983: 7).
(11) この用語法は、社会学の分野における「比較」の用語法と一致している。マーシュ (Marsh, 1967: 6-7) が指摘しているように、「デュルケームは次のような三つの比較的方法の適用を認めている。すなわち、(i)ある時点のある社会内での変化の分析、(ii)一般的に類似しているが一定の側面において異なっている社会間の比較（これらは異なる社会間の比較であるかもしれないし、あるいは、異なる時期での同一社会の比較であるかもしれない）、そして(iii)一般的に類似していないがなんらかの特徴を共有しているような社会間の比較である」。これらの適用は、社会内比較 (intra-societal)、社会交差的 (cross-societal) 比較、および歴史的比較を含んでいる。かくて、「比較社会学」は、ア

イゼンシュタット（Eisenstadt, 1968: 421）によって、次のようなものとして特徴づけられている。すなわち、「それは、異なる社会における社会現象あるいは社会のタイプを分類、整理し、また、そのような全体社会あるいは主要な制度的単位をそれらの発展、存続そして可変性といった観点から比較研究するものである」と。

(12) Shelley (1981 a: xix).
(13) Chang (1976: 10).
(14) Glueck (1964: 304).
(15) Mannheim (1965: 12-13).
(16) Bendix (1963: 352).
(17) Clinard and Abbott (1973: 2).同様に、ジョンソン（Johnson, 1983: 10）も次のように述べている。すなわち、「比較犯罪学は、あらゆる状況、時間、そして場所に適用可能な普遍的命題と特定の状況、時間、そして場所に対してだけ適用可能な命題との間に収れんする一般化を求めなければならない」と。
(18) Cole et al. (1981: 18-22)を参照。
(19) Bennett (1980: 253-254).
(20) Newman (1980: 9).
(21) Blazicek and Janeksela (1978: 239), Chang (1976: 10), Clinard and Abbott (1973: 2), Cole et al. (1981: 21-22), Glueck (1964: 304), Johnson (1979: 28, 32).
(22) Cole et al. (1981: 18), Fox (1978: 13), Janeksela (1977: 103).
(23) 「国際犯罪学」（Internationai Criminology）という用語が、しばしば「比較犯罪学」（Comparative Criminology）の同義語として用いられている。しかし、両者の間には若干のニュアンスの違いがあるように見える。つまり、一方では国際犯罪学の目的および研究対象は、主として国際問題としての国際犯罪およびその犯罪統制を研究することである。ただ、方法論的には比較的方法が国際犯罪の問題においても使用されうる限りで、両者はオーバーラップしている。他方、比較犯罪学の目的および対象は、単に国際犯罪のみならず、科学的犯罪学の理論的および実践的発展のために犯罪一般をも検討することにある。要するに、「国際犯罪学」が、その方法論的特徴よりもむしろ国際問題としての研究対象の独自性を強調するために使用されている一方で、「比較犯罪学」は、逆にその研究対象としての独自性にではなく、その方法論的特徴を強調するために使用されているように思われる。「国際犯罪学」が、「比較犯罪学」といかなる点で類似しているのか、あるいは異なっているのか、そして両者がいかにオーバーラップしているのかについては、本書「序章　グローバル化時代における比較犯罪学の課題と展開」2-7頁参照。
(24) Jonson (1983: 8), Barak-Glantz and Johnson (1983: 8-9), Cavan and Cavan (1968: 2), Cole et al. (1981: 18)を参照。
(25) Cole et al. (1981: 20)を参照。
(26) Cole et al. (1981: 20)を参照。

(27) Mueller (1983: 74-75)を参照。
(28) Shelley (1981 a: xxii).
(29) Blazicek and Janeksela (1978: 234).
(30) Przeworski and Teune (1966-67: 555-559), Suchman (1964: 728)を参照。
(31) Robertson and Taylor (1973: 32)を参照。
(32) Beirne (1983: 29), Wilkins (1980: 24-26)を参照。
(33) Beirne (1983: 30), Newman (1977: 23), Robertson and Taylor (1973: 33), Vigderhous (1978: 236-238)を参照。
(34) Beirne (1983: 30), Newman (1977: 22), Schachter (1954: 58-59)を参照。
(35) Beirne (1983: 30) からの引用。
(36) Archer and Gartner (1984: 30-45)を参照。
(37) Vigderhous (1978: 231).
(38) Clinard and Abbott (1973: 26).

第2章　公式犯罪統計の日米比較

一　はじめに

　日本における最も代表的な公式犯罪統計は、言うまでもなく、警察庁によって毎年公刊されている『平成〇〇年の犯罪』と題する「犯罪統計書」である。この警察統計は、犯罪認知件数、検挙件数、検挙人員などの情報について都道府県警察本部からの報告をもとに全国レベルにおいて集計したものである。したがって、警察統計は、従来より、日本国内の犯罪動向等を把握・理解するために、多くの犯罪学研究者・刑事司法実務家によって有益な第二次的資料源としてよく利用されている。そして、比較犯罪学に関心をもつ研究者の間においては、日本の警察統計は長年「世界で最も包括的で、かつ綿密に収集・作成された公式統計」であるとみなされている（DeVos, 1973: 331; Ladbrook, 1988: 91; Merriman, 1991: 20-21; Ross and Benson, 1979: 77; Tokuoka and Cohen, 1987: 14; Vaughn, 1990: 35; 藤本、2006：20）。

　しかしながら、日本の公式犯罪統計の重要性およびその広範な利用にもかかわらず、調査研究者として留意すべきことは、本来は業務活動記録である官庁データを自らの調査研究目的のために利用することに伴う方法論的限界についてである。すなわち、二次分析（secondary analysis）において、警察統計を犯罪発生の水準を示すものとして直接利用する場合に、測定データの妥当性（validity）と信頼性（reliability）の問題が不可避的に生ずるということである。社会調査において、一般的に「妥当性」の問題とは、調査対象となる概念の定義、指標および測定に関連して生ずる問題であり、ある抽象的な概念の指標は、それが測ろうとしてものを測っている程度において妥当であるといわれる（Jacob, 1984）。よって、犯罪統計の妥当性の問題とは、当該統計が実際に測定しようとしていることを測定しているのかということ、つまり、その統計が研究対象となっている犯罪発生現象の正確なまたは真の尺度であるのかという問題である。他方、「信頼性」の

問題とは、一般的に、データの記録またはその報告手続に関連している。信頼性は、通常、同一現象の反復的な測定で認められる測定結果の安定的かつ一貫的な傾向の程度を指し示すものである。反復測定の結果が一貫的であればあるほど、測定方法の信頼性は高いということになる。信頼性の程度は、事務的エラー、データ収集方法の変化、収集機関によってなされるデータの修正、操作などの要因によって影響される。したがって、調査研究者としては、警察統計を利用する際には、「測定手段」(instrumentation) の問題に留意すべきである（バビー、2005：15-16）。

　公式犯罪統計に伴う方法論的問題は、当然にアメリカ合衆国における代表的な公式犯罪統計である『統一犯罪報告書』(the Uniform Crime Reports；以下 UCR と略。) に対してもそのままあてはまる。UCR は、連邦捜査局（Federal Bureau of Investigation; FBI）によって毎年公刊されており、全米各地の警察機関から報告された様々な犯罪データを全米レベルで集計している（浜井編、2006：127-129）。しかし、日本の場合と比較して、アメリカの犯罪学者達は、一定の時間と場所において発生した犯罪数を正確に測定することが極めて困難であることを認識しており、したがって、社会における現実的な犯罪の発生数を推定するために UCR を利用するにあたっては、そのデータの妥当性と信頼性の問題に留意すべきことをよく承知している。

　そこで、本章では、公式犯罪統計の内在的欠点をふまえつつ、日本の警察統計に対する高い評価が本当に適切なものであるかどうかを、同じ警察統計であるアメリカの UCR と比較しながら、検討することにする。Ross and Benson (1979: 77) は日本の警察統計の方が恐らくアメリカの UCR より正確であると主張したが、今日までこの問題に関する日米の比較分析はほとんどまったくなされていないのが実情である。したがって、本章の研究主題は、比較犯罪学・比較刑事司法政策に関心をもつ研究者にとって少なからず今後の国際比較分析を推進していくための方法論的基礎を提供するものとして大変有意義な研究であるといえよう[1]。

　ところで、本主題に関連して、Sutherland and Cressey (1974: 27-30) は、すでに UCR の妥当性に関して次のような五つの問題点を指摘している。すなわち、(1) 犯罪の暗数の問題、(2) 犯罪の計上方法の問題、(3) 犯罪指標の構成、(4) 法執行の意思決定と犯罪報告実務、および (5) 犯罪率算定のための適切な人口的

基礎である。本章でも、上記五つの問題点に焦点をあてながら、日本の警察統計とアメリカの UCR を比較検討することにする。

二　犯罪の暗数の問題

　第一の争点は、犯罪の暗数の問題についてである。暗数とは、一般に実際に発生した犯罪数と警察統計に記録された犯罪数との差を意味する。もし警察統計が現実の犯罪発生数よりも過少報告しているならば、当然にそれは現実的かつ真の犯罪発生数の指標としての公式犯罪統計としての価値に疑念が生ずることになる。合衆国では、公式統計の暗数の問題を解決するための方法として、「全米犯罪調査」(National Crime Survey: NCS と略) が開発され、1972年から連邦司法省司法統計局との協力で連邦商務省国勢調査局によって、毎年、大規模に実施されている。本被害調査は、1990年には「全米犯罪被害者化調査」(the National Crime Victimization Survey: NCVS と略) と改称され、調査方法に一層の改善・工夫が加えられ今日に至っている[2]。いずれにせよ、全米被害者化調査は、当初より、多くの犯罪が被害者や目撃証人によって警察に通報されていなことを示している。たとえば、過去20年間 (1973-92) において、NCVS の推定では、当該調査によって見出された全犯罪事件のうちのほぼ3分の2が警察に通報されていなかった、とのことである (Bureau of Justice Statistics, 1993: 3) [3]。換言すれば、UCR は、アメリカで発生した全犯罪のうちほぼ3分の1だけを反映しているに過ぎないことになる。

　UCR と同様に、日本の警察統計も犯罪の暗数の問題を抱えていることは明らかである。日本では、現在まで残念ながら NCVS のような大規模かつ系統的被害化調査は実施されたことはなく、一部でごく散発的に実施されただけである。たとえば、日本における先駆的な被害調査としては、1970年と1974年に警察庁刑事局が行ったものがある (National Statement of Japan, 1980: 2; 朴、1996：30)。全国サンプルを使用した1970年調査は、当該調査によって報告された全犯罪被害のうち約半数以上が警察に通報されていないということを見出した。同様に、東京首都圏にサンプルを限定した1974年調査でも当該調査によってカバーされた全犯罪被害の69％が警察に通報されていないという結果を示した。

　被害者化調査の結果を日米で比較すると、興味深いことに、日本における犯罪

未報告の比率がアメリカとほぼ同一かあるいはそれよも高かったということである[4]。このことは、日本の警察統計がUCRと同じ程度の重大な欠陥を有しているということであり、よって、その妥当性が犯罪認知件数の過少報告（暗数）という重大な誤差によってほぼ確実に影響されるということを示唆するものである。したがって、単純には日本の警察統計の方がUCRより正確であるということにはならないのである。

三　犯罪の計上方法の問題

　第二の争点は、警察に通報された犯罪事件の件数をどのように数え上げるのかという犯罪計上方法に関係する。UCRデータにおいては、犯罪認知件数を正確に知ることは極めて困難である。なぜならば、UCRに記録されることになっている犯罪認知件数の数は、いくつかの異なる情況に応じて変化するからである。UCRの認知件数計上の基本原則は、人身犯の場合には「被害者一人につき犯罪一件」、そして財産犯の場合には「一回の機会につき犯罪一件」である（Maxim and Whitehead, 1998: 58）。たとえば、「一人の男性がある居酒屋で六人のお客から金品を強奪した場合」、UCRでは強盗一件として記録される。一方、「彼が上記六人のお客を暴行したり、または殺害した場合」には、六件の暴行罪、または六件の殺人罪として記録されることになる。さらに、複数犯罪の場合（たとえば、一回の所為で二つ以上の犯罪を犯した場合）には、「最も重大な犯罪だけを計上し、その他の軽微な犯罪は計上しない」（「階層ルール」《the Hierarchy Rule》という。）とされている[5]。たとえば、「一人の麻薬常用者が一人の被害者をまず強姦し、それから金品を強奪し、そして挙句に殺害した場合」では、階層ルールによって、強姦や強盗の各行為は犯罪記録上無視され、一番法定刑の重い罪である殺人事件一件として計上される（Siegel, 2006: 35）。したがって、上記ケースの場合、UCRでは、殺人事件に関心をもつ研究者にとっては、ほとんど殺人データ上の差異は生じないが、強姦や強盗の研究に関心もつ者にとっては、当該犯罪の過少報告（暗数）に寄与することになってしまうのである。したがって、このような計上方法に従う限りにおいて、UCRデータは欠陥のある犯罪指標とならざるをえないといえるのである（Maxfield, 1999: 123）。

　一方、日本の警察統計における犯罪認知件数の計上方法も、基本的にはUCR

と同じようなルールにしたがっているといえる。すなわち、犯罪認知「件数」の数え方については、「原則として被疑者の行為数によって計上している。ただし、一人数件又は数人数件の場合で一定の条件に該当するときは、包括一件とする等の計上方法をとっている」(「警察庁の統計」の凡例参照)[6]。このように日本の警察統計においても一定の条件の下で異なる犯罪件数が計上されている。ただ、UCRの計上方法と異なる点は、UCRが人身犯と財産犯との場合において事件の数え方が違うのに対して、日本ではその区別がなく基本的には二つ以上の複数犯罪が「一回の所為」で発生したときには、一件として計上される。よって、殺人や暴行罪のような人身犯の場合に、一回の所為で二人以上の被害者を出したときであっても、日本では犯罪一件として計上されることになる[7]。かくて、このような差異があるとはいえ、日本の警察統計においても、その計上方法のルールによって、必ずしも発生したすべての犯罪が計上されているわけではない。この意味で、日本の警察統計もUCRと同一レベルの測定誤差をもたらす原因を共有している。

四　犯罪指標の構成

　第三の争点は、警察統計において集計対象となる犯罪指標の範囲にかかわる問題である。警察統計の日米比較において顕著な違いのひとつは、犯罪指標の構成の仕方である。周知のとおり、UCRは犯罪を二種類に大別している。すなわち、「第一部犯罪」(Part I offenses)と「第二部犯罪」(Part II offenses)である。第一部犯罪は、いわゆる「指標犯罪」(Index crimes)とも呼ばれており、全部で8種類の犯罪（殺人、強姦、強盗、加重暴行、不法目的侵入、窃盗、自動車盗、放火）から構成されている[8]。そして、当該指標犯罪について、罪種別の認知件数、逮捕による犯罪解決件数、被逮捕者のデータが報告されている。一方、第二部犯罪は、その他の21種類の比較的軽微な犯罪（単純暴行、偽造、詐欺、横領、盗品売買・譲受、器物損壊、銃器犯罪、売春など）から構成されており、第一部犯罪と異なって、逮捕データのみが報告されている。いずれにせよ、警察に通報された犯罪認知件数のデータが他の刑事統計よりも現実の犯罪発生量の指標として利用されうる一方で、UCRはわずか8種類の指標犯罪の認知件数データしか報告していないことに留意する必要がある。これが意味するところは、全米各地の警察機関に通報さ

れた犯罪の相当部分が最終的には UCR の中には記録されていないということである。さらには、現代のアメリカ社会において多くの研究者および刑事司法実務家にとって重要な問題関心となっているような犯罪類型（たとえば、企業犯罪、テロ犯罪、組織犯罪、交通犯罪、環境犯罪など）は、完全に UCR においては無視されている[9]。したがって、UCR の犯罪指標は、ある社会において発生したあらゆる種類の犯罪の現実的な量を示す妥当かつ包括的尺度とはいえないのである[10]。

　一方、UCR とは異なり、日本の警察統計では、刑法典に規定されている罪とそれ以外の特別法に規定する罪のすべてが都道府県警察本部から警察庁に報告されている。そして、警察統計は、便宜上、報告された、すべての犯罪を「刑法犯」と「特別法犯」の二種類に大別している。この「刑法犯」の中には、刑法に規定する罪に加えてその他13の特別法に規定する罪も含められ、これらすべての犯罪について認知件数、検挙件数、検挙人員に関するデータが全国レベルで集計されている[11]。また、「特別法犯」については、「刑法犯」を除くすべての犯罪を意味するものとして、「認知件数」ではなく「送致件数・送致人員」に関するデータのみが報告されている。以上のように、UCR がわずか 8 種の指標犯罪についてのみ全米レベルでの認知件数のデータを提供しているのに対して、日本の警察統計は「刑法犯」に分類されているすべての罪種について全国レベルの認知件数のデータを報告している。この意味で、日本の警察統計における犯罪指標の構成は、UCR よりもはるかに包括的である。それゆえ、この点では、確かに日本の警察統計の方が UCR よりも優れているといえよう。

五　法執行機関の意思決定および犯罪記録業務

　第四の争点は、警察機関による犯罪記録の収集管理および報告手続の実際に関する問題である。UCR の特色として一般にはよく知られていないと思われる点は、UCR の報告システムが全米の各警察管轄にとって義務的・強制的ではなく、あくまでも任意的報告プログラムであるということである。UCR プログラムがスタートした1930年から今日に至るまで、犯罪データを FBI に報告することを州または地方の警察機関に義務づけるいかなる連邦法も存在していない。UCR があくまで任意に参加する警察機関からの報告にもとづいているということは、全米レベルでの犯罪指標としては、データの欠損や報告の遅延といった問題が生

じるために、その妥当性および信頼性に影響を及ぼさざるをえないということである。具体的に言えば、2003年時点で UCR に参加している警察機関は全米全体（市、郡、州レベル）で約17,000で、総人口の93％をカバーしている。しかし、残りの人口7％を管轄する警察機関に報告された犯罪件数は UCR ではわからないことになる（浜井編、2006：128）。

さらに、UCR の任意性に起因する妥当性と信頼性の問題を増幅させているのは、地方の警察機関の間における犯罪の定義に関する解釈の不一致のために、UCR データにおいては系統誤差（systematic errors）の可能性があるということである。その結果として、州または地方レベルの警察機関による FBI への報告は、各警察管轄毎にその正確さと完全さにおいて違いが生じていると指摘されている（Maxfield and Babbie, 2001: 132；Siegel, 2006: 34）。幸いに、これらの問題のいくつかは、州レベルの UCR プログラム（State UCR Programs）の最近の発展によってある程度克服されている。すなわち、現在46州の UCR プログラムの多くが義務的報告システムを導入しており、当該州の地方警察管轄は連邦レベルの UCR 用に標準化されたデータを毎月当該州警察局内の集計センターに報告し、そしてこの集計センターから FBI に転送され、全米単位での集計が行われる仕組になっている。したがって、州レベルの UCR プログラムによって、UCR データにおける一貫性や比較可能性は、それなりに改善・確保されるようになっている。しかしながら、州レベルの UCR プログラムに参加していない州では、依然として任意に個々の地方警察管轄から直接 FBI に報告している。少々厳しい見方かもしれないが、UCR は、その報告システムに与えられた名称にもかかわらず、データ収集のための基準および手続きが市、郡、州のレベル間でまだ完全には標準化されていない現状においては、「統一」されているとは言い難いのが実情であろう。

一方、日本の警察統計では、事件記録データは、既述したとおり、「犯罪統計規則」および「犯罪統計細則」を法令上の根拠として、全国の都道府県警察本部において「警察庁長官の定める犯罪統計原票又は犯罪統計調査表に基づいて」作成され、それから当該資料が警察庁へ毎月報告され、すべて警察庁刑事局で毎年「犯罪統計書」（『平成〇〇年の犯罪』）として取りまとめられている。このように、連邦制のアメリカ合衆国の場合とは異なり、日本では、単一の政府と中央集権化された警察制度の下で、名実ともに犯罪統計のための中央集権化された「統一

的」報告システムが運用されている。警察庁の指揮監督のもとに、全国一律の標準化された記録保管および報告手続きは、UCRよりはるかに一貫しており、信頼性が高いといえよう。

　さらにまた、アメリカで問題となっているのは、公式統計の報告実務が政治的動機づけによって影響されているのではないかということである（Brown, Esbensen & Geis, 2004: 98）。これまでのところ、そのような慣行が全米レベルで蔓延しており深刻な事態にあるという直接的証拠は存在していないが、次のような局面でしばしば問題になりうると思われる。たとえば、警察幹部は、時として、警察の人員、装備、教育訓練のための追加予算を正当化するために犯罪データに依拠することがある。また、他の場面では、「犯罪指標」が警察機関によって自らの模範的業務活動（たとえば、犯罪率の減少や犯罪解決率の増加）を示すために操作されうる。そして、このような操作は、とくに元来解決率の低い財産犯の場合に顕著に起こりうるが、そもそも報告された犯罪事件を記録しようとしなかったり、または有罪答弁取引（plea bargaining）を通じて重い刑罰を免れる見返りとしてより軽い罪を数多く「解決」したように処理することによって行われうる。また、アメリカでは、警察本部長（police chief）や保安官（sheriff）のような警察機関の最高幹部は、一般的に選挙（住民投票）によって選ばれる官吏なので、彼らは再選または現職にとどまるために、明示的または黙示的に、選挙民に迎合する結果として、犯罪報告を操作する傾向にあると思われる[12]。この点もUCRが政治的操作の道具になりやすいひとつの要因と見られている。

　日本でも、この点に関する経験的証拠はないけれども、警察行政官による政治的に動機づけられた犯罪報告の慣行は、アメリカほど明白ではない。すなわち、高級警察官僚（たとえば、警察庁長官、警視総監、道府県警察本部長など）は、アメリカのような公選制ではなくて、いずれも国家公務員１種（総合職）試験合格者で警察庁採用となったいわゆるキャリア公務員の中から、いずれも国家公安委員会によって任免される国家公務員なので、彼らが地方の有権者や政治家から政治的圧力を直接うけることはあまりないように思われる。このことに関連して、日本ではアメリカと異なり、犯罪問題が国政および地方選挙においてひとつの大きな争点になったことは一度もない。かくして、警察当局がなんらかの政治的利害関係から犯罪データを都合よく操作しようとする傾向は、日本の政治的土壌の中では生じにくいものと思われる。それゆえ、この点に関して、日本の警察統計の方

がUCRよりも犯罪データの妥当性と信頼性に対する脅威によって影響を受けることは少ないと言えよう[13]。

六 人口的基礎

最後の争点は、犯罪率（人口10万人当たりの認知件数の比率）算出のための適切な人口的基礎についてである。犯罪動向の時系列分析や地域横断的分析において、犯罪水準の適切な比較のためには、犯罪認知件数の実数ではなく認知件数に対する人口比率を利用することが方法論的には妥当である。しかし、実のところ犯罪率を算出する基礎となる総人口数の正確な把握は、一般に思われているほど容易なことではない（Sutherland and Cressey, 1974: 30）。UCRにおいて用いられている人口データは、合衆国国勢調査局によって十年おきに実施されている国勢調査に基づいている一方で、調査のない中間年（各十年のうちの九年間）には国勢調査局による「推計人口」が用いられている。したがって、ここでの問題は、UCRにおいて算出された犯罪率の正確さは、人口推計の正確さに依存しているということである。すなわち、不正確な人口推計は、犯罪率の過大・過少推定の問題に帰着するので、人口推計の正確さを評価することが重要である。この点に関して、合衆国国勢調査局の研究は、当局の推計が1～2％の誤差の範囲内で正確であることを指摘している。もしこの推計が正しいとすれば、人口推計における誤差は極小なので、推計人口に基礎をおいた犯罪率算出であっても、当該データの妥当性および信頼性にはほとんど影響はないといってよいであろう。

日本における人口データは、総務庁統計局によって五年ごとに実施される国勢調査に基づいている。国勢調査による人口を基礎（基準人口）として、調査のない中間年（各5年のうちの4年間）には推計人口が利用されている。日本の国勢調査の間隔は、合衆国のそれの半分なので、その実施間隔の長さが人口推計の決定に及ぼす影響は些細なものでしかない。むしろここで注目すべきことは、日本の人口推計の算出方法が合衆国国勢調査局によって発展された技術に基づいているということである。かくて、前述したように、アメリカの人口推計の正確さを前提にすると、日本の人口推計の正確さがアメリカの推計のそれとあまり違わないということを想定することは、合理的なことである[14]。要するに、日本あるいはアメリカのいずれかの犯罪率が人口推計の誤差によって有意味に歪められてい

るという証拠がない一方で、この種の誤差は、もしあったとしても、両国の犯罪報告システムにおいてはおそらく些細なものであろう。

七　おわりに

　全体として、公式犯罪統計の日米比較から、重要なことがらが三点見出された。まず第一に、日本の警察統計は、UCRよりも犯罪指標の包括性・完全性および犯罪データ収集手続きにおける一貫性・信頼性の両面において優れているということである。第二に、両国の犯罪報告システムは、犯罪率算定の基礎となる推計人口の点では、おそらく同程度に正確である。しかしながら、第三に、もっとも重要な点であるが、日本の警察統計は、犯罪の暗数（過少報告）の問題およびその計上方法においてUCRとほぼ同程度の重大な欠陥を確実に有しているということである。したがって、日本の警察統計が必ずしもUCRよりも正確であると言うことはできないのである。この意味で、日本の公式犯罪統計の質に関する通説的見解は、多分にその質の良さだけを誇張している嫌いがあり、明らかに公式統計に伴う犯罪の暗数という最も重大な問題点を完全に見落としていることに注意しなければならない。そして、実際に発生した犯罪数の指標として公式統計を利用する場合には、調査研究者は当該データの解釈に注意しなければならない。この点で、日本の警察統計も例外ではないというのが、本章の辿り着いた一応の結論である。

(1)　本章は、筆者が2001年11月15日に開催されたアメリカ犯罪学会に提出・報告した"Comparison Between Japanese Crime Data and the UCR Concerning Validity and Reliability Problems"と題する英文原稿に基づいている。今回、邦語論文として公表するにあたり、日本国内での読者の便宜を考えて、文献資料のアップ・ツー・デートおよびその内容の一部に加筆修正したことを予めお断りしておく。なお、オリジナルの英文原稿は『北九州市立大学法政論集』第31巻第1号（2003年）31-52頁に掲載されている。
(2)　1990年にNCSからNCVSへと名称変更されたことに伴い、被害者調査の目的および利用方法において大きな変化が見られることに注意しなければならない。すなわち、被害者調査の目的・効用は、当初のようの犯罪の暗数を推定する手段としてではなく、現在では被害者と刑事司法の相互関係（たとえば、被害者の犯罪届出行動）を研究するための基礎的データを提供したり、また端的に被害者の被害体験そのものの性質と程度を測定することへと変化しているのである（朴、1996：29）。

(3) NCVSの最新データによれば、2004年には約2千四百万件の犯罪被害（暴力犯罪と財産犯罪を含む。）が発生したと推計している。そして当該調査によってカバーされた全暴力犯罪の50％、全財産犯罪の39％が警察に通報されたとのことである。警察に対する申告率は、1993年以降年々増加傾向にあることが伺える一方で、調査対象となった全犯罪のおよそ半数以下は依然として警察に通報されていなかった。詳細は、Catalano (2005) を参照。

(4) 暗数を含んだより正確な犯罪動向（罪種別の犯罪被害の有無、警察への通報の有無、犯罪被害に対する不安など）を把握するとともに、犯罪被害実態に関する国際比較を行うことを目的として、「国際犯罪被害調査」（International Crime Victims Survey: ICVSと略）が、国連犯罪司法研究所（UNICRI）を中心として国際的連携の下、1989年からほぼ四年毎に実施されている（Van Kesteren et al., 2001: 1）。日本とアメリカはともに第四回調査（2000年）から参加している。第四回調査の結果によれば、犯罪被害の警察への通報率について、日本の比率（36.4％）は先進17カ国の参加国のなかで最も低かった。一方、アメリカの比率は丁度50％であった（Van Kesteren et al., 2001: 60-64）。つまり、逆に言えば、日本における未報告の犯罪数の割合はアメリカのそれよりもかなり高いということである。それゆえ、日本の警察統計に伴う暗数の問題は、程度の差こそあれICVSによっても支持されているといえる。なお、ICVSの概略については、浜井編（2006：181-191）を参照。

(5) UCR Handbook (2004: 10) によれば、犯罪報告手続きにおいて適用される「階層ルール」とは、二つ以上の「第一部犯罪」が分類される場合に、法執行機関は階層リストにおいて最も重い犯罪を特定し、そして複数犯罪の情況における最も重い犯罪だけを計上すべきである」という意味である。なお、犯罪の重大性は、法定刑の重さによって決定される（UCR: http://www.fbi.gov/ucr/ucr.htm から入手可能）。

(6) 警察庁『犯罪統計細則』第6条（犯罪件数の決定基準）によれば、①1つの行為で複数の罪名に当たるとき（いわゆる観念的競合の場合）は、法定刑が最も重い罪について一件とする。②犯罪の手段または結果が他の罪名に触れるとき（いわゆる牽連犯の場合）は、主たる罪につき一件とする。③同一罪種に属する数行為について犯意及び結果に単一性が認められる場合は、治安上の観点から一個の社会事象と認められる範囲において、包括して一件とするものとされている（警察庁：http://www.npa.go.jp/toukei/index.htm から入手可能）。

(7) この点に関連して参考になるのは、たとえば、1995年3月20日に発生した、いわゆる「地下鉄サリン事件」である。この事件は、オウム真理教信者である3組の実行犯グループによって東京都内の地下鉄3路線の異なる駅において毒物散布が実行され、11名の乗員・乗客が死亡し、五千人以上の者が重軽傷を負ったというものである。本事件に警察庁の犯罪件数の決定基準を適用すると、「この場合、死傷者が多数生じているとしても、一回の散布行為（一個の行為）によって多数人に対する結果が生じた場合として観念的競合に当たるものと思われ、また、同じ場所で行われている限り毒物散布行為は

『一個の社会事象』と認められ、死傷者の数だけの殺人罪・殺人未遂罪が計上されるものではない」と思われる（刑事政策研究会、1997：38-39）。よって、本事件では地下鉄3路線のそれぞれの実行場所ごとに殺人1件（合計殺人3件）が計上されたと思われる。

(8) 第一部犯罪として8種類（1978年までは放火罪を除く7種類）の犯罪が選択された理由は、①これらの犯罪が他の罪種と比較して一般的に罪質および発生量ともに重大であるということ、②それらが警察に通報する可能性の最も高い罪種であること、③比較分析するための適切な基礎を提供しうるほど充分な頻度で発生しているということである。したがって、UCR の第一部犯罪は犯罪発生動向の「指標」として利用されうるという説明が与えられている（UCR: http://www.fbi.gov/ucr/ucrquest.htm）。他方で、第二部犯罪については、その逮捕データしか報告していないのは、そもそも認知件数が報告されていない上に、当該犯罪の操作的定義が州によって様々に定義されているために、データの測定誤差が生じやすく正確な比較ができないからである（Maxfield and Babbie, 2001: 132）。

(9) この点に関して、UCR の妥当性に伴う方法論的問題のひとつとされているのは、UCR においては連邦犯罪（federal crime）がまったく報告されていないということである（Siegel, 2006:: 35）。たとえば、2001年9月11日に発生したいわゆる「米同時多発テロ事件」では、国際テロリストの犯人グループがジェット旅客機をハイジャックした上で、ニューヨーク市の世界貿易ビルに自爆攻撃を仕掛けて、二千人以上の人が殺害された。しかしながら、このテロ事件の死者数は、UCR における殺人事件としては計上されていない。なぜならば、テロリズムはアメリカでは連邦犯罪に分類されているからである。日本での「地下鉄サリン事件」での計上方法と際立った違いを示している。

(10) 1991年以降、FBI は、個々の犯罪事件に関するより詳細な情報を得ることを目的に「全米事件報告システム」(National Incident-Based Reporting System: NIBRS と略）と呼ばれる新しい犯罪報告プログラムを試行的かつ漸次的に導入・整備している（Rantala, 2000）。NIBRS（ナイバース）の特色は、ひとつには、現行 UCR のように警察に通報された事件数を単純集計するだけではなく、事件単位毎に被害者、被害物、加害者、犯罪発生状況など多くの情報が結び付けられているということである。その結果、UCR ではしばしば「階層ルール」のために、無視されていた比較的軽微な罪種が正確に計上されるようになったとのことである。もうひとつは、UCR での第一部犯罪と第二部犯罪という分類が見直されて、報告罪種を拡充する方向で、新たにグループA犯罪（Group A offenses）とグループB犯罪（Group B offenses）に再編されたということである。事件データと逮捕データの双方が報告されるグループA犯罪ついていえば、現行 UCR の第一部犯罪（8種）と第二部犯罪（21種）に加えて UCR では当初より報告・収集されていなかった罪種を含め、合計46罪種まで報告罪種を拡大している。この限りで、NIBRS は、現行 UCR よりもかなり包括的で、妥当かつ信頼性ある犯罪統計資料を提供しているといえる。なお、2003年12月現在で、全米の23州、5,271の警察機関が

NIBRSに参加している。これはアメリカの警察機関の約20％、人口で16％に相当する。NIBRSの詳細については、浜井編（2006：130-131）を参照。
(11)　警察庁の「刑法犯」の定義が、『犯罪白書』などを編集・発行している法務省のそれと若干異なっていることに留意すべきである。ただし、特別法上の犯罪で認知件数が多いのは、「暴力行為等処罰に関する法律」と「盗犯等の防止及び処分に関する法律」の二つであり、これらは警察庁と法務省のいずれの統計においても「刑法犯」に含まれているので、犯罪情勢を大局的見地から論ずる場合に、両者の定義の違いは微少であり、それほど大きな問題にはならない（刑事政策研究会、1996：11-12）。
(12)　UCRの政治的操作の問題について、サザランド＝クレッシーが、すでに次のような指摘をしていた（Sutherland and Cressey, 1974: 28）。「再選を狙って立候補する政治家は、もし自分の在任期間中に犯罪率が増えていると、任務を怠ったとして非難される傾向があり、犯罪率が減っていると賞賛される傾向がある。その結果、政権政党はしばしばその施政期間中に犯罪が減少したことを統計のうえで示そうとする。1966年ニューヨーク市の警察部長（Police Commissioner）は、ＮＹ市警で扱った事件中適切に記録されていたのが、強盗の92％、不法目的侵入の96％に対し、自動車盗と強姦では22％、加重暴行で45％、窃盗で54％にすぎないことを見出した。これらを修正すると、重大犯罪の発生率は人口10万人当たり1,608から直ちに2,203へ、すなわち約37％の増加を示すことになろう。」
(13)　もっとも、警察機構内部での人事及び昇進が、ある程度警察管理者の犯罪報告の内容に依存する限りで、時として犯罪統計がこのような政治的偏向を帯びる可能性は、否定できない（Merriman, 1991: 20）。
(14)　ただし、2006年9月6日付け『朝日新聞（朝刊）』によれば、厚生労働大臣の諮問機関である「社会保障審議会・人口部会」が従来の人口推計の方法の見直し作業を行っており、現在、専門家の間で激しい議論が展開されているとのことである。過去の人口推計（とくに出生率の推計）の信頼性に疑問の声が出ていることから、本年度内にも新たな人口推計のあり方について意見をとりまとめる見通しである。その結果、従来の推計方法を変更するようなことになれば、それが犯罪率算定に対してどのように影響がでるのか、犯罪率データの信頼性に関心を持つ者としては注意を要するところである。

第3章　戦後日本における犯罪率の推移

一　問題の所在

　犯罪動向の国際比較において、日本が世界でも犯罪率の低い国のひとつであることは、一般によく知られている（Adler, 1983; Gurr, 1977; Kalish, 1988; Vaughn and Tomita, 1990）。そして、日本の犯罪の少ない理由として、しばしば(1)国民の同質性、(2)島国という地理的条件、(3)銃砲刀剣や薬物の厳重な取締り、(4)刑事司法の適正かつ効果的運営、(5)高い教育水準、(6)良好な経済状況（低失業率）、(7)国民の社会階層の格差が少ないこと、(8)伝統的に非公式の社会統制が機能していることなどが挙げられている（藤本、1991: 223; Fujimoto and Park, 1989: 19-24; 法務総合研究所編、1977: 108; 1989: 596; 来栖、1982; 土屋編、1991: 79-82）。しかしながら、日本の低犯罪性に関するこれらの説明は、いずれも実証研究によって経験的に証明されたものではなく、依然として純理論的推論ないしはなんら科学的根拠によらない単なる常識的見解の域を出ていない。したがって、比較犯罪学に興味をもつ者にとって、日本の低犯罪性を国際比較的な計量分析によって検討することは、現在とても重要な研究課題のひとつとなっている（宮沢、1990: 134）。

　ところが、このような国際比較研究を行う前提として、そもそも日本の犯罪現象自体についての科学的および経験的知識が不充分であるというより重大な問題性に日本の犯罪学研究は直面していると言えよう。実証研究の実績の乏しい日本の社会学的犯罪学においては、今日まで系統的に日本の犯罪データを利用して定量的（quantitative）分析を試みた調査研究は、ごく一部の例外を除いては、ほとんど存在していないと言うのが実情である。事実、これまでの日本の犯罪学文献の多くは、方法論的には『犯罪白書』のデータを利用しながら犯罪現象の特徴を検討するといった記述的分析が主流であり、犯罪原因の因果的メカニズムに関してなんらかの理論仮説を提起し、それを経験的データで検証しようとする実証科学的方法に裏付けられた研究においては見るべき成果をあげていない。

そこで、本章では、将来日本の低犯罪性に関する国際比較的な計量分析を行うための足掛かりとして、とりあえずは戦後日本の犯罪現象自体に分析の対象を限定し、その原因論的な含意を検討することにする。とりわけ、戦後日本における急激な社会経済的変化と犯罪率の変動パターンとの関係を実証的に分析することが、本章の中心課題である。戦後日本の犯罪の推移を説明するために、最近は日本社会の文化的特殊性を強調する見解を見直し、その代わりに、経済的条件や刑事司法の機能に関連した要因の相対的重要性を指摘する見解が刑事実務家達によって主張されている（土屋その他、1990: 10; 土屋編、1991: 12）。このような言説の妥当性を検討することは、日本の犯罪現象自体の理論的・経験的知識を深めるのみならず、比較犯罪学的研究にとっても理論的に極めて興味深い論点を提供するように思える。かくて、本章の目的は、日本のデータをもってアメリカの犯罪学理論を検証するという構想の下に、戦後日本の犯罪率の変動を説明する理論モデルを構築し、時系列回帰分析の手法を用いながら、その理論的妥当性を検証することにある。

二　従来の研究の検討

多変量解析（multivariate analysis）の中でも現在最も広範に適用されている回帰分析（regression analysis）の手法によって、戦後日本の犯罪データを時系列解析（time-series analysis）した研究例としては、これまでのところアメリカ人研究者（主に経済学者）による幾つかの貴重な先駆的業績がある（Evans, 1977; Gartner and Parker, 1990; Merriman, 1988 and 1991; Wolpin, 1980）。他方、日本人研究者自身によるものとしては、現時点では松村＝竹内（1990）の論稿が存在するだけである[1]。以下では、本研究との関連において先駆的な役割を果たしている日米の研究例について、その研究結果の概要を紹介し、理論的および方法論的問題点を批判的に検討する。

1　エヴァンス（Evans, 1977）の研究

ロバート・エヴァンス（Robert Evans, Jr.）の研究が、恐らく時系列データ（1955-1970）を用いながら日本における犯罪および犯罪統制メカニズムについて多変量解析を試みた最初のものである（宮沢、1990: 143-144; Shelley, 1981: 74）。犯罪の経

済学理論ないしは労働市場理論の観点から、エヴァンスは、日本における労働市場の向上に伴う諸要因と犯罪行動の程度の関係を実証的に検討した。彼の研究仮説は、警察の有効性のレベルをコントロールした時、犯罪のレベルは労働市場における経済的機会と反比例の関係にあるということである。彼の経済学モデルは、次の八つの独立変数を含んでいる。(1)検挙率、(2)有罪率、(3)実質賃金（製造業）、(4)有効求人倍率、(5)就業者数（製造業、鉱業、運輸通信業および公益事業部門）、(6)所得の不平等（ジニ係数）、(7)男子中卒求職者に対する中卒者求人倍率、(8)男子の高校進学率などである。その従属変数は、(1)一般刑法犯発生率（有責人口10万人当たりの認知件数）、(2)成人検挙者率、並びに(3)少年検挙者率の三つである。すべての変数に対して1955年から1970年までの全国レベルのデータが、収集された。そして、標準的な単一方程式による重回帰分析が、各従属変数に対して行われた[2]。

　エヴァンスの回帰分析の結果は、以下のように要約される。まず第一に、一般刑法犯発生率については、検挙率、有罪率、求人倍率、および主要産業部門の就業者数の各回帰係数が、統計的に有意であり、かつその符号は期待されたように負の方向にあった。実質賃金の係数は、統計的には有意ではなかったのに対し、所得の不平等の係数は、統計的に有意ではあったが、その符号は理論モデルと逆の方向を示していた。第二に、成人検挙者率に対しては、主要産業部門の就業者数の係数だけが、統計的に有意でかつその符号が期待された方向にあった。第三に、少年検挙者率については、高校進学率、有罪率および所得不平等の各係数が、統計的に有意でかつその符号が理論モデルと一致していた。このような回帰結果は、彼の理論仮説を強く支持するものであり、エヴァンスは、戦後における経済的機会の拡大と犯罪率の減少との間には密接な関係があると結論づけているのである。

　エヴァンスの研究が、犯罪の経済学モデルを日本のデータに適用した点において先駆的な役割を果たした一方で、彼の時系列データにもとづく計量経済学的研究は、モデルの特定化（model specification）という観点から幾分問題を含んでいるといえる。第一に、労働市場における経済的機会の指標として選択された変数の中で、求人倍率と主要産業部門の就業者数とは、共に労働雇用条件を反映するものとしてその性質を重複しているように思われる。それゆえ、両変数の間にかなりの相関関係を予想することができる。この点について、エヴァンスは、諸変

数間の「多重共線性」(multicollinearity) の問題になんら注意を払っていない。同じような問題は、検挙率と（成人及び少年）検挙者率との間にも見受けられる。すなわち、検挙率（検挙件数を認知件数で除したもの）は、警察活動の指標として概念的に検挙者率（成人又は少年人口1,000人当たりの検挙者数）と重複しているので、検挙率を検挙者率の回帰方程式の中に独立変数として含めていることは、適切ではない。

第二に、エヴァンスは、標準的な単一方程式の重回帰分析を用いて一般刑法犯発生率を分析したけれども、彼は、アメリカの計量経済学的抑止研究において重要な課題のひとつとなっている犯罪率と検挙率との間の相互依存的・同時決定的関係の可能性についてなんら分析を試みていない。

第三に、エヴァンスは、従属変数として一般刑法犯発生率という集合的(aggregate) 尺度を用いている。しかし、犯罪率の集合的尺度の使用は、各種タイプの犯罪がそれぞれ本質的に異なる動機づけ及び機会構造を有していることを考慮に入れるならば、けっして望ましいことではない。むしろ、罪種別の細分化された (disaggregated) 犯罪率の尺度を用いる方が、より正確な分析になるであろう。エヴァンスは、一般刑法犯発生率という集合的なデータを使って彼の経済学モデルを検証した訳であるが、もし彼が殺人、強盗、強姦、窃盗などのより細分化された罪種別尺度を使用していたならば、問題となる罪種によっては異なる分析結果を得ていたかも知れないのである。

2 ウォルピン (Wolpin, 1980) の研究

ケネス・ウォルピン (Kenneth I. Wolpin) は、カリフォルニア州、イングランド＝ウェールズ、並びに日本の1955年から1971年にかけての強盗罪に関する集合的な時系列データを用いながらアーリック (Ehrlich, 1973) やブロック＝ハイネク (Block and Heineke, 1975) によって展開された犯罪の計量経済学的モデルの国際的な適用可能性を検証しようと試みた。ウォルピンの説明モデルは、ある一定時点におけるある国の強盗発生率は、一連の抑止変数、環境変数、文化、並びに確率的変数（残差項）の関数であるということである[3]。

各国における時系列回帰分析の結果を比較検討してみると、いずれの国においても抑止変数（検挙率、有罪率、保護観察率、および拘禁率）と環境変数（10-25歳男子人口の割合および失業率）の係数は、統計的に有意であり、かつその符号は理論

的に予測された方向にあった。ウォルピンは、こうした調査結果を犯罪の経済学モデルの経験的一般化を増大するものと解釈しながら、「一見本質的に異なる国の人々の犯罪行動も実は全く同種の要因によって支配されているものと考えられる」と結論づけている (Wolpin, 1980: 423)。

しかし、彼の研究にも幾つかの方法論的な問題があり、その研究結果は慎重に解釈されなければならない。先ず第一に、ウォルピンは、犯罪率と警察活動との間の相互依存的関係の理論的重要性を認めながらも、彼は、連立方程式モデル (simultaneous-equation models) ではなくて標準的な単一方程式モデルを使用して回帰式を推定している。しかし、相互依存的関係を示す連立方程式モデルが現実に妥当なものである場合に、個々の単一方程式を通常最小二乗法 (ordinary least squares: OLS)) によって推定すると、それは不偏性 (unbiasedness) も一致性 (consistency) ももたないパラメータ推定値になることは、計量経済学的研究においてはしばしば指摘されているところである (ジョンストン、1976: 393; ピンディック=ルビンフェルド、1983: 309)。それゆえ、ウォルピンの単一方程式モデルによるOLS推定値にはあまり多くの信頼を置くことはできない。

第二に、ウォルピンは、比較対象となる三カ国の各々について、抑止変数や環境変数の記述統計を報告してはいるけれども、奇妙にも国別の回帰結果を提示していないのである。その代わりに、彼は、文化の効果をコントロールするために三つの国をダミー変数 (dummy variables) とする二つの回帰方程式を特定化し、それらの回帰分析の結果が報告されている。こうしたダミー変数を含む二つの回帰方程式のうち、ひとつはイングランドと日本のデータを合わせた方程式であり、もうひとつはイングランド、日本、そしてカリフォルニアのデータを合わせたものになっている。しかし、両回帰方程式に対する推定結果を示すデータは、国別の独立変数の効果を比較するうえで、われわれには理解しがたいものになっている。それゆえ、ウォルピンの研究ではこれらの回帰方程式を使用するについての合理的な理由づけというものが、要求されてしかるべきであろう。

第三に、問題となる三カ国に対する回帰分析の結果が、犯罪の経済学モデルを支持している一方で、ウォルピンは従属変数として強盗発生率だけを用いたにすぎない。従って、この研究結果の一般化を高めるためには、他の犯罪類型についても同じような結果が一貫して得られるかどうかを検討することが重要である。

3　ガートナー＝パーカー（Gartner and Parker, 1990）の研究

ローズマリー・ガードナー＝ロバートー・パーカー（Rosemary Gartner and Robert Nash Parker）は、彼らの国際比較研究において日本、イタリア、イングランド＝ウェールズ、スコットランド、そしてアメリカの1901年から1970年までの集合的な時系列データを利用しながら、人口の年齢構成（とくに若年人口の割合）と殺人率との二変数間の関係（bivariate relationship）を各国別に比較検討した。彼らは、まず次の二つの仮説を提起した。第一の仮説は、年齢構成（15－34歳男子人口の割合）は殺人率と正の関係にあるということ。第二の仮説は、年齢構成の効果について、その効果は歴史的脈絡に応じて差異があるのではないかということを検討するために、当該時系列データを戦前の期間（1939年以前）と戦後の期間（1947年以降）に二分して、戦後における年齢効果の方が、戦前のそれよりも大きいと予測するものである。データ解析の方法としては、第一の仮説を検定するために、自己回帰和分移動平均（autoregressive integrated moving average: ARIMA）モデルの方法が用いられた。加えて、一般化最小二乗法（generalized least squares method: GLS）が、第一仮説の ARIMA モデル検定の頑健性（robustness）をチェックし、そして第二仮説を検定するために用いられた。

国別の1901年から1970年までの全調査期間における年齢効果について、ARIMA 分析は、日本、イタリア、スコットランド、そしてアメリカにおいては、年齢構成変数の係数は統計的に有意ではなく、イングランド＝ウェールズに対する係数だけが統計的に有意であったことを示している。また、戦前のデータと戦後のデータを別々に GLS 分析した結果は、イタリアとアメリカの戦後の期間においてのみ、年齢構成変数の係数は統計的に有意であった。要するに、問題となった国別の単純回帰分析によって判明したことは、「若年男子人口比の推移は、必ずしも時間と場所を通して一貫して殺人率に影響を与えていない」ということである（Gartner and Parker, 1990: 367）。とりわけ、日本に関して言えば、年齢構成変数は、戦前から戦後を通して一貫して統計的には有意な影響を殺人率に対しては及ぼしていないという結果となった。

しかしながら、ガートナー＝パーカーの研究結果は、正確なモデルの特定化という観点からすれば、多少問題点がないわけではない。すなわち、彼らは、人口の年齢構成と殺人率という二変数間の関係に研究の焦点を合わせたけれども、彼らは、殺人率に影響を与えると思われる他の説明変数を特定化しようとしなかっ

た。そのために、年齢構成変数の重要性の有無に関して、明確な結論を出すのは、まだ早計であると思われる。この点に関しては、彼らも認識しているように、将来の研究は、殺人の動機づけや機会に関連した要因でかつ年齢構成の要因にも影響を及ぼしうる幾つかの重要な変数（たとえば、経済的条件）をコントロールしたうえで、年齢効果の相対的重要性を検討することが、必要であろう。

4　メリマン（Merriman, 1988 and 1991）の研究

　従来の研究の中で、最も洗練されたそして包括的な日本のデータの時系列分析を行なったのは、アメリカの経済学者デヴィッド・メリマン（David Merriman）である。彼は、まず1988年の論文において、殺人の発生率が経済的および人口統計学的変数と同様に刑罰の確実性・厳格性にも依存していると主張するアーリック（Ehrlich, 1975b）、ウォルピン（Wolpin 1978）、そしてヘーネック＝ウィラー（Hoenack and Weiler, 1980）などの犯罪の経済学的理論に依拠しながら、日本の殺人率と刑罰（死刑）の抑止力との関係を初めて実証的に検討した。メリマンの定式化した殺人の供給関数（homicide supply function）の基本的モデルによれば、有罪率、死刑執行率、労働力率、および時間的傾向（time trend）の各変数は、殺人率に対して抑止的要因として働き、他方失業率、国民総支出（GNE）の水準、経済成長率、および20〜29歳人口の割合の各変数は、犯罪促進的要因として働くものとされている[4]。メリマンは、1957年から1982年までの26年間のデータを利用して、彼の殺人供給関数モデルを分析した。その際、彼は、有罪率と殺人率とが相互依存的関係にあるものと仮定して、このモデルを連立方程式体系の中で二段階最小二乗法（two-stages least squares method: 2SLS; TSLS）によって推定している。

　さらに、メリマンは、戦後のデータだけを用いた上記モデルの他に、1934年を始期とする戦前のデータをふくめたより長期間のモデル（1934-1982）を定式化している。ただし、この長期モデルでは、幾つかの重要な変数に関して戦前のデータが不備であるために、わずかにそのデータが利用可能である経済的要因（国民総支出の水準と経済成長率）と時間的傾向を示す変数が含まれているだけである。その結果、このモデルの定式化は、殺人の減少は経済的成功に依存しているという単純な仮説を検証するためのものとなっている。

　1934年を始期とする長期モデルに対する回帰分析は、経済的成功を表す二つの

変数が相反する効果をもたらしていることを示している。つまり、GNE の水準が負の影響を与えていた一方で、GNE 成長率は正の影響を与えていた。時間的傾向の変数は、戦前（1934-1945）と戦後（1946-1982）の期間を区別するダミー変数と GNE 成長率が回帰式に導入された場合には、有意な負の効果を示した。他方、1957年を始期とする戦後モデルについては、失業率(+)、GNE 成長率(+)、時間的傾向(−)、および若年人口比(+)の各係数が、有意水準５％で統計的に有意であり、かつその符号は期待された方向にあった。ただし、有罪率(−)と死刑執行率に対する各係数は、期待されたとおり負の符号をもったが、統計的には有意ではなかった。

　さらに、殺人率に対する各独立変数の相対的貢献度という観点から、各変数の標準偏回帰係数（standardized partial regression coefficient）の値を比較してみると、時間的傾向の変数が断然として大きな数値を示している。このことは、戦後日本における殺人率の長期的な減少傾向を説明する際に、時間的傾向が最も重要な要因であり、抑止理論や経済学理論から導出された一連の変数は、相対的にわずかな影響しか与えていないことを示唆している。しかしながら、ここで注意しなければならないことは、「時間的傾向」という単なる直線的な時間の経過が、果たしてひとつの「要因」といえるかどうかということである。これは、むしろ殺人率の長期的減少傾向をメリマン流に表現するためのものではなかったのかということである。

　いずれにしても、彼の調査結果は、戦後の期間における殺人率の減少傾向を説明するうえで、抑止理論および経済学理論に対して強い支持を与えるものではなかった。せいぜい、抑止変数は、かろうじてその効果が認められるにすぎなかったし、経済的変数は、犯罪の促進的要因同様抑止的要因としても働くという相反する効果を示した。そして、全体として、彼の1988年の研究は、時間的傾向の相対的重要性を強調しているけれども、このことは、端的に言って、なぜ日本において殺人が減少しているのかについてわれわれにはまだ実際には何も知らないということを暗示していると言えよう。

　メリマンは、1991年に発表された第二論文において、戦後日本の犯罪動向に関する彼の計量経済学的分析をさらに敷衍した。たとえば、彼の1988年の研究と比べて、この最新の研究では調査期間として1953年から1982年までの30年間を採用した。また、従属（内生）変数としての犯罪率については、特定の罪名別に次の

七つの罪種に細分化した（殺人、強姦、詐欺、強盗、傷害、恐喝、窃盗）。さらに、各罪種を検挙人員の年齢に応じて大きく二つのカテゴリーに区分した（成人と少年）。かくして、ここで注意しなければならないことは、メリマンは罪名－年齢別の逮捕率（罪名別の成人逮捕率と少年逮捕率）を「犯罪率」の指標として用いたということである。

次に、彼の理論モデルは、基本的には1973年のアーリック（Ehrlich, 1973: 534）の経済学モデルに依拠したものであるが、この理論的観点から選択された主要な独立変数は、刑罰の確実性（有罪率）、刑罰の厳格性（拘禁率）、相対的貧困（世帯収入の中位数の二分の一以下の世帯の割合）、所得水準（実質平均年収）、および失業率の五つである。これらの中で、刑罰の確実性と厳格性については、成人と少年の場合に応じて異なった指標が用いられた。すなわち、成人の罪名別モデルでは、刑罰の確実性は、罪名別成人有罪率（成人検挙者に対する成人有罪人員の比率）によって、また刑罰の厳格性は罪名別成人拘禁率によって測定されている。他方、少年の罪名別モデルでは「罪名別疑似有罪率」（少年検挙人員に対する保護処分と刑事処分との合計数の比率）と「1－罪名別保護観察率」（保護観察以外の施設収容処分）がそれぞれ成人有罪率と成人拘禁率とに代用された。

メリマンは、彼の1988年の研究と同じように、犯罪率と有罪率との関数を一方的な因果関係としてではなく、同時的な関係としてモデル化している。そして、レイソン（Layson, 1983）の研究によって用いられた識別性の制約条件に依拠しながら、二段階最小二乗（2SLS）法によって推定している。なお、有罪率の予測方程式は、犯罪率、警察予算、裁判所職員数並びに誤差項（error terms）の関数として表現されている。

上述した犯罪の経済学モデルに加えて、メリマンは、時間的傾向と第二次大戦からの社会的修復が戦後日本の犯罪率の長期的な減少傾向に与えた効果を検討するために二つの単純な代替的二変数回帰モデルを構築した。一つは、時間的傾向モデルと呼ばれるもので、唯一の独立変数としての時間的傾向（観察された年－1953年）は、当該時系列データの期間において、その最初の年（1953年）をゼロとして、以降毎年1ずつ増えていくというやり方で操作化されている。もうひとつの単純回帰モデルは、「戦争の記憶モデル」（war memory model）と呼ばれるもので、これは第二次大戦における日本の敗北とそれに続く占領体制から生じた社会的不安定の効果をつかまえるために定式化された（Merriman, 1991: 29）。戦争の記

憶を表す変数（1 ÷［観察された年 − 1945年］2乗）は、最初はとても急速に衰退するが、その後はかなり安定するようになるだろうという形で操作化されている。

　各モデルに対する回帰分析の結果は、大要次のようなものであった。第一に、自由度調整済み決定係数（adjusted R squares）の値に照らして、経済学モデルを時間的傾向モデルおよび戦争の記憶モデルと比較した場合、これら三つのOLSモデルの間にはなんら実質的な差異はなかった。かくして、メリマンは、経済学モデルが、罪名 − 年齢別の犯罪率を説明する上で、他のモデルよりも実質的に優れているわけではなかったと結論づけている。

　第二に、成人犯罪率の単一方程式において推定された回帰係数は、変数間に相互依存関係はないとする仮定の下ではあるが、所得水準と有罪率が最も有力な予測値であることを示した。つまり、両変数に対する係数は、七つの犯罪ケースすべてにおいて理論どおり負の符号をもち、そしてその t-値は、強姦の場合を除き、すべて有意水準5％で統計的に有意であった。失業率も比較的経済学理論と一致する結果を示した。失業率の係数は、七つの犯罪ケースのうち五つで正の符号をもち、そしてそのうち四つの犯罪ケース（殺人、詐欺、強盗、窃盗）において統計的に有意であった。拘禁率の係数は、五つの犯罪ケースにおいて負の符号をもったが、統計的に有意な負の効果を示したのは、わずかに詐欺のケースだけであった。貧困率の係数は、すべての犯罪ケースにおいて統計的に有意でなかった。

　他方で、少年犯罪率に対する単一方程式モデルの推定結果は、経済学モデルとはあまり一致しなかった。すなわち、所得水準は、七つの犯罪ケースのうち三つ（殺人、詐欺、強盗）においてだけ、統計的に有意な負の効果を示した。失業率は、詐欺の場合にのみ、有意な正の効果をもたらした。貧困率の係数は、再びここでもあらゆる犯罪ケースにおいて統計的に有意ではなかった。少年に対する疑似有罪率は、殺人を除くすべてのケースにおいて、理論で期待されたように負の符号をもったが、その係数が統計的に有意であったのはわずかに窃盗のケースだけであった。同様に、「1 − 保護観察率」が、統計的に有意な負の効果を示したのは、わずかに強盗のケースだけであった。

　第三に、成人の犯罪供給関数を連立方程式体系の中で2SLS推定法によって推定した場合、所得水準、貧困率、失業率、並びに有罪率の係数は、単一方程式のOLS推定値と一致している。しかしながら、拘禁率の係数は、劇的に変化して

二 従来の研究の検討　75

おり、強姦を除く他の犯罪ケースにおいて、統計的に有意な負の効果を示すこととなった。かくて、メリマンは、刑罰の厳格性がその確実性と同様に、日本の成人犯罪の決定要因における良き予測値であるかもしれないということを示唆した。要するに、メリマンの研究結果は、成人の犯罪率に関してだけ、経済学モデルを部分的に支持した。すなわち、成人犯罪率が、刑罰の確実性（有罪率）と合法的労働に対する報酬（所得水準）の増加によって減少することを経験的に証明した一方で、少年犯罪率に関しては、彼の経済学モデルを支持する証拠は存在しなかった。

　メリマンの研究を方法論的に検討してみると、幾つかの重要な変数の操作的尺度に関して、若干の問題があるように思える。先ず第一に、メリマンは、成人・少年別の「犯罪発生率」の指標として「逮捕率」を用いている。その理由として、彼は、日本での検挙率が非常に高く検挙件数と認知件数とはほぼ同一であること。並びに成人・少年別の犯罪発生率を集計的なレベルのデータで分析するためには、成人・少年別のデータのある逮捕率によって推測するほかなかったということを挙げている。しかしながら、逮捕率は、本来警察活動の水準ないしは警察の犯罪解決能力を表す指標とみなされるべきものである。ある社会において発生した犯罪量のより正確な測定という問題関心からすれば、認知件数（これ自体暗数の問題が内在しているが。）を犯罪発生の指標とするほうが、より適切であろう。また、犯罪率を成人・少年別に分解するというのは、今後の研究の方向性として望ましいことではあるが、その場合も逮捕率よりも例えば自己申告データや被害者化データを犯罪率の指標として使用するのが、本筋であろう。もっとも、日本では大規模な非公式の犯罪データはいまのところ存在しないので、次善の策としてメリマンのように逮捕率のデータに頼らざるを得ないという事情は、容易に理解できる。しかし、その場合でも、認知件数を犯罪率の指標として分析した結果と比較してみることが、最低限要求されるであろう。この点に関して、メリマンが認知件数にもとづく犯罪率を従属変数として用いながら、別個の分析をしているのは、それなりに評価できる。

　第二に、メリマンは、とくに有罪率が成人の犯罪率と有意な負の相関関係にあることを証明したけれども、この有罪率（成人有罪人員÷成人検挙人員）と犯罪率（成人検挙人員÷成人人口）との負の相関は、有罪率の分母と犯罪率の分子の中に共通の成分が含まれているために、人工的（artifactual）なものでありうる。つま

り、なんらかの理由で検挙人員の数が低下していくと、犯罪率は当然低下していくが、有罪率は自動的に高くなっていくということである。この負の相関は、たとえ両者の関係が因果的に関連していようがいまいが、上記の条件の下では、自動的に生じるのである。犯罪率と有罪率との間の人工的な負の相関の問題は、少年犯罪率と疑似有罪率との間についても当てはまっている。

ともかくも、メリマンの研究においては、彼の理論モデルを構成する幾つかの重要な変数の操作化に関して若干問題が残るけれども、彼の研究は、疑いもなく従来の研究の中で最も洗練されたそして包括的なものであった。それゆえ、彼の研究は、本研究プロジェクトに対してひとつの重要な範例として位置づけられているし、その結果、理論的アプローチ、研究方法、及びデータ解析の手法の点に関してかなり重複するところがあることをここで予め指摘しておきたい。

5 松村＝竹内 (1990) の研究

日本人研究者自身による本格的な計量経済学的手法を用いた研究としては、1990年に松村良之と竹内一雄によってなされた死刑の抑止効果に関する定量的研究がある。松村＝竹内は、メリマン (Merriman, 1988) と同様に、基本的にアーリック (Ehrlich, 1973 and 1975a) のモデルに従い、1953年から1987年までの期間を用いて、日本における殺人行動関数を重回帰分析によって計測し、死刑の殺人に対する抑止力の有無を評価しようと試みた。

彼らによって定式化された殺人行動関数は、従属変数としての殺人率（殺人認知件数を14歳以上の人口で除した数）の他に、独立変数として(1)検挙率、(2)死刑判決率（殺人で有罪判決を受けた者の内で死刑判決を受けた者の比率）、(3)勤労者世帯の平均実質実収入、(4)失業率、(5)被生活保護者比率、(6)20代男性の人口比率、そして(7)高等教育在学者比率を含んでいる。殺人率とサンクション変数との関係について、彼らは、最近のアメリカの抑止研究で一般に認められている両変数間の相互作用的・同時決定的関係の仮説を採用することなく、殺人行動関数を線形の単一方程式モデルとして定式化し、通常の最小2乗法 (OLS) によって推定している。実際の計測式としては、通常の線形回帰式に加えて、アーリックに倣い指数型関数を自然対数変換して求めた対数線形回帰式の2種類を採用している。さらに、殺人事件発生前年の死刑判決の影響を推定するために、殺人事件発生当年の死刑判決の影響を表す変数は、1期（1年）のラグ付きの変数にとって代わられた。

この1期のラグ付きの変数を含んだ殺人行動関数も、上記のラグ付きのないモデルと同様に、線形回帰式とそれを自然対数変換して求めた対数線形回帰式の2種類を用いて計測している。

これら4種の殺人行動関数に対する OLS 回帰結果は、すべての計測式において、抑止力を示すサンクション変数（検挙率と死刑判決率）の係数が20％の有意水準でさえ統計的に有意でなかったことを示した。この調査結果から、松村＝竹内 (1990: 105) は、「日本においては死刑が殺人に対して抑止力を有すると結論づけることはできなかった」と報告している。他方、社会経済的要因に関しては、失業率(+)、被生活保護者比率(+)、そして20代男性比率(+)がすべての計測式において5％の有意水準で統計的に有意な正の影響を殺人率に及ぼしていた。なお、高等教育在学者比率の係数は、すべての計測式で期待どおり負の符号を示したけれども、その係数が統計的に有意な値を示したのは、対数線形回帰式においてのみであった。要するに、松村＝竹内の調査結果は、検挙率や死刑判決が殺人発生に対しては何ら有意な抑止的効果を与えるものではないが、一定の社会経済的要因は殺人発生に対する有力な予測値となりうることを明らかにした。抑止効果に関する限り、彼らの結論は、1988年のメリマンの研究結果とほぼ一致していると言えよう。

松村＝竹内の研究における方法論的問題点としては、差し当たりつぎの二点が挙げられる。第一に。彼らの（対数）線形重回帰式の「あてはまりの良さ」(goodness of fit) を示すために、彼らは、自由度調整済み決定係数の値を用いている。ただ。決定係数の使用に際して注意しなければならないのは、R square の数値は当該回帰モデルが正確に特定化されていること、および残差の仮定（たとえば、自己相関の不存在、等分散性、正規性等）に問題がないということを前提にして、はじめて意味をもつものであるということである。この意味で、松村＝竹内が、残差の自己相関をダービン＝ワトソン検定 (the Durbin-Watson test) によって診断・評価したうえで、R square の値を解釈したのは、極めて妥当な研究手続きであったといえる。しかしながら、回帰モデルにおける自己相関の問題と並んで、時系列解析の推定で一番よく問題となる多重共線性についてはなぜかなんら言及されていない。もっとも、この問題は、彼らの時系列研究だけにユニークな問題ではなく、これまで検討してきた従来の研究にもすべて当てはまることなのであるが、要するに、多重共線性の問題を考慮することなしに、決定係数の度

合いを論じてみても、それほど意味のあることのようには見えない。

　問題の第二点は、松村＝竹内自身指摘しているように、独立変数としてあつかわれたサンクション変数（検挙率と死刑判決率）の内生化の問題である。松村＝竹内は、日本では殺人の検挙率が戦後を通してほとんど変動していないということと死刑判決の言い渡し比率が殺人の発生によって直ちに影響を与えられるものではないという常識的理解を主な理由として、殺人とサンクション変数の間の相互依存関係を仮定しようとしなかった。それゆえ、彼らの研究では当然に単一方程式モデルによるOLS推定法が用いられ、連立方程式モデルによる同時推定法は採用されなかった。しかし、資源と生産に関する経済学の基本原理（たとえば、限界生産力説）に従って、刑事司法システムの活動を法執行の生産とみなせば、犯罪率と刑事司法活動との間の相互依存的関係を理論化することは、一応可能であり、それを日本のデータでもって検証してみることは、抑止研究における理論的発展にとっては意義のある重要な作業であったはずである。加えて、単に純理論的関心からのみならず、技術的理由からも連立方程式モデルの特定化とその同時推定は、モデル推定の頑健性（robustness）においてOLS推定より優れているので、たとえ現実には相互依存的関係が妥当しない場合でも、連立方程式モデルによる同時推定法を用いるのが、適切であったように思える。そして、その場合には、単一方程式モデルによるOLS推定から得られた結果と比較検討してみるというのも、より慎重な研究手続きではなかったかと思われるのである。

6　まとめ

　従来の研究の検討を通して明らかとなったことは、先ず第一に、戦後日本の犯罪率の変動を説明する理論的モデルとしては、ガードナー＝パーカーの研究を除けば、すべての研究がアーリックなどの経済学モデルに依拠しているということ。その結果として、経済学モデルの操作化は、抑止変数、経済的変数、社会的変数の三つを中心として展開していること。

　第二に、従属変数としての犯罪率の指標としては、エバンスが一般刑法犯の発生率という集合的（aggregate）指標を用いていたことを除けば、他のすべての研究は細分化された（disaggregated）犯罪指標を用いている。たとえば、メリマン（Merriman, 1988）、ガートナー＝パーカー（Gartner and Parker, 1990）、松村＝竹内（1990）は、従属変数として殺人罪を、そしてウォルピンは、強盗罪をそれぞれ

選択している。また、メリマン（Merriman 1991）は、七つの罪種（殺人、強盗、強姦、詐欺、傷害、恐喝、窃盗）をさらに年齢別（成人と少年）で区分した最も包括的なそして細分化された犯罪指標を用いている。

　第三に、時系列データの期間に関しては、ガードナー＝パーカー（1990）が1901年～1970年までの70年間の期間を用いており、従来の研究の中では最長の期間であった。ただし、戦後のデータだけを用いた研究について言えば、松村＝竹内（1990）の1953年から1987年までの35年間の期間を採用したのが、最長であった。

　第四に、モデルの特定化に関連して特徴的なことは、エヴァンスを初めとする計量経済学的研究のすべてが、理論的というよりはむしろ技術的な理由から、彼らのモデルを自然対数変換して求めた対数線形回帰式として特定化しているということである。したがって、対数線形回帰式から得られた回帰係数は、弾力性として解釈されている。

　第五に、メリマン（Merriman, 1988 and 1991）だけが、犯罪率と抑止変数との相互依存的関係を仮定し、2SLS推定法によって連立方程式モデルを推定している。そして、2SLS回帰結果は、OLS回帰よりも抑止効果が強く現れた。

　最後に、抑止効果の有無を罪種別に見ると、メリマン（Merriman, 1988 and 1991）と松村＝竹内（1990）は、殺人との関連では抑止効果を否定している。強盗については、ウォルピン（Wolpin, 1980）とメリマン（Merriman, 1991）は、抑止効果を肯定している。強姦に対する抑止効果は認められなかったが、一般刑法犯（その大部分は窃盗）、窃盗、傷害、恐喝、詐欺に対しては抑止効果が認められた（Evans, 1977; Merriman, 1991）。

三　理論的枠組みと研究仮説

　従来の研究が、もっぱらベッカー（Becker, 1968）やアーリック（Ehrlich, 1973）などによって展開された犯罪の経済学理論にもとづいて、戦後日本の犯罪率の変動を説明しようとしたのに対して、本研究における理論的パースペクティブは、より包括的に「犯罪の批判的経済学理論」（a critical economic theory of crime）と呼称しうる立場と抑止－社会統制理論（deterrence-social control theories）を犯罪行動の合理性仮説を媒介として統合しようとするものである。

1 批判的経済学理論

　戦後日本の犯罪パターンに対する従来の経済学的説明は、第二次大戦後の急速な社会的、経済的発展の利得的側面だけを強調しているように思える。すなわち、この説明によれば、戦後日本の急速な経済成長は、多くの人々に対してかつてないほど高い物質的な生活水準をもたらし、そして彼らに労働市場における合法的な経済的機会を与え、そのことによって経済的成功を達成するために非合法的活動に向かわせる人々の誘因を減少させているのである。しかしながら、この経済学的説明の論理に従うならば、むしろ対照的に社会経済的発展の利得的側面が減少するような場合、たとえば、経済成長率や雇用の機会が縮小してきたり、社会的移動が制限されたり、あるいは、現行の所得分配が維持されるような場合には、日本の犯罪率は上昇するかもしれないと仮定することは、合理的なことである（Evans, 1977: 489; Shelley, 1981: 74）。

　この説明の論理は、実のところ、犯罪の経済学理論ないしは合理的選択理論（rational choice theory of crime）といわゆる緊張理論（strain theories）とを結び合わせることによってよく理解できる。すなわち、一方では、伝統的な経済学理論ないしは合理的選択理論は、すべての個人が合法的および非合法的行動の期待されるコストと利得を計算し、その期待される効用ないしは価値を最大にする行動を合理的に選択することを仮定している（Becker, 1968; Cornish and Clarke, 1986; Danziger, 1976; Ehrlich, 1973; Evans, 1977; Pilliavan et al., 1986）。他方で、緊張理論は、犯罪行動が　(1)閉ざされた合法的経済的機会によって生じる不満（Merton, 1938）、閉ざされた合法的機会に対する反動としての非行副次文化の形成（Cohen, 1955）、あるいは、(3)閉ざされた合法的機会と非合法的機会の利用可能性との結合（Cloward and Ohlin, 1960）によって動機づけられるものと仮定している。緊張理論は、合法的経済活動に関連して、経済的に恵まれない社会的下層にいる人々の欲求不満的な動機づけに基礎を置いているけれども、この理論は、経済学理論ないしは合理的選択理論の大前提となっている人間行動の合理性という考え方と決して矛盾するものではない。むしろ、経済的に恵まれない下層階級の者による犯罪行動を人間行動の合理性という観点から説明することも可能なのである。すなわち、もし多くの犯罪が（財産犯であれ暴力犯であれ）、人間の経済活動と同様に、財産ないしは金銭に対する欲求または必要性によって動機づけられているとするならば、犯罪行動は、貧しい人々にとっては彼らの閉ざされた合法的な経済的機会

に対する経済的成功目的を達成するためのひとつの合理的な反応としてみなされる (Gordon, 1971 and 1973)。さらに、合法的および非合法的機会の利用可能性の有無を資本主義の生産諸関係によって規定された構造的状況という観点から説明するマルクス主義的犯罪学理論の立場からしても、犯罪行動は、このような状況に直面した合理的人間の経済的利益を得るための合理的反応としてとらえることができるのである。かくして、人間行動の合理性という観点から、緊張理論ないしはマルクス主義的理論と経済学理論との間の親和性に着目する理論的アプローチを一応ここではオーソドックスな経済学理論に対して「批判的経済学理論」と名付けることにしたい[5]。

　この批判的アプローチの主要課題は、労働市場における合法的経済的機会の不公平な利用可能性あるいは構造化された社会経済的不平等という観点から、いかにして社会経済的条件の変化が潜在的犯罪者の動機づけに影響を及ぼすのかを分析することにある。そしてその前提として、もし社会経済的条件の変化が資本主義的経済制度に内在する諸々の構造的矛盾に関連しているとすれば、資本主義経済の発展的プロセスの内容を細かく分析することも重要になろう。つまり、経済の高度成長期、低成長期、それから不況期といった一連の景気循環 (business cycle) がわれわれの合法的または非合法的行動のコストと利得にどのような影響をあたえるのかを研究することが、要求されるのである。

　私見では、この批判的経済学理論が、戦後の日本の犯罪率の変動を説明するのに最も有力な理由づけであるように思われる。というのは、この理論的パースペクティブを支持するような経験的事実が、幾つか存在するからである。たとえば、認知件数にもとづく公式の犯罪統計を見ると、戦後における一般刑法犯（その大部分は窃盗であるが）の発生率の推移が、三つの段階に大きく区分できる戦後の日本経済の発展に丁度うまく対応しているのが分かる。すなわち、終戦直後の社会的混乱期および経済的復興期（終戦後～1950年代前半）には、一般刑法犯の発生率は、戦後を通して最も高いレベルにあった。それに続く高度成長期（1950年代後半～60年代）では、その発生率は減少し始めた。そして最近の安定成長ないしは低成長への移行期（1970年代以降）になると、その発生率は一貫して漸増傾向となったのである。そして、基本的には同じような犯罪率の推移のパターンは、他の先進資本主義諸国（アメリカ、イギリス、旧西ドイツ）においてもみられるのである (Evans, 1977: 489; Siegel, 1986: 58; Shelley, 1981: 74)。こうした事実から、資

本主義的経済発展における景気循環と関連した社会経済的変化が犯罪率の推移に一定の影響を与えているかもしれないと一般的に推測することは、許されるであろう。かくして、批判的経済学理論の説明力は、単に日本だけではなく、他の先進諸国に対しても妥当する普遍的な理論的枠組みを提供するものであり、この理論的パースペクティブから、戦後日本の経済発展が、その犯罪動向に対してどのような、そして、どの程度影響を与えているのかを検討することは、理論的に充分興味あることであるといえよう。

2　抑止理論および社会統制理論

　抑止理論および社会統制理論は、それぞれ公式（法的）および非公式（法の領域外）の社会統制メカニズムの有効な働きを問題にするものである。そして、両理論も、戦後日本の犯罪パターンを説明する上で、重要な分析枠組みを提供しているように思える。実際、内外の犯罪学文献においては、高い検挙率によって代表される警察などの刑事司法活動の有効性および集団原理によって特徴づけられる地域、血縁社会中心の非公式な社会統制力の強さなどを根拠にして、日本の犯罪率の低さおよび減少傾向を説明しようとするものが多い[6]。

　この理論的パースペクティブの要点は、多種多様な社会統制メカニズムが、日本社会においては構造的に組織化されており、それらが総合的にミックスして犯罪に対する抑止要因として有効に機能しているということである。つまり。この理論的説明は、単純に抑止理論と社会統制理論とを結合したものである。最近の抑止研究では、刑罰の威嚇力と非公式の社会統制との相対的および累積的抑止効果に焦点を合わせることによって、抑止理論と社会統制理論を理論的に統合しようとする試みがなされるようになってきているのである（Anderson et al., 1977; Bishop, 1984; Grasmick and Green, 1980; Meier and Johnson, 1977; Minor, 1977; Paternoster et al., 1983; Williams, 1985）。このような統合的立場からすれば、刑罰による犯罪抑止のメカニズムは、犯罪に対するより広範な社会統制メカニズムの一部分でしかないということになる。かくて、この統合的立場にもとづいて、総合的な社会統制力の変化という観点から、戦後の犯罪率の推移を分析することは、有意義な作業であるといえよう。

3 統合的アプローチ

　上記の抑止理論と社会統制理論との理論的結合に加えて、これらの理論が、実のところ、犯罪の経済学理論とも親和性をもっているということに着目しなければならない。すなわち、一方では、抑止理論は、犯罪者の意思決定について功利主義的な損失－利得モデルないしは合理的選択モデルに基づいて、刑罰による威嚇力を問題にしているのである。他方では、社会統制理論は、その主唱者であるトラヴィス・ハーシ（Travis Hirschi）自身認めているように、社会的紐帯を構成する要素（とりわけ、関与）の中に損失－利得的考え方を内在させているのである（Hirschi, 1986: 108-109）。かくて、両理論共に、その前提として犯罪行動の合理性を仮定している点で、犯罪の経済学理論ないしは合理的選択理論に類似しており、その限りで、両理論を経済学理論の枠組みの中に統一的に位置づけることができるのである。

　要するに、本研究において採用される理論的モデルは、批判的経済学理論（緊張理論／マルクス主義理論と経済学理論との結合）と抑止－社会統制理論を犯罪行動の合理性という前提仮定のもとに、ひとつに統合しようとしたものである。この統合的アプローチは、犯罪の複合的な決定要因として社会経済的条件と公式・非公式の社会統制力の組織化といった日本社会の構造的および制度的側面の変化に分析の焦点を合わせている。それゆえ、その中心命題は、ある国における犯罪レベルおよびパターンは、社会経済的条件の変化と公式・非公式の社会統制力の変化との相対的および累積的効果によって決定されるであろうということである。

　この統合的モデルの理論的意義としては、次のようなことがあげられよう。ひとつには、日本の低犯罪性の原因に関連して、しばしば見受けられる日本の文化的特殊性を過度に強調する文化主義的説明に与することなく、日本の犯罪動向をアメリカ社会の経験から派生してきた犯罪学理論によって充分に説明することができるということである。その結果として、統合的アプローチは、単に日本のみならず諸外国に対しても妥当しうる犯罪問題の普遍性ないしは犯罪パターンの類似性を明らかにすることに貢献するものである。

　もうひとつは、本来は分析レベルの異なる幾つかの犯罪学理論が、「犯罪行動の合理性」を媒介としてひとつの分析枠組みの中に統合されているということである。すなわち、犯罪の経済学理論、抑止－社会統制理論が、基本的には個人の犯罪行動の発現・抑制メカニズムを説明するためのミクロレベルの理論であるの

に対して、緊張理論およびマルクス主義的犯罪学理論は、全体社会（資本主義社会）における犯罪率の変動を説明することを主眼に置いたマクロレベルの理論である。ところが、マクロレベル理論にとって重要な分析概念となっている社会経済的条件の問題性ないしは合法的・非合法的機会構造の不公平さを、そのような問題を抱えている社会に対する行為者の合理的反応という角度から、行為者が一連の行動の選択肢の中で合理的な意思決定を行うための環境的（外部的）要因として据え直すことによって、犯罪の発現・抑制メカニズムを統一的に理解できる理論的パースペクティブを提供することが可能になるのである。

4　研究仮説

上記の統合的アプローチから、次の四つの一般的な研究仮説が、定式化された。先ず第一に、批判的経済学理論は、次の仮説の中で表現された。

仮説1　経済成長と犯罪率の変化との間には負の関係がある。

批判的経済学理論の立場からすると、社会経済的条件の変化は、一連の経済的拡張と景気後退から成る動態的なプロセスに関連している。経済成長の純粋な効果に関しては、一方では、この理論は、経済成長ないしは経済的豊かさの社会的利得（たとえば、労働市場における合法的経済的機会の増大、物質的の生活水準の向上、教育レベルの向上など）を犯罪の動機づけを思い止まらせる抑止的要因として見なしている。かくて、社会経済的発展の利得的側面と犯罪率との間には負（反比例）の関係が存在していると仮定されている。他方で、この理論は、社会経済的発展の有害的効果（たとえば、経済不況、貧富の差の拡大、都市人口の増大、人口の匿名性や移動性の増大、並びに伝統的な社会的紐帯の弱体化など）を犯罪を助長する要因として見なしている。かくて、社会経済的発展の有害的効果と犯罪率との間には正（比例的）の関係が存在していると仮定されている。

経済成長の影響に関するこのような見方に対して、「犯罪機会の理論」（criminal opportunity theory）ないしは「生活運行アプローチ」（routine activities approach）と呼ばれる代替的理論が、近年合衆国において有力に主張されていることにも留意すべきであろう（Cohen, 1981; Cohen and Cantor, 1980; Cohen and Felson, 1979, Cohen, Felson and Land, 1980; Gould, 1969; Messner and Blau, 1987）。生活運行アプローチは、

経済学理論と同様に、その理論的枠組みの中に経済成長の利得的側面を考慮に入れているけれども、このアプローチは、この利得的側面を犯罪の動機づけに対する抑止的要因としてではなくて、むしろ非合法的活動（とりわけ財産犯）に従事する機会を高めるものとみなしている。すなわち、このアプローチは、皮肉にも経済成長が潜在的な犯罪標的を増やし、その結果、犯罪被害化の危険を高めていると考えている。このアプローチの基本的主張は、犯罪の状況的な決定要因を強調することによって、犯罪が社会生態学的ないしは物理的環境の文脈の中で、犯罪者の合理的な意思決定、そのふさわしい標的の存在、そして犯罪防止のための効果的な監視人の欠如との相互作用の結果として発生するというものである。それゆえ、経済成長と犯罪（とりわけ財産犯）との間には正の関係があると仮定している。

　しかしながら、本研究が生活運行アプローチを採用しなかったのは、次のような理由からである。すなわち、このアプローチは、犯罪がどこで、いつ、そしていかに発生するのかをうまく説明しているけれども、それは犯罪者の動機づけを所与のものとして仮定しており、それゆえ、依然として人がなぜ犯罪を犯すのかを充分に説明できないという理論的問題をもっているからである。これに対して、批判的経済学理論は、主として経済的機会の不公平な利用可能性の観点から、社会における犯罪的動機づけの濃度に関心をもっている。この意味で、批判的経済学理論は、基本的に閉ざされた合法的機会が非合法的機会をより魅力なものにさせるという考え方に依拠する「機会構造理論の経済版」であるともいえる (Thompson et al., 1981: 81)。要するに、批判的経済学理論と生活運行アプローチの見解の相違は、潜在的犯罪者が犯罪を合理的な意思決定にもとづいて行ったかどうかではなくて、むしろ非合法的誘因を引き起こすのに影響を与えうる構造的な社会的環境要因を重要視するか否かという点にあるように思われる。いずれにしても、日本における経済的発展の現実的効果に関する系統的な実証的研究は、ほとんど行われていないのが実情であり、この理論的争点を究明するためにも、日本の経験的データに照らして経済状態と犯罪との関係を分析することは、有意義なことであろう。

　第二に、抑止－社会統制理論は、公式（法的）・非公式（法の領域外）の社会統制力の効果に関わる次の二つの研究仮説の中で表現された。

仮説2 刑罰の威嚇力と犯罪率との間には負の関係がある。

仮説3 社会的紐帯 (social bonding) と犯罪率との間には負の関係がある。

最後に、方法論的に高度に洗練化された最近のアメリカにおける抑止研究は、しばしば犯罪率と刑事司法活動（たとえば、逮捕率、有罪率）との間に相互依存的関係が存在しているかもしれないということを指摘している (Ehrlich, 1973; Pogue, Sampson and Cohen, 1988; Swimmer, 1974; Wilson and Boland, 1978)。すなわち、伝統的な抑止仮説に従って、刑事司法活動の効率性が犯罪率に負の影響を与えることを認める一方で、同時に、犯罪率の増大が刑事司法機関の過重負担を招き、それが刑事司法活動の効率を低下させているのではないかと主張している。これが、いわゆる「資源飽和」(resource saturation) ないしは「処罰の限界」(limits on punishment) 仮説である (Fisher and Nagin, 1978: 365)。同時的モデルは、資源と生産に関する経済学の基本原理から導かれた純理論的なものであるが、日本の刑事司法システムの実態に即して同時的モデルの理論的可能性を検証することは、刑罰の抑止効果を正確に測定するために必要かつ重要な作業であると考える。かくて、次のような研究仮説が、定式化された。

仮説4 刑事司法活動の効率と犯罪率との間には相互依存的関係がある。

こうした一連の研究仮説の中において用いられている概念や変数の操作化については、次節以下において詳細に検討する。

四 研究方法

1 調査研究の設計

本研究の目的は、日本における1954年から1988年までの期間にわたる時系列データを用いて、社会経済的条件と公式・非公式の社会統制力の変化が、全国レベルでの犯罪率の趨勢にどのような影響を与えているのかを分析することにある。この研究目的のために、集合的な時系列的設計 (an aggregate time-series design) が、次のような理由から選ばれた。先ず第一に、時系列的研究と呼ばれる調査設計は、同一の観察単位に対する異なる時点での反復的な調査を実施する

ものなので、異なる観察単位に対する同一時点での調査を目的とする横断的研究よりも、時間の経過による社会の変動を研究するのに適しているということ。第二に、時系列解析は、分析対象となる変数の過去の行動を説明し、かつその将来の行動を予測することを可能にするという大きな利点をもっている（Ostrom, 1990: 5）。第三に、明治以来の長期時系列統計を総合的に編集した『日本長期統計総覧（全5巻）』（日本統計協会、1987～1988）が最近刊行され、集合的レベルでの社会経済的指標の長期的傾向の統計的分析を行うための資料源がかなり整備されたということである。

分析の単位（unit of analysis）は、1954年～1988年までの35年間にわたる日本全体の犯罪率である。つまり、公式の犯罪統計にもとづいて全国レベルまでに集計された犯罪率を直接の調査対象とするもので、本研究は、決して都道府県、市町村、あるいは個人単位の犯罪行動を分析・検討することを目的にしている訳ではないことに注意すべきである。集合的データを用いる社会調査においては、しばしば分析レベルの違いを超えて集合的データから個人的レベルの犯罪行動を説明しようとするために、いわゆる「アグレゲイティブ・ファラシー」（aggregative fallacy）ないしは「生態学的虚偽」（ecological fallacy）の問題、すなわち、集団や地域水準の相関から個人水準の相関を推論する誤りが生ずることはよく知られている（Jupp, 1989: 30-32, 116-118; Nettler, 1984: 100-101; Robinson, 1950）。したがって、このような方法論的問題を可及的に避けるためにも、集合的データを用いる限り、本研究において展開される言説および議論は、もっぱらマクロレベルでの日本全体の犯罪率の変動という広範なパターンに関するものであるということを一応ここで銘記しておくべきであろう。

2　資料源
(1)　第二次資料

1954年から1988年までの社会経済的指標に関する集計的な時系列データは、すべて『日本長期統計総覧（全5巻）』と『日本統計年鑑』（総務庁統計局編、1988～1990）から収集された。『日本長期統計総覧』は、1882年以降ほぼ毎年刊行されている『日本統計年鑑』の長期時系列版と言えるものであり、1954年から1985年までのデータは、この統計書から収集された。1986年以降のデータについては、当該年度の『日本統計年鑑』によって追補された。戦後日本の犯罪データ

(1946~1988) は、『平成元年版　犯罪白書』(法務総合研究所編、1989) から収集された。言うまでもなく、同白書に掲載された犯罪認知件数に関する原資料は、警察庁の『犯罪統計書』である。

なお、本研究が重回帰モデルの推計期間として1954年から1988年までの期間を採用したのは、現調査の時点において分析のために必要のデータを可能な限り過去に遡った結果として、1954年までのデータが最大限利用可能であったからである。

(2) 日本の公式犯罪統計の質

ある社会において現実に発生した犯罪の量を推定しようとする問題関心から、公式の犯罪統計を利用する場合に、研究者が常に留意しなければならないのは、公式統計の妥当性と信頼性の問題である (星野、1973; Jacob, 1984)。一方で、公式犯罪統計の妥当性の欠如の問題の中心は、公式の犯罪記録が現実に発生した犯罪の一部分しか反映していないということである。つまり、この問題は、公式の犯罪統計には決して現われることのない、警察によって認知されない犯罪量に関わるものであり、しばしば犯罪の「暗数」(dark figure) ないしは「過少報告」(underreporting) と呼ばれているものである。他方で、公式統計の不信頼性の問題は、一般にデータの記録及びその報告手続きに関連している。すなわち、信頼性の程度が、しばしばデータ収集上の変化、収集機関によってなされるデータの修正、データ操作、事務的エラーなどの要因によって影響されているというのである。

この二つの大きな問題に即して、日本の公式犯罪統計の質をここで若干批判的に検討しておきたい。前述したように、日本の公式犯罪統計の主たる第一次資料源は、警察庁の『犯罪統計書』である。警察庁は、全国の都道府県警察本部から報告される資料にもとづいて、警察統計を毎年編集・発行している。警察統計は、日本における犯罪現象を様々な角度から最も詳細に分析しているので、研究上とても有益であり多くの研究者・実務家によって利用されている。そして、日本の公式犯罪統計は、長い間この種の統計書の中では最も包括的で、系統的かつ綿密に収集・記録されたものとして世界的に高い評価をえているのである (DeVos, 1973: 331; Ladbrook, 1988: 91; Merriman, 1991: 20-21; Tokuoka and Cohen, 1987: 14)。

日本の犯罪統計書の妥当性と信頼性は、確かに次のような点において、評価で

きる。先ず第一に、戦後を通して犯罪統計書中に収録されている犯罪類型の構成や各犯罪の定義に関して、なんら大きな変更はなかった。このことは、とりわけ、本研究の分析対象となる五つの主要刑法犯（殺人、傷害、強姦、強盗、窃盗）のデータにおける一貫性を保証するものである。第二に、日本は、単一国家で事実上中央集権化された警察制度の下で、統一的な犯罪統計のための報告システムを築いている。つまり、日本の警察機構が全国的統一組織であるということが、そのデータ収集手続きにおける警察統計の一貫性を保証するものとして役立っているということである。第三に、警察行政官による政治的に動機づけられた報告というものが、日本においてはあまり見受けられないということである。すなわち、高級警察官僚は、国家公安委員会によって任免される国家公務員なので、彼らが、地方の有権者や政治家から政治的圧力を直接うけることはあまりないように思われる。このことに関連して、日本ではアメリカと異なり、犯罪問題が国政および地方選挙においてひとつの大きな争点となったことは一度もない。かくして、警察当局がなんらかの政治的利害関係から犯罪データを都合よく操作しようとする傾向は、日本の政治的土壌の中では生じにくいものと思われる。もっとも、警察機構内部での人事及び昇進が、ある程度彼らの犯罪報告の内容に依存する限りで、時として犯罪統計がこのような政治的偏向を帯びる可能性は、否定できないが。

　ところで、以上のような日本の公式統計の質に関する通説的見解は、多分にその質の良さだけを誇張しているきらいがあり、明らかに公式統計に伴う犯罪の暗数という最も重大な問題点を完全に見落としていることに注意しなければならない。公式犯罪統計を実際に発生した犯罪の数を表すものとしてとらえる限り、暗数の問題は不可避であり、この点に関して、日本の警察統計も決して例外ではない。犯罪の暗数率に関して、例えば、日本の『犯罪統計書』とアメリカの『統一犯罪報告書』（Uniform Crime Reports）を比較した場合、両者がほぼ同程度の重大な欠陥を被っていることは、日米両国における一連の被害者化調査によって明らかである（Bayley, 1984: 179; National Statement of Japan, 1980: 2, Bureau of Justice Statistics, 1989: 2; 都市防犯研究センター、1990年、8-14頁）。かくて、日本の警察統計が必ずしも『統一犯罪報告書』よりも正確であると言うことはできないのである。そこで、本来ならば、被害者化調査の方が、警察統計より妥当かつ信頼できるデータを提供しうるので、被害者化データを利用することが望ましいけれど

も、「全米犯罪調査」(National Crime Survey: NCS) のような系統的で大規模な被害実態調査 (1990年に「全米犯罪被害者化調査 (National Crime Victimization Survey: NCVS)」と改称された。) は、残念ながら日本ではごく一部の例外を除いて、実施されていない。それゆえ、暗数の問題を抱えながらも、本研究が警察統計を利用するのは、端的に言えば、少なくとも日本では警察統計が長い期間にわたって犯罪データを系統的に収集した唯一の利用可能な資料源だからである。

3 変数の操作化

(1) 従属（内生）変数

本研究で分析対象となる従属変数は、殺人、傷害、強姦、強盗、並びに、窃盗の各発生率である。殺人、傷害、そして強姦は、暴力犯を代表している。殺人は、主要刑法犯の認知件数中最も少ない犯罪であるが、性質上最も重大な暴力犯罪である。また、傷害は、日本では暴力犯罪の中で最も発生頻度の高い犯罪である。さらに、強姦は、最も暴力的な性的犯罪という点にその特徴がある。他方で、強盗は、暴力犯と財産犯双方の性質を併せもっており、言わば、暴力的財産犯と言える。窃盗は、もちろん財産犯を代表している。窃盗罪は、全刑法犯中で最も認知件数の多い罪種であり、1970年以降は一貫して業過を除く刑法犯認知件数の80％以上を占めている。なお、犯罪発生率の操作的指標としては、従来どおり、「人口10万人当たりの警察に認知された犯罪の件数」が用いられた。

(2) 独立（外生）変数

本研究モデルにおける独立（外生）変数の選択は、批判的経済学理論、抑止－社会統制理論、及び従来の研究がその理論的・経験的重要性を指摘している人口統計的要因（たとえば、年齢構成）から導き出されている。その結果として、このモデルに含まれる変数は、次の四つの理論的構成概念の操作的指標から成っている。すなわち、①社会経済的条件、②抑止（刑罰の威嚇）、③社会的紐帯、そして④年齢構成である。

① 社会経済的条件　社会経済的条件に関わる変数は、社会的および経済的変化を次の4つの側面から測定する。すなわち、(i)経済的機会、(ii)経済的不平等、(iii)物質的な生活水準、そして(iv)都市化である。

(i) 経済的機会　戦後日本の経済成長は、一貫して順調な経済的拡大の連続的プロセスではなく、むしろ、欧米先進諸国と同様に、一連の好景気と不景気か

ら成り立つものとして理解するのが、妥当である（Ito, 1990; Kosai and Ogino, 1984: 19）。そして、このような景気循環の効果が最も良く反映されるのは、雇用状況ないしは労働市場においてであるので、ここでは経済的条件の変動は、労働市場における合法的経済的機会の観点から測定された。経済的機会の操作的指標は、(a)有効求人倍率と(b)失業率である。

第1に、有効求人倍率は、操作的に「公共職業安定所における一般労働者（新規学卒者およびパートタイムを除く）に対する有効求人数を有効求職者数で除したもの」と定義された。労働的機会の利用可能性は、日常生活の安定を高め、それによって個人の犯罪を犯す動機づけを減ずるものと考えられるので、求人倍率の犯罪率に対する直接的効果は、負（negative）であると仮定された。

第二に、失業率は、不況の時には増加し、好景気の時には減少するので、経済的条件ないしは労働市場の条件の一般的な指標として極めて頻繁に用いられている。そして、失業率と犯罪との関係に関するもっとも一般的な見解は、高い失業率は、犯罪率の増加をもたらすであろうということである（Brenner, 1976: 42; Long and Witte, 1981: 132）。この見解によれば、失業（すなわち、雇用と個人所得の減少）は、経済的困窮を克服するために、個人の犯罪を犯す動機づけを高めるものと考えられている。換言すれば、失業によって財政的資源の欠如ないしは不足した者は、常に犯罪の利益を高いものとして認知しがちであるということである（Danziger, 1976: 292; Stack, 1982: 502）。とりわけ、経済的衰退の時期には、犯罪に対する合法的労働の相対的利得が一般的に低下する一方で、犯罪の相対的利得が失業者に対しては増大することであろうことは、容易に予測されるであろう。この点に関して、理論的に留意すべきことは、失業者にとって、犯罪は彼らの収入を生み出すための唯一の有意味な選択肢ないしは代替策であるということ、そして合法的経済活動は経済的不況の時期にはほとんど価値が無いということである。それゆえ、失業率の犯罪率に対する直接的効果は、正（positive）であると仮定された。失業率は、ここでは、操作的に「完全失業者÷労働力人口×100」と定義された。

(ii) **経済的不平等**　本研究は、経済的不平等を所得の不平等と貧困の水準の側から測定する。先ず第一に、所得の不平等は、社会階層間における所得分配の差異に関わるものである。この概念は、しばしば社会のある準拠集団との比較における経済的な必要最小限の生活水準を反映しているという意味において、「相

対的貧困」ないしは「相対的剥奪」の尺度として用いられている（Messner, 1982: 103-104; Stack, 1984: 230-233）。本研究の理論モデルでは、所得格差の拡大は犯罪率の増加をもたらすものと仮定されている。実際、多くの実証研究は、所得不平等が犯罪率に対して正の影響を与えていることを示している（Vold and Bernard, 1986: 139-140）。所得不平等と犯罪の関係については、要するに、社会階層間で所得格差が増大すれば、社会に対する不公平感・不正義感といったものがつのり、そのような社会的不満をバネにして人々は犯罪行動に走りやすくなるという考えにもとづいている。したがって、たとえば、経済的衰退の時期には、企業破産による市場占有力の高度の集中化あるいは相対的に固定化された所得に対する高インフレーションの影響などによって、所得不平等は増大する傾向にあるので、このような時期には所得不平等と関連した犯罪率の上昇があると仮定するのは、それなりの理由があるといえよう（Long and Witte, 1981: 134）。逆に、経済的拡大の時期には、所得や富の分配は、給与所得者の間での給与格差を狭め、そして多くの人々に高い生活水準をもたらすことによってより公平なものになるので、経済的不平等を理由とする犯罪は、減少するものと予想される。

　ところで、所得不平等は、これまで幾つかの方法で測定されている一方で、「ジニ係数」（Gini coefficient）が恐らく最も一般的に用いられている所得不平等の尺度である（Nettler, 1984: 223-224）。しかしながら、本研究ではジニ係数の代わりに所得不平等の社会福祉関係的尺度が、次の二つの理由から採用された。第一の理由は、ジニ係数に関して、本研究の計測期間をカバーする一貫した時系列データが、入手不可能であったということ。その点、社会福祉歳出に関する時系列データは、官庁統計から容易に利用可能であった。第二の理由は、所得不平等に対する社会福祉的アプローチは、一部の経済学者によって有力に支持されている（Aigner and Heins, 1967; Allison, 1978; Atkinson, 1970; Bartels and Nijkamp, 1976）。社会福祉的アプローチは、所得と福祉の機能的関係に焦点を合わせながら、所得の平等は社会福祉的支出の増大を通しての所得再分配政策によって達成されると仮定されている。すなわち、福祉の増額は、一方では、高所得者層に対して彼らの実質的な所得を低下させるが、他方では、低所得者層に対しては比較的高い生活水準を保証するという二重の機能を働いているということである（Stack, 1982: 501）。したがって、この社会福祉的機能の観点からいえば、社会福祉経費が低下していく比率は、所得不平等の厳しさを反映している。要するに、社会福祉プログラム

に対する政府支出は、時として「社会的賃金」(social wages) あるいは「社会的費用」(social expenses) とも呼ばれているが、明示的にその所得の再分配効果によって、社会階層間の経済的平等を達成するものとして理解されうる (Braithwaite and Braithwaite, 1980: 46; O'Conner, 1973; Piven and Cloward 1982)。かくて、本研究で採用された所得不平等の操作的尺度は、「国民所得に占める社会保障関係費の割合」である (Stack, 1982: 504)。この変数の犯罪率に対する直接的効果は、負であると仮定された。つまり、社会保障関係費が増加すればするほど、所得分配の水準はより平等になるので、犯罪率は減少するであろうということである。

さらに、企業規模別の賃金格差も所得不平等の複合的指標として選ばれた。この変数の操作的定義は、「大企業（従業員1,000人以上）における常用労働者の月間きまって支給する給与額に対する中小企業（従業員5〜99人）における常用労働者の月間きまって支給する給与額の比」である。賃金格差の犯罪率に対する直接的効果は、正であると仮定された。

第二に、貧困の水準（絶対的貧困）は、アメリカ犯罪学理論において経済的条件の重要な尺度のうちのひとつとしてしばしば用いられている。批判的経済学理論の立場からすれば、犯罪は、慢性的な失業と不完全就業の状況に直面している貧困者とって金を儲けるための唯一の方法である。そして、貧困者は、通常、実現されない経済的要求と犯罪活動のための時間を共により多くもっているので、もし貧困の水準が高まれば、犯罪率も共に高くなるであろうと仮定している。つまり、貧困の水準は、犯罪率に対して正の影響を与えるということである。

貧困の測定に関して、留意しなければならないことは、貧困の概念は、相対的剥奪（相対的貧困）ないしは経済的不平等のそれとは異なるということである (Vold and Bernard, 1986: 138-141)。一般的に、貧困は、人間の肉体的・精神的生存を保持するために必要な最低限度の生活状態という観点から設定された「貧乏線」(poverty line) の基準に基づいて概念化されている。そして、アメリカにおいては、この貧乏線以下の状態になった人口の割合によって貧困を測定するのが、もっとも一般的な方法である。このような貧困の尺度は、しばしば貧乏線がある一定レベルの生活水準に従って決定されているという意味で「絶対的貧困」(absolute poverty) と呼ばれている (Messner, 1982: 103-104)。

残念ながら、日本においてはアメリカのように貧乏線を基準とした貧困層に関する集計的データが存在していないので、とりあえず本研究では、人口1,000人

当たりの生活保護被保護実人員を絶対的貧困の操作的尺度として採用した。この尺度は、政府による生活保護を受けざるをえないほどの貧困な生活状態にある人口の比率を直接測定するために用いられた。そして、被生活保護者比率の犯罪率に対する直接的効果は、正であると仮定された。

(iii) **物質的生活水準** この概念は、戦後日本の驚異的な経済成長による物質的な生活水準の向上に関連している。前述したように、伝統的経済学理論（ベッカー、アーリックなど）および犯罪機会の理論からすれば、経済的豊かさは、非合法的活動からの報酬の大きさを意味したり、あるいは、犯罪の潜在的被害者によって提供される犯罪機会の多さを意味するので、この経済的要因は、犯罪発生に対して正の影響をあたえるものと予測されている。しかしながら、これに対して、本研究では経済的豊かさを示す生活水準の向上は、犯罪抑制要因として取り扱われている。なぜならば戦後日本の衣食住をはじめとする生活物資の豊かさは、それらを享受している多くの人々にとっては、経済的圧迫から解放された生活の安定を保証するものであり、そして、そのことによって経済的必要性のために犯罪を犯す動機づけを減少させていると考えられるからである。かくて、経済的豊かさを示す変数は、犯罪率に対して負の影響を与えるものと仮定された。

ところで、物質的生活水準は、次の三つの指標によって測定された。すなわち、(a)人口1,000人当たりの保有自動車数、(b)人口1,000人当たりの一般加入電話数、そして(c)人口1,000人当たりの新設着工住宅数である。実のところ、これらの変数は、通常は横断的な国際比較研究（cross-national studies）において、各国間における社会経済的発展の効果の違いを分析するために用いられている（Adler, 1983: 7-12; Shichor, 1990: 68; Wolf, 1971: 113-114）。果たして本研究のような時系列研究において、これらの変数を直接的に用いることが妥当であるかどうかは多少の議論もあろうが、とりあえず時系列の文脈でこれらの分析を試みることにした。

(iv) **都市化** 戦後の日本経済の発展と産業化のプロセスは、結果として大きな社会的変化をもたらした。都市化は、このような社会的変化のひとつの側面として理解されている。この概念は、しばしば人口密度や人口移動の変化の観点から特徴づけられている（Grutchfield et al., 1982: 467-470; Ladbrook, 1988: 85-95; Nettler, 1984: 32-156）。本研究は、全国的規模での社会変動に焦点を合わせているので、総人口の密度と移動性の変化が、都市化の尺度として用いられた。

先ず第一に、人口密度は、「一平方キロメートル当たりの人口数」として操作的に定義された。この尺度は、必ずしも人口密度の犯罪に及ぼす構造的な影響を正確にとらえるものではないが、五年ごとに実施されている「国勢調査」の中間年に対して利用可能なより良い尺度のデータが存在していないので、この尺度が選択された。そして、人口密度の犯罪率に対する直接的効果は、正であると仮定された。なぜならば、より高い人口密度は、潜在的な犯罪被害者のより大きな供給をもたらしたり、人口の密集と関連した個人的な不快感を高めたりしがちになるからである。

　第二に、人口の移動性は、「総人口に対する全人口移動数（自府県内の移動数と他府県からの転入者の合計）の比率」として操作的に定義された。本研究モデルでは、より高い人口移動率は犯罪を増加させるものと仮定された。すなわち、人口移動の犯罪率に対する直接的効果は、正であると仮定された。というのは、人口の移動性は、個人が彼を取り巻く隣人および地域住民との親密な人間的関係を形成する機会を減じてしまうからである。その結果として、個人は、自分の隣人が自分の行動についてどう思っているのかをあまり気にしなくなる。つまり、人口移動率の高い所では、地域社会における隣人の非難が、犯罪抑制要因として充分に機能しなくなるということが考えられるのである。

　② **抑止（法的統制）変数**　　一般抑止（general deterrence）の概念は、通常一般公衆に対する刑罰の威嚇力による犯罪抑制的効果として理解されている。そして、伝統的な抑止刑論は、刑罰の確実性・厳格性と犯罪との間には負の関係が存在すると主張している。事実、過去の多くの集合的データを用いた実証研究は、とくに検挙率や有罪判決率によって表される刑罰の確実性と犯罪率との間の有意味な負の関係を見出だしている。しかしながら、従来の抑止研究における方法論的欠陥（たとえば、制裁変数と犯罪率の間の人工的相関、連立方程式における疑わしい識別性の制約条件、そして隔離効果と抑止効果との混同）を理由として、これらの負の相関が真に抑止効果を示したものといえるのかどうかについては、現在重大な疑いが提起されていることに注意しなければならない（Nagin, 1978: 96-98）。いずれにせよ、本研究は、抑止力としての刑事司法システムの効率性に関心をもっているので、検挙率と有罪率が刑罰の確実性の尺度として採用された。その際に、本研究は、メリマン（Merriman, 1991）の研究のように、犯罪率の細分化された尺度に応じて、罪種別検挙率と罪種別有罪率を用いた。

罪名別検挙率は、「罪名別の警察による認知件数に対する罪名別の検挙件数の比率」(罪名別検挙件数÷罪名別認知件数×100) と操作的に定義された。罪名別有罪率は、「罪名別検挙人員に対する罪名別第一審有罪人員の比率」(罪名別第一審有罪人員÷罪名別検挙人員×100) と操作的に定義された。そして、抑止モデルにしたがって、検挙率および有罪率の犯罪率に対する直接的効果は、各々負であると仮定された。

③ **社会的紐帯**　社会的紐帯 (social bonding) の概念は、家庭および職場に対する絆の強さという観点から測定された。社会的紐帯の中で特にこの二つの側面が、選ばれたのは、家族的連帯および職場・企業等の社会集団に対する帰属意識ないしは忠誠心の高さということが、日本の低犯罪率に貢献しているユニークな文化的要因のひとつとしてしばしば言及されているからである。

そこで、先ず、離婚率が家族の絆の欠如ないしは伝統的家族関係の崩壊の尺度として用いられた。離婚率は、操作的に「人口1,000人当たりの離婚数」として定義された。社会統制理論は、「深い愛情や尊敬の念をもった個人は、自分が関心を持っている人々を害したりまたはそうした人々の不承認を招くことを欲しないので、犯罪に従事することはない」と考えている (Agnew, 1985: 47)。したがって、研究モデルは、離婚が伝統的な家族関係を崩壊し、そして家庭を通しての非公式の社会統制力を弱め、そのことによって高い犯罪率に帰着することになるということを予測している。つまり、離婚率の犯罪率に対する直接的効果は、正であると仮定された。

次に、常用労働者一人平均月間総実労働時間数 (製造業) が、労働者の会社に対する絆の強さないしは勤勉さの尺度として採用された。この変数は、まさに、ハーシの社会的紐帯理論 (social bond theory) を構成している「忙殺」(involvement) 的要素の指標としてふさわしいものであろう。ハーシは、「ある人が仕事や余暇活動などの通常の活動に忙しく従事している場合、それだけ逸脱行動に走る時間が少なくなる」という仮説を主張した (Hirschi, 1969: 22)。それゆえ、労働時間の犯罪率に対する直接的効果は、負であると仮定された。

最後に、労働争議率が、労働者の会社に対する絆の欠如の尺度として用いられた。労働争議率は、「労働争議を伴う争議件数を単位労働組合の組合員数で除したもの」として操作的に定義された。労働争議率の犯罪率に対する直接的効果は、正であると仮定された。

④ **人口の年齢構成**　年齢と犯罪の関係については、従来より「犯罪率は刑事責任年齢の最下限から増加し、青年期ないしは若年成人期において頂点に達し、そしてそれからは年齢とともに着実に減少する」ということが、指摘されている (Farrington, 1986; Steffensmeier et al., 1989; Steffensmeier and Harer, 1987)。このような犯罪の年齢分布パターンは、日本においても看取することができる。たとえば、『平成元年版　犯罪白書』(法務総合研究所編、1989: 9) によれば、1988年に交通関係業過を除く刑法犯検挙人員の58.5%が、15歳から24歳までの年齢層であった。明らかに、このデータは、近年の日本において犯罪が主として少年および若年成人の問題であるということを物語っている (法務総合研究所編、1989: 489-490)。

ところが、従来の集合的レベルの時系列データにもとづいた実証研究の経験的証拠に関する限り、日本における年齢構成 (とくに少年・若年成人人口) と犯罪率の関係は、今のところまだ確定的ではない。一方では、ガードナー＝パーカー (Gartner and Parker, 1990) の研究は、年齢構成 (15歳から34歳までの男性人口) と犯罪率 (殺人) との有意味な関係を支持しなかった。他方、メリマン (Merriman 1988) と松村＝竹内 (1990) の研究は、20歳から29歳までの若年成人人口と殺人との有意味な正の関係を見出した。かくて、年齢構成の真の効果を見極めるために、従来の研究とは異なる推計期間を採用したり、あるいは殺人のみならず他の罪種にも分析対象を拡大することによって、日本において年齢構成の推移が犯罪率にどのような影響を及ぼしているのかを検討するのは、それなりに有意義な作業であるといえよう。

以上の理由から、人口の年齢構成が、本研究モデルにおいてひとつの社会背景的変数として導入された。年齢構成の操作的尺度は、日本において高い犯罪傾向を示す年齢層である、15歳から24歳までの少年および若年成人の人口比率である。本モデルは、少年および若年成人人口の比率が高くなればなるほど、犯罪率も増加するということを示唆する。それゆえ、年齢構成変数の犯罪率に対する直接的効果は、正であると仮定された。

要約として、表1は、本研究において用いられる変数とそれに対応する各操作的指標並びに各関係の予想される方向性 (符号条件の指定) を示したものである。

第3章 戦後日本における犯罪率の推移

表1 変数一覧表[注]

変　数	操作的尺度	効果の期待される符号
内生変数		
(1)　犯罪率：	人口十万人当たりの警察に認知された犯罪件数	
Y1：殺人		
Y2：傷害		
Y3：強姦		
Y4：強盗		
Y5：窃盗		
(2)　検挙率：	犯罪認知件数に対する犯罪検挙件数の比率	(−)
X1：殺人		
X2：傷害		
X3：強姦		
X4：強盗		
X5：窃盗		
(3)　有罪率：	犯罪検挙人員に対する第一審有罪人員の比率	(−)
Z1：殺人		
Z2：傷害		
Z3：強姦		
Z4：強盗		
Z5：窃盗		
外生変数		
(1)　社会経済的条件		
V1：有効求人倍数	公共職業安定所における一般労働者に対する有効求人数を有効求職者数によって除したもの	(−)
V2：失業率	15歳以上の労働力人口における完全失業者の割合	(+)
V3：社会的賃金	国民所得に占める社会保障関係費の割合	(−)
V4：賃金格差	大企業労働者の月間給与に対する中小企業労働者の月間給与の比	(+)
V5：貧困	人口千人当たりの生活保護被保護者実人員	(+)
V6：自動車	人口千人当たりの保有自動車数	(−)
V7：電話	人口千人当たりの一般加入電話数	(−)
V8：住宅	人口千人当たりの新設着工住宅数	(−)
V9：人口移動	総人口に対する全人口移動数（自府県内の移動者数と他府県からの転入者数の合計）の比率	
V10：人口密度	一平方キロメートル当たりの人口数	(+)
(2)　社会的紐帯		
V11：離婚率	人口千人当たりの離婚数	(+)
V12：労働時間	製造業における常用労働者一人平均月間実労働時間数	(−)
V13：労働争議率	争議行為を伴う争議件数を単位労働組合の組合員数によって除したもの	(+)
(3)　人口の年齢構成		
V14：年齢構成	15歳から24歳までの人口の割合	(+)

注　資料源については付表1（本書170頁）を参照。

4 データ解析の戦略

重回帰分析（multiple regression analysis）が、一連の独立変数の各々における変動の従属変数における変動に対する直接的効果を推定するために用いられた。重回帰分析の適切な使用のためには、研究者は、回帰モデルについての諸仮定（the regression assumptions）および統計的有意性検定（tests of statistical significance）に関連した多くの方法論的・技術的問題に対処しなければならない。したがって、本研究ではこのような問題に対処するべく、次のような戦略が立てられた。すなわち、(1)変数の自然対数変換、(2)分布ラグ・モデル（a distributed lag model）の特定化、(3)自己相関の問題に対処するための方策、(4)多重共線性の問題に対処するための方策、そして(5)二段階最小二乗法による連立方程式モデルの推定である。

(1) 変数の自然対数変換

通常最小二乗法（ordinary least squares: OLS）による回帰分析は、変数間の関係式が線形であることを仮定している。この基本的仮定を満たしつつ、本研究モデルは、従来の計量経済学的手法にもとづく時系列研究においてほぼ通例となっているように（Evans, 1977; 松村＝竹内、1990年; Merriman, 1988 and 1991; Wolpin, 1980）、自然対数上の線形回帰式として特定化された。回帰式全体の自然対数変換は、理論的理由というよりむしろ次のような技術的理由にもとづいている。すなわち、それは通常の線形回帰式よりも線形回帰モデルについての「正規分布の仮定」（誤差項は正規分布に従うという仮定）を満たすのにより良く役立つということ（Ehrlich, 1975a: 217-218; Tufte, 1974: 108-134）。そして、その結果として、モデルの統計的検定を容易にするということである。また、対数線形回帰式の特定化は、もしある変数の測定における誤差の大きさが、その変数の水準に比例するならば、測定誤差（measurement error）の影響を最小限度にするのに役立つともいわれている（Kleck, 1979: 896）。

(2) 分布ラグ・モデルの特定化

モデルを構築するとき、通常ある変数の影響は、即時的に生じると仮定されている。つまり、期間 t における独立変数（Xt）の全効果は、同時期の従属変数（Yt）だけに現れ、この期間内に完了すると仮定されている。これに対して、時系列モデルでは、ある変数の影響が長い期間にわたって分布しうると仮定するほうがより現実的な場合がしばしば生ずる。換言すれば、このことは、期間 t にお

ける従属変数（Yt）の変動が同期の独立変数（Xt）のみならずその過去の値（Xt-1, t-2, …）にも依存していることを意味している。もしこのように独立変数の効果が長い時間を通して徐々に生ずるならば、研究者は、時間的遅滞のない変数（nonlagged variables）のみならずラグ付き変数（lagged variables）をも明示的に含まなければならない。通常、この種のモデルの特定化が、「分布ラグ・モデル」（a distributed lag model）と呼ばれている（Ostrom, 1990: 58-60；ジョンストン、1976: 335-368。ピンディック＝ルビンフェルド、1981: 245-262）。ラグ付き変数ないしは分布ラグ・モデルの使用は、経済的条件と犯罪の関係に関心をもった最近の時系列研究（e.g., Brenner, 1976; Cantor and Land, 1985; Cohen and Felson, 1979; Cohen et al., 1980; Land and Felson, 1976; Parker and Horwitz, 1986）や抑止研究（e.g., Ehrlich, 1973 and 1975b, Fox, 1979; Greenberg and Kessler, 1982; Greenberg et al., 1979）においてしばしば見受けられる。

　本研究では、過去の研究例および常識にもとづいて、経済的および法的効果は、長期間にわたって続くであろうと一応仮定したうえで、社会経済的条件および刑罰の抑止力を表す変数については、同期の変数と一期（1年）遅れのある変数を共に含む分布ラグ・モデルが特定化された。すなわち、今年の犯罪率（Yt）の値は、今年と前年における説明変数の効果の総和（Xt + Xt-1）に依存していると仮定された。

　ただし、分布ラグ・モデルを使用するにあたっては、幾つかの問題が生ずることに注意しなければならない。「その第一は、どれだけの長さの遅れを含むべきかについて実際には、理論的に正確な信頼できる指標はないということである」（ジョンストン、1976年、336頁）。本研究は、メリマン（Merriman, 1991）の研究に従って、一期（1年）のラグ構造を用いているが、メリマン自身彼のラグ構造の期間について明確な理論的正当化を与えている訳ではない[7]。

　第二の問題は、データ・セットにおける観察（ケース）のサイズが、ラグ付き変数のラグの長さに応じて縮減されることになるということ。もしデータ・セットにおける観察の数が、ごく少数の場合には長いラグの使用は回帰分析の適用を妨げることになる。したがって、本研究のデータ・セットが1954年から1988年までの35年間の観察データにもとづく比較的小規模なものであるということを考慮するならば、調査対象となるラグの長さも自ずから制約されざるを得ないであろう（Ostrom, 1990: 59）。

最後の最も重要な問題は、分布ラグ・モデルでは、t 期間に観測された変数と t-1, t-2期などで観測されたラグ付き変数とが互いに高い相関をもつので、いわゆる多重共線性の問題が生じ、パラメータ推定値が不正確なものになるということである（ジョンストン、1976: 336; ピンディック＝ルビンフェルト、1981: 246; Maddala, 1988: 355）。この問題を解消するために最もよく利用される推定法が、多項式分布ラグ（polynomial distributed lags）と呼ばれる方法である。本研究では、LIMDEP コンピュータ・プログラムが、多項式分布ラグ・モデルの推定のために用いられた（Greene, 1985: 102-104）。

(3) **自己相関の問題に対処するための方策**

線形回帰モデルについての基本的な仮定の一つは、誤差項（error terms）には自己相関が存在しないということである。自己相関は、系列相関（serial correlation）とも呼ばれることもあるが、要するに、異なる観測値に対応する誤差が相関している状態を意味する。自己相関の問題は、横断的データでは隣接する単位（例えば、市町村とか都道府県）の間で生じうるけれども、通常は時系列データにおいてより一般的なものである。時系列データでは、自己相関というのは、現時点の観測値に対応する誤差の影響がそれ以降の時点に持ち越される場合に生じる（ピンディック＝ルビンフェルト、1981: 124-125）。

一般に、自己相関の存在は、OLS 推定値の不偏性と一致性には影響しないが、有効性には大きな影響を与える。したがって、信頼区間（confidence interval）は、不必要に幅広くなり、統計的検定がもはや妥当なものではなくなる。すなわち、OLS 回帰係数は、とても不正確に推定され、この係数に関して役に立つ推論をすることは非常に困難になるのである（Berry and Feldman, 1985: 77-78; Gujarati, 1978: 225-226; ジョンストン、1976: 282）。

自己相関をもつ誤差項は、このように OLS 推定法の使用に関して重大な問題となるので、誤差間の自己相関の存在を検定し、そしてもし自己相関が存在するならば、それを修正できるようにすることが、非常に重要である。いくつかある自己相関の検定法の中で、ダービン＝ワトソン検定（the Durbin-Watson test）が、現在最もなじみ深い検定法である（ピンディック＝ルビンフェルト、1981: 133-136）。SPSSX や LIMDEP のような大抵のパッケージ化されたコンピュータ回帰分析プログラムは、ダービン＝ワトソン統計量をその出力結果の中に与えているので、この検定法は、とても簡単に利用できる。

ダービン＝ワトソン検定の結果、もし自己相関の存在が判明した場合には、この問題を修正するための特別の推定技法が利用可能である。恐らく最も広く用いられている技法は、「推定された一般化最小二乗」(estimated generalized least squares: EGLS) とよばれる推定方法である (Ostrom, 1990: 32)。この方法は、単純な OLS 推定とは異なり、まず初めに、残差項が一次の自己回帰過程 (the first-order autoregressive process) に従う場合に、一次の自己相関係数 (coefficient of autocorrelation: Rho)、すなわち、t 期の誤差と t-1 期の誤差との間の相関係数を推定し、そしてそれから、推定された Rho ($=\rho$) を適当に用いてもとのデータを変換し、そして変換されたデータに OLS を適用するという一連の手続きからなる。

一次の自己相関をもったモデルに対して EGLS 推定を使用する場合、自己相関係数の推計の仕方、時系列の一番最初の観測値の取り扱い方、そして特別のコンピュータ・プログラムの必要性などの違いに応じて、様々な EGLS 推定法が、開発・提案されている。本研究では、そのうちの一つである「反復的プレイス＝ウィンステン法」(the iterative Prais-Winsten method) が採用された (Kmenta, 1986: 319; Ostrom, 1990: 34)。この方法は、LIMDEP コンピュータ・パッケージによって容易に実行することができる (Greene, 1985: 126)。

(4) 多重共線性の問題に対処するための対策

重回帰モデルにおける仮定の一つは、独立変数間に完全な多重共線性が存在しないということである (Berry and Feldman, 1985: 37-50; Gujarati, 1978: 171-192; Kennedy, 1985: 146-156; Lewis-Beck, 1980: 58-66; ピンディック＝ルビンフェルド、1981: 78-80)。多重共線性というのは、モデルに含まれる二つないしはそれ以上の独立変数が相互に高度の相関関係を有している場合をいう。実際問題として、完全な多重共線性が存在するというのは稀ではあるけれども、社会経済データ (たとえば、教育、社会的地位、政党の支持、所得、富など) を用いた重回帰分析においては、独立変数間の相関が極端に高い場合が、しばしば生じる。時系列データもまた多くの経済系列 (たとえば、生産、所得、雇用データ) が、同一方向に移動する傾向にあるので、多重共線性を示すことが多い (Schroeder et al., 1986: 71-72)。

多重共線性による主な影響としては、OLS パラメータの推定値が、信頼できないものになるということである。つまり、高度の多重共線性によって係数推定値の標準誤差が、非常に大きくなり、その結果、係数に対する信頼区間がとても

幅広くなり、そして有意性検定に対するt統計量が、とても小さくなるからである。このように推定の精度が低下することによって、結局は、各独立変数の影響を区別することが、非常に困難となる（ジョンストン、1975: 183-184）。それゆえ、重回帰モデルにおいては、多重共線性の存在を点検し、そしてもし多重共線性の程度が高い場合には、この問題をなんらかの方法で処理することが必要である。

　本研究において採用された多重共線性の点検方法は、次の二つである。ひとつは、「相関係数行列」（a matrix of bivariate correlation）の使用である。これは、最もよく用いられている方法であるが、通常0.8以上の高い相関係数をもった二変数間の相関係数の組み合わせを相関係数行列から探し出すという方法である。二変数間の相関係数に関する情報は、SPSSX コンピュータ・プログラムの出力結果から容易に入手可能である。もうひとつの点検方法は、トレランス統計量（tolerance statistics）を利用するというものである。トレランス（1 − R squared）値は、モデルに含まれる独立変数（Xi）と他のすべての独立変数との間の決定係数（R squared）を計算することによって、他のすべての独立変数によって説明できない独立変数（Xi）の分散の割合を算出したものである。多重共線性の尺度としてトレランス統計量が用いられる場合、通常0.1以下の値が重大な多重共線性を示していると言われている（Kennedy, 1985, p. 153）。したがって、高いトレランス値がパラメータ推定にとって望まれるところである[8]。トレランス統計量もSPSSXの出力結果から容易に入手可能である。

　次に、もし高度の多重共線性が存在した場合、本研究では、次の二つの問題解決方法が、試みられた。ひとつは、推定すべき回帰式から共線関係にある二つの変数のうちの一つを除くということである。ただ、ここで注意しなければならないのは、この方法は、確かに多重共線性の問題を軽減するかもしれないが、その代わりに特定化誤差（specification error）という別の問題を引き起こすかも知れないということである。特定化誤差（これは想定誤差と訳されることもある。）は、しばしば適切な独立変数が回帰式から除かれているときに生ずるものである。かくて、もし回帰式に含まれている各独立変数が適切な理論的概念の指標であるならば、たとえ共線関係にあったとしても、モデルから共線的変数を除くというのは、必ずしも良い考えであるとはいえない。なぜならば、特定化誤差は、係数推定量に偏りを生じさせるので、この影響は、多重共線性の問題性よりも重大でありうるからである。

もうひとつの方法は、共線関係にある二つあるいはそれ以上の変数を単一の指標に結合し、そして相関関係にある変数の代わりに、この新しい複合的変数を使用するというものである。ただし、この方法は、単一の指標に結合される複数の変数が同一の基本的な理論的概念の指標である場合のみ適切なものである（Berry and Feldman, 1985: 48）。かくして説明的因子分析（explanatory factor analysis）が、一連の共線的変数をそれらの基礎となっている要因に縮減させるために用いられた。

(5) 連立方程式モデルに対する二段階最小二乗法

連立方程式モデル（simultaneous-equation models）を用いて、犯罪率と抑止変数の相互依存関係を検定することが最近の抑止研究における主要課題の一つであることは、前述したとおりである（本書86頁参照）。ここでは、本研究の理論仮説に基づく連立方程式モデルの特定化と推定方法の問題について検討する。

一般に、連立方程式モデルにおける変数は、内生変数（endogenous variables）と外生変数（exogenous variables）に大別される。内生変数は、モデル内の他の変数によって因果的に決定される変数であるのに対して、外生変数は、モデルの外部から決定される変数である。本研究においては、犯罪率の変動を説明するためのモデルの中に検挙率と有罪率が抑止力を表す変数として含まれているので、両変数は、犯罪率とともに内生変数として扱われた。他のすべての変数が、外生変数として扱われた。かくして、犯罪率変動構造式は、三つの内生変数を含んでいるので、検挙率と有罪率をそれぞれ被説明変数とする二つの構造式（structural-equations）が付け加えられた。その結果、合計三つの構造方程式から成る連立方程式体系が構築された。

連立方程式体系の中で、検挙率変動構造式は、犯罪率、警察経費、一期（一年）遅れの検挙率、並びに誤差項の関数として表現された。警察経費の変数（人口一人当たりの警察経費）が、この回帰式に含まれたのは、警察活動の財政的基礎の変動が検挙率に与える影響を測定するためである。一期遅れの検挙率は、いわゆるラグ付き内生変数（lagged endogenous variables）として、前年度の検挙率が今年度の検挙率に及ぼす影響をとらえるために導入された。誤差項は、従属変数としての検挙率が当該回帰式に含まれる独立変数で説明できないすべての部分を表現する、確率変数である。検挙率変動構造式においてとくに留意しなければならないのは、外生変数の警察経費は、内生変数としての検挙率に対して直接的効果

四 研究方法

を与えるが、他の内生変数（犯罪率と有罪率）には直接的効果を与えることはないと先験的に（a priori）に仮定されているということである。つまり、警察経費が犯罪率予測式から除外されたのは、警察経費の変動というのは犯罪率に即時的に影響を及ぼすことはなく、むしろ通常はある一定の期間経てから影響を及ぼすであろうという常識的考えにもとづいている。このように問題となる構造方程式に対してのみ含まれて、他の構造方程式からは排除されうるような外生変数の存在は、連立方程式モデルに対する識別性のための制約条件（identification restrictions）を課するために有用なものとなる。

　有罪率変動構造方程式は、犯罪率、裁判所経費、一期遅れの有罪率、並びに誤差項の関数として特定化された。裁判所経費（人口一人当たりの裁判所経費）がこの回帰式に含まれているのは、それが直接的には裁判所の刑事事件を処理する能力に影響を及ぼすであろうし、そのことによって有罪率にも当然作用するものと予想されたからである。警察経費の場合と同様に、裁判所経費も有罪率にのみ直接的効果を及ぼすが、他の内生変数に対してはそうではないと先験的に仮定されている。つまり、この外生変数が犯罪率予測式から除外されているのも、警察経費と同じ理由で、犯罪率に対して即時的というよりはむしろある一定の時間的遅滞をもって作用するであろうと考えられるからである。

　しかしながら、ここで留意しなければならないことは、検挙率と有罪率のための構造方程式における各説明変数の検挙率と有罪率に対する影響の方向性に関しては、先験的に指定することができないということである。なぜならば、符号条件の指定について、現時点で充分な理論的正当化が確証されておらず、たとえば、警察経費や裁判所経費の増加は、検挙率や有罪率をそれぞれ低下させるかもしれないし、あるいは、反対に上昇させるかもしれないからである。いずれの場合であっても、重要なことは、これからの変数が、連立方程式モデルの識別性と推定にとって有効な道具になるということである。かくして、連立方程式モデルを構築する主たる目的は、犯罪率と刑事司法活動の効率性との間には相互依存的関係があるとする理論仮説の下で、検挙率と有罪率の犯罪抑止効果をより正確に推定することに置かれている。

　それはそれとして、上記のように特定化された連立方程式モデルを推定する前に、問題となっている方程式が識別可能かどうかを次に検討しなければならない。これが、いわゆる「識別性」（identification）の問題であり、いかなる条件の

もとで構造パラメータの一致推定が当該構造方程式から得られるのかどうかという問題に関わるものである(9)。もし問題となる方程式が識別可能（identifiable）ならば、パラメータの一致推定値を得ることができる。他方、もし方程式が識別不能（unidentifiable）あるいは識別不足（under-identifiable）ならば、パラメータの一致推定値を得ることができない。それだけに、識別性の問題は、連立方程式モデルを使用する際に研究者が取り組まなければならない最も困難な問題である。識別性の問題は、そもそも単純な OLS 推定では二変数間の相互作用的影響（X→YとY→X）を適切に区別することができないということに起因している。すなわち、連立方程式モデルを構成する各構造方程式の説明変数（右辺）の中には、先決変数（外生変数とラグ付き内生変数）だけではなく。当期の内生変数が通常一個以上含まれている。そのために、OLS を個々の構造方程式に適用すると、どの内生変数を「従属変数」として選んだとしても、残りの内生変数はその方程式の残差項と一般に相関をもつことになり、OLS 回帰モデルの前提仮定が満たされず、OLS 推定は不偏性も一致性ももたないパラメータ推定値となるのである（ジョンストン、1976: 431）。

そこで、連立方程式モデルを識別するための条件というものが、通常与えられている。ひとつは、「次数条件」（order condition）と呼ばれているもので、それは、「もし方程式が識別可能であるとすれば、その方程式に含まれない先決変数の数が、その方程式に含まれる内生変数の数から一を引いた数に等しいかまたはそれよりも大きくなければならないということである」（ピンディック＝ルビッフェルド、1981: 319）。もし方程式に含まれない先決変数（predetermined variables）の総数がモデル体系の内生変数の数から一を引いた数に丁度等しい場合には、その方程式は丁度識別可能（just identifiable）といわれる。また、もし方程式に含まれない先決変数の総数がモデル体系の内生変数の数から一を引いた数より大きい場合には、その方程式は過剰識別（over-identifiable）と呼ばれる。ちなみに、過剰識別と丁度識別可能との違いは、後者が前者より推定しやすいということだけである（Maddala, 1988: 332）。

ただし、ここで注意しなければならないのは、次数条件は構造方程式が識別可能であるための必要条件ではあるが、十分条件ではないということである。すなわち、この条件が満たされても当該方程式が識別不能になることがありうるということである。それゆえ、識別のための必要十分条件というものをチェックしな

ければならない。この条件は、「階数条件」(rank condition) によって与えられている。階数条件は、連立方程式体系における特定の構造式から除外されているが、他の構造方程式に含まれている変数の構造に基づくものである[10]。

　識別の条件にとってさらに重要なことは、連立方程式モデルの識別性は、一般的に次数および階数条件のもとに、モデルに含まれる外生変数が内生変数の一つにだけ直接的影響を及ぼすが、他の内生変数にはそうではないということを先験的に仮定することによって、確保され得るということである。これは、「識別性のための制約条件」(identification restrictions) (Nagin, 1978: 118; Fisher and Nagin, 1978: 365) あるいは「変数の除外基準」(the exclusion of variables criterion) とか「ゼロ制約基準」(zero restriction criterion) とも呼ばれる (Gujarati, 1978: 363)。しかしながら、ここで問題となるのは、この種の先験的制約条件が、犯罪学研究において大きな確信をもって課されることは稀であり、むしろ識別手続はしばしば妥当でなかったり、非常に恣意的であったりするということである (Fisher and Nagin, 1978: 372-374)。もしある変数が推定を容易にするためにだけで問題となる方程式から除外されるとするならば、その係数推定値は依然として一致性を持たないであろうし、連立方程式モデルに関する推論にとって不適切なことである。このような事情をふまえて。本研究では、上述したような連立方程式モデル体系内の各構造方程式に対しあくまでも常識的判断から識別のための制約条件を課し、いくつかの先決変数（外生変数とラグ付き内生変数）を問題となる各方程式から除外した。そして、それにもとづいて、さらに次数および階数条件を当てはめながら各構造方程式の識別性を検定した。

　連立方程式モデルを識別した後に、初めてモデル推定の問題を検討する段階となる。連立方程式の推定法は、大きく分けて各方程式を個別に推定する「単一方程式法」(single-equation methods) と各方程式のもつ事前情報をすべて用いて全方程式を同時に推定する「完全体系法」(Complete system methods) に区分される（ジョンストン、1976: 436）今日最も重要でかつ広く用いられている推定法は、単一方程式法を代表する「二段階最小二乗法」(two-stages least squares method: 2SLS; TSLS) である。基本的に2SLS法は、関係式の右辺に含まれる説明変数としての内生変数と誤差項との相関を漸次的に小さくするために、OLS法を二段階に分けて適用する推定法である。操作的には、2SLSの第一段階は、OLSを使って推定される方程式に説明変数として含まれている内生変数の各々を連立方程式体系

に含まれる全先決変数に回帰すること、つまり説明変数としての内生変数の誘導形（reduced form）方程式を推定することによって当該内生変数の予測値を獲得することを目的としている。2SLSの第二段階では、推定される方程式に含まれている説明変数としての内生変数を第一段階で得られたその予測値で置き換え、そしてこの式に再びOLS回帰を実行するのである。この第二段階でOLS法を適用して得られたパラメータ推定量が2SLS推定量であり、それは一致性をもつことになる。

2SLSは、その単純さ（OLSの2回続けての適用）、計算の容易さ（コンピュータ・プログラムの利用可能性と短時間で推定できるということ）、そして望ましい統計的特性（一致性）のためにとても有用な推定方法である。2SLSの有用性に関して、より重要なことは、2SLSは回帰モデルについての基本的な仮定の違反に対してとても頑健な（robust）方法であるということである。つまり、2SLS推定値は、適度の違反によっては実質的に歪められることはないものとみなされている（ジョンストン、1976: 479）。以上のような理由から、本研究でも2SLSが採用された。2SLSは、LIMDEPコンピュータ・プログラムによって容易に遂行された（Greene, 1985）。

五　データの分析

1　戦後の犯罪動向に関する記述分析（1946-1988）

まず始めに、予備的作業として、戦後日本の犯罪推移の特徴を記述するために、1946年から1988年までの間において従属変数として選ばれた5つの主要刑法犯の各発生率、検挙率、そして有罪率の推移を『犯罪白書』からの第2次資料にもとづいて順次検討する。

(1) 罪名別犯罪発生率の推移

表2は、窃盗、傷害、強姦、強盗、そして殺人の各発生率（人口10万人当りの認知件数）の推移を見たものである。

① 窃　盗　　図1は、窃盗の認知件数と発生率の推移を描いたものである。終戦直後の1946年に、窃盗の発生率は、1,580.3を記録し、それは戦後最高の数値となっている。1946年と1953年の間には、その発生率は、かなりの減少傾向を示し、それから1953年から1966年までにかけては若干の起伏はあるものの約

表2　罪名別認知件数及び発生率（1946年～1988年）

年次	窃盗 認知件数	窃盗 発生率	傷害 認知件数	傷害 発生率	強姦 認知件数	強姦 発生率	強盗 認知件数	強盗 発生率	殺人 認知件数	殺人 発生率
1946	1,155,392	1,580.3	7,927	10.8	611	0.8	9,120	12.5	1,791	2.4
1947	1,141,294	1,461.3	11,865	15.2	863	1.1	9,106	11.8	1,938	2.5
1948	1,246,445	1,558.0	21,434	26.8	1,936	2.4	10,854	13.6	2,495	3.1
1949	1,165,605	1,425.4	32,627	39.9	2,732	3.3	8,780	10.7	2,716	3.3
1950	982,341	1,180.7	42,769	51.4	3,558	4.3	7,821	9.4	2,892	3.5
1952	995,641	1,177.7	43,890	51.9	3,268	3.9	6,124	7.2	2,865	3.4
1952	986,987	1,150.2	48,396	56.4	3,735	4.4	6,140	7.2	2,871	3.3
1953	931,791	1,071.3	52,525	60.4	3,517	4.0	5,296	6.1	2,944	3.4
1954	948,587	1,074.7	58,545	66.4	4,148	4.7	5,753	6.5	3,081	3.5
1955	1,056,974	1,183.9	65,978	73.9	4,046	4.5	5,878	6.6	3,066	3.4
1956	1,007,649	1,117.5	66,883	74.2	3,749	4.2	5,285	5.9	2,617	2.9
1957	1,005,101	1,105.4	70,023	77.0	4,121	4.5	5,029	5.5	2,524	2.8
1958	990,602	1,079.5	73,985	80.6	5,988	6.5	5,442	5.9	2,683	2.9
1959	1,027,992	1,109.5	73,014	78.8	6,140	6.6	5,192	5.6	2,683	2.9
1960	1,038,418	1,111.6	68,304	73.1	6,342	6.8	5,198	5.6	2,648	2.8
1961	1,051,874	1,115.6	68,321	72.5	6,487	6.9	4,491	4.8	2,619	2.8
1962	1,055,237	1,108.7	63,918	67.2	6,125	6.4	4,142	4.4	2,348	2.5
1963	1,066,044	1,108.7	59,730	62.1	6,239	6.5	4,021	4.2	2,283	2.4
1964	1,057,531	1,088.2	61,282	63.1	6,857	7.1	3,926	4.0	2,366	2.4
1965	1,027,473	1,045.5	58,702	59.7	6,648	6.8	3,886	4.0	2,288	2.3
1966	1,001,412	1,011.2	59,080	59.7	6,583	6.7	3,558	3.6	2,198	2.2
1967	954,549	952.7	59,234	59.1	6,393	6.4	3,009	3.0	2,111	2.1
1968	975,347	962.5	57,822	57.1	6,136	6.1	2,988	3.0	2,195	2.2
1969	1,008,013	983.1	54,392	53.1	5,682	5.5	2,724	2.7	2,098	2.1
1970	1,039,118	1,001.9	50,836	49.0	5,161	5.0	2,689	2.6	1,986	1.9
1971	1,026,094	975.9	46,090	43.8	4,862	4.6	2,439	2.3	1,941	1.9
1972	1,006,675	935.6	43,194	40.1	4,677	4.4	2,500	2.3	2,060	1.9
1973	973,876	892.6	43,385	39.8	4,179	3.8	2,000	1.8	2,048	1.9
1974	1,013,153	916.3	37,687	34.1	3,956	3.6	2,140	1.9	1,912	1.7
1975	1,037,942	927.2	34,136	30.5	3,704	3.3	2,300	2.1	2,098	1.9
1976	1,049,748	928.2	32,536	28.8	3,239	2.9	2,095	1.9	2,111	1.9
1977	1,073,393	940.2	32,479	28.5	2,945	2.6	2,095	1.8	2,031	1.8
1978	1,136,648	986.8	28,938	25.1	2,897	2.5	1,932	1.7	1,862	1.6
1979	1,107,477	953.5	26,431	22.8	2,810	2.4	2,043	1.8	1,853	1.6
1980	1,165,609	995.7	26,264	22.4	2,610	2.2	2,208	1.9	1,684	1.4
1981	1,257,354	995.7	25,778	21.9	2,638	2.2	2,325	2.0	1,754	1.5
1982	1,313,901	1,006.4	25,202	21.2	2,399	2.0	2,251	1.9	1,764	1.5
1983	1,335,258	1,106.7	23,803	19.9	1,970	1.7	2,317	1.9	1,745	1.5
1984	1,365,705	1,117.1	23,540	19.6	1,926	1.6	2,188	1.8	1,762	1.5
1985	1,381,237	1,135.2	22,302	18.4	1,802	1.5	1,815	1.5	1,780	1.5
1986	1,375,096	1,130.2	21,171	17.4	1,750	1.4	1,949	1.6	1,676	1.4
1987	1,364,796	1,116.3	21,046	17.2	1,823	1.5	1,874	1.5	1,584	1.3
1988	1,422,355	1,158.4	21,516	17.5	1,741	1.4	1,771	1.4	1,441	1.2
Mean	1,100,552	1,097.4	43,418	44.4	3,930	4.0	4,065	4.4	2,219	2.3
Min	931,791	892.6	7,927	10.8	611	0.8	1,771	1.4	1,441	1.2
Max	1,422,355	1,580.3	73,985	80.6	6,857	7.1	10,854	13.6	3,081	3.5
CRV(%)	12.59	14.30	42.98	48.72	45.50	48.75	57.86	73.12	19.93	33.89

注1）　発生率は、人口10万人当りの認知件数である。罪種別発生率は、原資料には掲載されていないので、筆者によって計算されたものである。その数値は、小数点第一位で四捨五入されている。
　2）　CRV＝相対的変動係数（coefficient of relative variation）。変動係数は、[標準偏差÷平均]×100として計算された（原資料にもとづいて筆者によって計算された）。

資料源：法務総合研究所『平成元年版犯罪白書』（1989年）付表2　602-605頁。

図1 窃盗の認知件数と発生率の推移（1946年〜1988年）

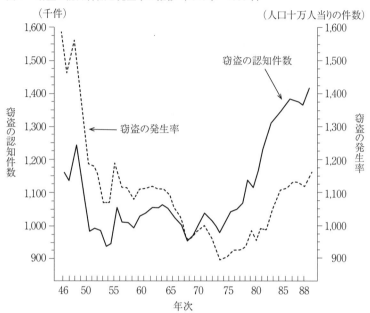

1,000から1,100台の範囲内で相当に安定した推移を見せている。1967年には、戦後ではじめて1,000台を下回り、その後1986年から1970年の3年間は多少の増加傾向をしたけれども、1971年から再び減少し始め、1973年の発生率は、892.6で、戦後最低の記録をしるした。ところが、1974年からは、一転して、漸増傾向を示し、1988年には1,158.4まで増加した。

図1を見ても明らかなように、戦後の全期間を通して唯一の注目すべき窃盗率の変動は、1948年から1950年にかけての大きな減少——24％の減少——があったということである。それ以外の期間における窃盗率の変動の幅は、せいぜい900から1,100にかけての比較的狭い範囲内であった。したがって、1974年以降の漸増傾向にもかかわらず、全体として見れば、1950年以来窃盗の発生率には、ほとんど大きな変化がなく比較的安定した推移を示していると言えるであろう。

② 傷害　1946年の傷害の発生率は、10.8で、戦後の全期間を通して最低の値であった。1946年と1958年の間にかけて、その発生率は、370％の増加をもって著しく上昇し、とくに、1958年には、戦後最高の80.6に達した。ところ

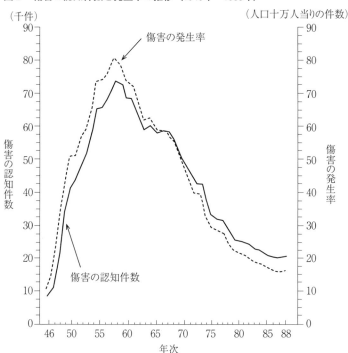

図2 傷害の認知件数と発生率の推移（1946年～1988年）

が、1959年から1987年にかけて、傷害の発生率は、一貫して減少傾向にある。1988年の発生率は、前年（17.2）に比べて、若干増加して17.5を記録したが、1986年から1988年の3年間は、ほぼ横ばい傾向と言える。

　図2が示しているように、傷害の発生率の推移は、窃盗のそれとは全く異なるパターンを描いているのが分かる。すなわち、窃盗率が1946年から1950年までの期間に25％減少したのに対して、傷害率は、同時期に予想もできないくらい高い370％の増加をもったということ、さらに窃盗率が1957年以降漸増傾向にあるのに対して、傷害罪は、1959年以来着実に減少傾向にあるということである。

　③　強　姦　　1946年の強姦発生率は、0.8で戦後最低の数値を記録している。それ以来その発生率は、1964年に戦後最高の数値である7.1に達するまで着実に増加した。ところが、1965年からは、強姦発生率は、徐々に減少しはじめて、1986年には1.4までに減った。1987年と1988年の発生率は、それぞれ1.5と

図3 強姦の認知件数と発生率の推移（1946年〜1988年）

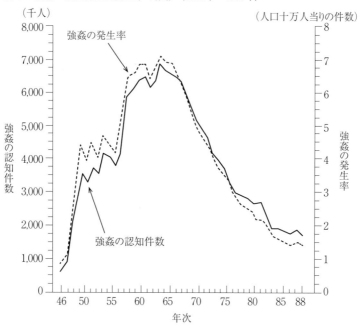

1.4でほぼ横ばい状態にあると言えよう。

　図3が示しているように、全体として、戦後の全期間を通しての強姦発生率の推移は、傷害のそれと類似していた。すなわち、強姦や傷害の推移は、1950年代後半から1960年代前半にかけてピークに達し、そしてそれ以降は着実に減少傾向にあるということである。それゆえ、強姦率の減少傾向が窃盗率の推移のパターンとは対照的であることは言うまでもない。強姦率の推移についてもうひとつの特徴は、最近4年間（1985-88）、強姦率は、強盗と殺人の各発生率とほぼ全く同じ水準にあったということである（表2参照）。

　④ **強　　盗**　　強盗の発生率は、終戦直後の1946年に12.5を記録し、1948年には戦後最高の13.6でそのピークに達した。しかしながら、それ以来強盗発生率は、減少傾向にあり、1953年には6.1にまで下がり、そして、1967年には3.0まで下がった。さらに、1973年に1.8にまで減少してからは、強盗発生率は、1988年まで多少の起伏はあるものの全く安定した状態にある。1988年の発生率は、1.4で戦後最低の数値を示しており、それは戦後最高だった1948年のそれの約10分の

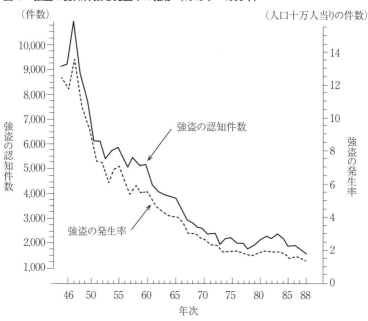

図4 強盗の認知件数と発生率の推移（1946年～1988年）

1であった。

　興味深いのは、強盗発生率の推移パターンは、終戦直後の期間（1946-50）に頂点に達したという点で窃盗の推移パターンと類似しているが、他方で1960年代以降の減少傾向は、傷害や強盗の推移パターンと類似しているということであった（図4参照）。

⑤　殺　人　　殺人の発生率は、戦後の期間を通して、横ばいないしは減少傾向にあるのが観察された。終戦直後の5年間（1946-50）に、殺人発生率は、1946年の2.4から1950年の3.5まで増加したけれども、その発生率は1950年から1955年までの次の5年間には3.3と3.5の間でほぼ横ばい状態で推移した。1956年に殺人率が2.9にまで下がると、1969年までは2.9と2.1の狭い範囲の間で推移した。1970年には、殺人率は、戦後初めて2.0以下の水準にまで下がった。こうして、1988年の殺人率（1.2）は、戦後最低記録を更新している。

　殺人率の推移のパターンを他の犯罪のそれと比較してみると、殺人率のパターンは傷害率のそれと最もよく似ているのが分かる（図5参照）。すなわち、殺人率

図5 殺人の認知件数と発生率の推移（1946年〜1988年）

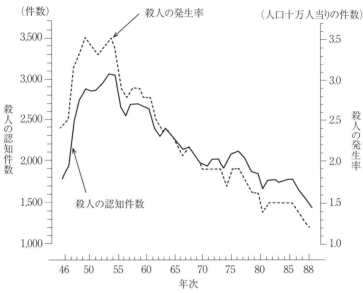

が1950年代初めにピークに達して以来、それは1988年までゆっくりと減少しつつ推移している。同様に、傷害率は、1950年代後半にピークに達したが、その後着実に減少傾向にある。また、殺人率のパターンは、戦後の全期間（1946-88）を通して分析対象となった5つの主要犯罪の中で、最も安定した推移を示した。さらに、注目すべきことは、殺人率の水準が、1970年代初め以降の強盗罪と1970年代半ば以降の強姦率とあまり違わないということである。とりわけ、最近の4年間（1985-88）は、前述したように、殺人率は、強盗と強姦の各発生率とほぼ同じ低水準にあった。

最後に、要約的に言えば、罪名別犯罪発生率の戦後の推移に関して、最も注目すべき点は、窃盗の発生率が、傷害、強姦、強盗、そして殺人に対する発生率とは異なるパターンを示したということである。すなわち、窃盗の発生率だけが、1970年代中半から漸増傾向にある一方で、他の犯罪発生率は、すくなくとも1960年代以降は緩かに減少傾向を示しているのである。

(2) 罪名別犯罪検挙率の推移

表3および図6は、5つの主要刑法犯の検挙率（認知件数に対する検挙件数の比

図6 罪種別検挙率の推移（1946年〜1988年）

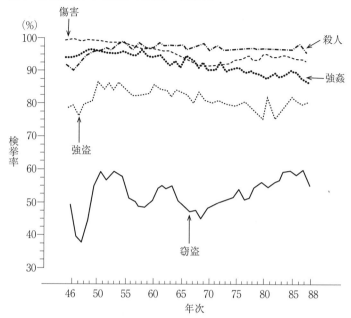

率）について1946年から1988年までの推移を見たものである。5つの主要刑法犯の検挙率すべてが、戦後の全期間を通して非常に安定していることが、はっきりと観察された。殺人と傷害に対する検挙率は、常に90％以上の高水準を示している。また、強姦に対する検挙率は、1946年から1978年まで殺人と傷害の場合のように、常に90％以上の水準を保っていたが、1979年以降は90％を少し下回る水準で安定している。1988年に強姦の検挙率は、86.4％まで減少したが、戦後を通して全体としてみれば、殺人や傷害に対する検挙率との間にはまだ注目すべきほどの大きな差異はない。同様に、強盗に対する検挙率は、戦後の全期間を通して殺人、傷害、そして強姦に対する検挙率ほど高くはないけれども、比較的高い80％台の水準で推移している。他方、窃盗に対する検挙率は、1948年の37.4％の最低値と1987年の60.2％の最高値との間の範囲内で推移しながら、5つの主要犯罪の中で最も低い水準を示した。窃盗検挙率は、終戦直後の期間（1946-50）適度な変動を示したけれども、その後は多少の起伏はあるものの、かなり安定した傾向を見せている。

表3 罪名別検挙件数及び検挙率 (1946年～1988年)

年次	窃盗 検挙件数	窃盗 検挙率	傷害 検挙件数	傷害 検挙率	強姦 検挙件数	強姦 検挙率	強盗 検挙件数	強盗 検挙率	殺人 検挙件数	殺人 検挙率
1946	568,637	49.2	7,828	98.8	538	88.1	7,097	77.8	1,648	92.0
1947	443,575	38.9	11,790	99.4	805	93.3	7,241	78.8	1,744	90.0
1948	466,682	37.4	21,198	98.9	1,820	94.0	8,282	76.3	2,290	91.8
1949	504,021	43.2	32,287	99.0	2,630	96.3	6,945	79.1	2,544	93.7
1950	526,921	53.6	42,342	99.0	3,437	96.6	6,285	80.4	2,781	96.2
1951	585,383	58.8	43,460	99.0	3,149	96.4	5,336	87.1	2,758	96.3
1952	558,064	56.5	47,831	98.8	3,586	96.0	5,106	83.2	2,788	97.1
1953	557,996	59.9	51,722	98.5	3,363	95.6	4,541	85.7	2,839	96.4
1954	555,628	58.6	57,738	98.6	3,986	96.1	4,792	83.3	3,017	97.9
1955	605,411	57.3	65,026	98.6	3,906	96.5	5,027	85.5	3,008	98.1
1956	512,241	50.8	65,520	98.0	3,568	95.2	4,436	83.9	2,550	97.4
1957	506,172	50.4	68,265	97.5	3,917	95.1	4,122	82.0	2,444	96.8
1958	474,895	47.9	71,667	96.9	5,795	96.8	4,481	82.3	2,628	98.0
1959	491,044	47.8	70,319	96.3	5,836	95.1	4,277	82.4	2,593	96.7
1960	519,984	50.1	65,761	96.3	6,020	94.9	4,293	82.6	2,562	96.8
1961	561,746	53.4	65,751	96.2	6,166	95.1	3,849	85.7	2,565	97.9
1962	574,645	54.5	61,477	96.2	5,839	95.3	3,492	84.3	2,283	97.2
1963	574,583	53.9	57,312	96.0	6,011	96.4	3,358	83.5	2,222	97.3
1964	575,420	54.4	58,934	96.2	6,575	95.9	3,200	81.5	2,299	97.2
1965	514,805	50.1	56,202	95.7	6,330	95.2	3,278	84.4	2,228	97.4
1966	484,549	48.4	55,424	93.8	6,258	95.1	2,941	82.7	2,124	96.6
1967	450,144	47.2	54,979	92.8	5,976	93.5	2,481	82.5	2,014	95.4
1968	463,167	47.5	53,357	92.3	5,656	92.2	2,407	80.6	2,117	96.5
1969	453,629	45.0	49,880	91.7	5,269	92.7	2,277	83.6	2,032	96.9
1970	493,240	47.5	46,179	90.8	4,747	92.0	2,179	81.0	1,927	97.0
1971	494,921	48.2	42,073	91.3	4,456	91.7	1,966	80.6	1,852	95.4
1972	503,935	50.1	39,593	91.7	4,334	92.7	2,051	82.0	2,009	97.5
1973	491,900	50.5	39,898	92.0	3,811	91.2	1,611	80.6	1,967	96.0
1974	517,693	51.1	34,871	92.5	3,612	91.3	1,709	79.9	1,837	96.1
1975	535,760	51.6	31,762	93.1	3,391	91.6	1,833	79.7	2,024	96.5
1976	564,285	53.8	30,361	93.3	2,970	91.7	1,689	80.6	2,036	96.5
1977	548,502	51.1	30,408	93.6	2,650	90.0	1,698	81.1	1,968	96.9
1978	599,309	52.7	27,370	94.6	2,606	90.0	1,507	78.0	1,805	96.9
1979	605,913	54.7	24,668	93.3	2,509	89.3	1,558	76.3	1,807	97.5
1980	641,382	55.3	24,600	93.7	2,322	89.0	1,667	75.5	1,637	97.2
1981	688,085	54.7	24,247	95.4	2,355	88.0	1,895	81.5	1,709	97.4
1982	726,032	55.3	23,665	93.9	2,144	89.4	1,684	74.8	1,713	97.1
1983	747,981	56.0	22,321	93.8	1,748	88.7	1,799	77.6	1,698	97.3

1984	801,481	58.7	22,249	94.5	1,726	89.6	1,725	78.8	1,712	97.2
1985	827,818	59.9	21,059	94.4	1,624	90.1	1,497	82.5	1,717	96.5
1986	806,634	58.7	19,849	93.8	1,541	88.1	1,529	78.5	1,620	96.7
1987	821,831	60.2	19,585	93.1	1,593	87.4	1,465	78.2	1,552	98.0
1988	792,752	55.7	19,827	92.2	1,505	86.4	1,390	78.5	1,399	97.1
Mean	575,321	52.1	41,411	95.2	3,676	92.7	3,302	81.0	2,141	96.5
Min	443,575	37.4	7,829	90.8	538	86.4	1,390	74.8	1,399	90.0
Max	827,818	60.2	71,667	99.4	6,575	96.8	8,282	87.1	3,017	98.1
CRV(%)	18.99	10.13	43.80	2.75	47.07	3.29	56.91	3.58	20.19	1.73

注1) 検挙率は、検挙件数÷認知件数×100である。罪種別検挙率は、原資料には掲載されていないので、筆者によって計算されたものである。その数値は、小数点第1位で四捨五入されている。
資料源：日本統計協会『日本長期統計総覧』第5巻（1988年）表24-1 382-385頁。総務庁統計局『日本統計年鑑』（1990年）表22-1 717頁。

　要するに、戦後における犯罪検挙率の推移の特徴は、5つの主要刑法犯に対する検挙率がすべて極めて安定した傾向にある一方で、窃盗の検挙率の水準と他の犯罪の検挙率の水準との間には大きな差異が存在しているということである。このことは、次の3つの研究上の含意を示唆しているように思われる。第1に、抑止要因としての検挙率は、戦後の全期間を通してあまり有意味な変動がなかったので、戦後における犯罪率の変動パターンとは無関係であるかもしれないということ。これは、回帰分析の適用にとってひとつの問題となるかもしれない。なぜならば、回帰分析は、ほとんど変化をしないような変数の影響をみつけることが困難であるからである。つまり、日本の検挙率は、ほぼ一定しており、そのために検挙率の係数の標準誤差が大きくなり、その結果として有意性検定について判断をくだすのが困難になるかもしれないからである。これは、また、変化しない変数は、因果的に他の変数の変化の原因ではありえないので、理論的説明の問題とも関連するであろう。

　第2は、窃盗に対する検挙率と他の犯罪に対する検挙率のレベルの差異は、警察当局が様々な重大性をもった犯罪に置いている捜査の重点の違いを反映しているかもしれないということ。つまり、犯罪の質から言うと、重大な犯罪は、多数検挙され得るが、軽微な犯罪の検挙には警察はあまり力を注がない傾向があるかもしれないということである。

　第3は、検挙率が1955年以降とても高い水準で安定しているのは、部分的には戦後日本の警察制度が高度に中央集権化された警察力として再組織化された1954年の「警察法」に起因しているかもしれないということ。抑止力の有無に関し

118 第3章 戦後日本における犯罪率の推移

て、これは、上記の第一点と一見矛盾するように見えるが、日本の警察は高い検挙率をもたらしている点においてとても効率的であり、したがって、1955年以降警察の犯罪抑止効果は存在しているように思われると主張することもできるであろう。

(3) **罪名別有罪率の推移**

表4および図7は、1948年から1988年までの期間における5つの主要犯罪の罪名別有罪率（検挙人員に対する第一審有罪人員の比率）の推移を見たものである。有罪率のデータの期間の始期が1948年からなのは、第一審有罪人員に関する戦後のデータが1948年から利用可能であったからである。窃盗の有罪率は、1948年に36.1％という戦後最高の記録で始まり、その後は多少の起伏はあるものの、全体としてみると減少傾向にある。1988年の有罪率は、5.8％にまで下がり、これは戦後最低の記録となっている。

窃盗の発生率との比較でみた場合、有罪率も発生率も共に終戦直後の期間に頂点に達していたけれども、有罪率のその後の一貫した減少傾向は、1974年以降の

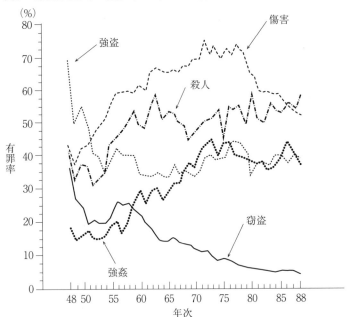

図7 罪種別有罪率の推移（1948年～1988年）

表4 罪名別第一審有罪人員及び有罪率（1946年～1988年）

年次	窃盗		傷害		強姦		強盗		殺人	
	有罪人員	有罪率	有罪件員	有罪率	有罪人員	有罪率	有罪人員	有罪率	有罪人員	有罪率
1946	n.a.	n.a.	n.a.	n.a.	n.a.	n.a.	n.a.	n.a.	n.a.	n.a.
1947	n.a.	n.a.	n.a.	n.a.	n.a.	n.a.	n.a.	n.a.	n.a.	n.a.
1948	99,632	36.1	11,120	42.5	314	17.7	9,233	68.0	1,194	41.2
1949	72,540	26.4	14,058	36.8	440	14.8	5,182	50.1	953	32.1
1950	64,990	23.8	20,741	42.2	600	16.1	4,920	55.0	1,164	37.8
1951	61,859	19.4	21,856	42.7	601	17.2	3,525	49.7	1,157	37.2
1952	56,726	20.7	25,630	45.6	602	15.0	2,615	40.5	958	31.3
1953	47,415	19.5	29,295	48.3	527	15.1	2,144	39.6	1,011	32.7
1954	46,173	19.6	35,034	50.9	666	15.6	2,032	34.7	1,160	34.6
1955	52,692	21.7	43,710	55.0	835	18.2	2,546	38.3	1,403	42.9
1956	55,126	26.2	48,198	59.2	856	19.2	2,473	42.5	1,295	45.3
1957	51,474	25.2	51,315	59.4	928	17.3	2,208	40.1	1,261	47.6
1958	45,896	26.0	53,950	59.7	1,644	19.2	2,486	40.7	1,474	50.7
1959	43,987	24.2	52,740	59.4	2,153	26.2	2,330	40.4	1,581	53.3
1960	40,350	22.3	51,235	61.4	2,382	29.5	1,901	34.2	1,404	49.4
1961	36,208	19.3	51,537	60.6	2,101	25.9	1,669	33.6	1,403	48.0
1962	32,248	17.5	51,913	65.6	2,196	29.0	1,520	33.5	1,387	55.4
1963	29,121	15.6	49,322	67.0	2,314	30.5	1,492	35.5	1,431	58.4
1964	26,898	13.9	50,233	65.4	2,221	26.5	1,326	33.0	1,271	50.8
1965	27,972	14.8	48,561	65.8	2,426	28.7	1,350	32.9	1,272	53.5
1966	28,627	15.5	49,513	66.7	2,634	32.1	1,427	37.6	1,201	52.7
1967	25,175	14.8	48,386	65.7	2,590	32.2	1,088	34.6	1,121	50.4
1968	24,095	14.5	48,160	67.7	2,733	35.4	1,064	35.8	1,134	49.4
1969	22,665	14.1	44,572	67.0	2,566	37.5	1,005	34.2	1,015	43.2
1970	21,489	12.4	42,405	68.8	2,391	37.2	959	33.7	1,004	46.8
1971	20,277	12.0	39,005	69.5	2,444	41.9	921	36.0	1,036	48.6
1972	20,565	12.3	39,207	75.8	2,330	42.6	951	39.7	1,117	51.1
1973	17,462	10.0	37,961	71.6	2,141	44.7	841	40.5	1,101	52.1
1974	17,578	9.2	34,069	72.7	1,868	41.7	804	38.1	1,004	53.7
1975	19,406	9.8	29,709	69.5	1,745	43.1	884	39.4	956	43.9
1976	19,524	9.7	29,518	72.7	1,506	44.4	873	42.7	1,164	55.1
1977	18,392	8.9	28,864	70.9	1,233	40.5	813	44.5	1,084	54.8
1978	18,080	7.8	26,828	73.7	1,147	39.9	766	43.8	1,043	56.6
1979	17,394	7.4	24,022	71.6	1,062	38.5	733	40.5	891	48.4
1980	16,928	6.8	22,916	65.6	1,052	39.5	695	33.7	1,022	60.5
1981	17,735	6.6	21,962	63.5	970	36.5	807	38.0	888	51.9
1982	18,007	6.4	20,266	59.4	916	37.9	781	37.7	891	50.4
1983	17,516	6.1	19,270	59.7	698	35.4	763	36.9	1,022	57.1

1984	17,993	6.1	19,031	58.8	686	36.0	840	41.4	978	54.7
1985	17,830	6.3	17,539	58.9	706	39.0	720	40.5	974	53.1
1986	17,224	6.6	16,067	56.6	702	44.5	686	37.2	978	57.8
1987	16,442	6.3	15,162	55.2	661	41.1	715	41.9	908	55.0
1988	14,601	5.8	14,702	52.9	566	38.2	632	38.4	833	59.2
Mean	32,593	14.8	34,137	61.0	1,443	31.3	1,725	39.7	1,124	49.0
Min	14,601	5.8	11,120	36.8	314	14.8	632	32.9	833	31.3
Max	99,632	36.1	53,950	75.8	2,733	44.7	9,233	68.0	1,581	60.5
CRV(%)	59.33	50.73	40.51	15.85	55.04	32.45	93.28	16.59	16.62	15.63

注1) 有罪率は、第一審有罪人員÷検挙人員×100である。罪種別有罪率は、原資料には掲載されていないので、筆者によって計算されたものである。その数値は、小数点第一位で四捨五入されている。
 2) n.a.：入手不可能。
資料源：法務総合研究所『平成元年版犯罪白書』(1989年) 付表3 606-609頁。同『平成2年版犯罪白書』(1990年) 11-12表 123頁、11-14表 125頁。日本統計協会『日本長期統計総覧』第5巻 (1988年) 24-2-b表 387-391頁。総務庁統計局『日本統計年鑑』(1990年) 22-1表 717頁。

発生率の漸増傾向とは対照的である。この点については、有罪率の抑止効果の低下という観点から説明ができる一方で、『平成元年版 犯罪白書』は、別の角度から次のような説明を与えている。すなわち、「このことは、戦後の混乱期の窃盗については、生産財、食糧などをねらった工場荒らし、店舗荒らし等が多く、窮乏生活下の不法事犯として厳しい措置が採られたが、その後、経済が復興し、繁栄するに伴って、窃盗の動機及び態様等が変化し、自転車盗や万引きなど、比較的軽微な事犯が多発するものの、スリや侵入盗など犯情が重い事犯は減少していることによるものと思われる」と（法務総合研究所編、1989: 289）。

さらに、留意すべき点は、他の犯罪の有罪率と比較して、窃盗の有罪率が非常に低いということである。窃盗有罪率の平均は、戦後の全期間を通して14.8%であった。これは、とりわけ、軽微な窃盗事犯についてはなるだけ正式の公判手続を回避するために、警察および検察が政策的判断にもとづいて司法前段階で微罪処分や起訴猶予処分を多用した結果であると思われる。したがって、通常、裁判段階にまで係属している窃盗事犯は、犯事の質という観点から見ると、被害の大きな犯情の重いケースが多いものと推測される。

傷害に対する有罪率は、戦後を通して1949年の36.8%を最低値とし、1972年の75.8%を最高値とする範囲内で適度な変動を示している。ただし、1979年から1988年の10年間の間に有罪率は、71.6%から52.9%まで減少しているが、傷害の発生率はそれと平行して減少していることから、有罪率の犯罪抑止効果に関しては、傷害罪に関する限り、あまり多くを期待できないかもしれない。

強姦に対する有罪率は、1948年から1960年代後半まで強姦の発生率と同様に緩やかな上昇傾向を示した。しかしながら、1970年代前半からはその発生率が一貫して減少傾向にあったのに対して、有罪率は、常に約40％の水準で推移しており、とても安定した傾向にある。したがって、ここでも強姦に対する有罪率と発生率の関係は、抑止効果の観点から見ると、今一つはっきりしていないように思われる。

強盗に対する有罪率は、1948年に67.9％の高い水準で始まり、1953年には40.5％まで低下した。1952年以降では、有罪率は、32.9％と44.5％との狭い範囲の中でとても安定した推移を見せている。1988年には、有罪率は、38.4％であった。強盗に対する有罪率と発生率を比較すると、強盗の有罪率は、その発生率と多少異なるパターンを示している。すなわち、一方では強盗の発生率は近年ほぼ横ばい状態であるが、戦後を通して全体として見れば、減少傾向にあるのがうかがわれる。他方、その有罪率は、終戦直後の一時期（1948-1952）を除けば、戦後の期間を通して、比較的安定した推移を示している。それゆえ、強盗の有罪率の犯罪抑止効果に関しては、多少懐疑的になる理由があるように思われるし、そしてもし抑止効果があるとしても、恐らく最小限であると推測される。

殺人の有罪率は、戦後の全期間を通して、1952年の31.3％の最低値と1980年の60.5％の最高値の範囲内で推移している。殺人の有罪率は、殺人の検挙率よりは幾分大きく変動しているので、説明変数としてより有益かもしれない。しかし、殺人の発生率が1950年代以降漸次減少傾向にあるのに対して、殺人有罪率はなんら特定のパターンを示していないのが分かる。したがって、殺人の有罪率と発生率の関係は、抑止効果の観点からすれば、あまり確定的な結論は出ないように見える。

要するに、いくつかの興味深い結果が罪名別有罪率の分析から得られた。先ず第１に、問題となる五つの主要犯罪に対する有罪率の水準は、それに対応する検挙率に比べて相当低かったということ。とりわけ、窃盗に対する有罪率の極端な低さは、警察および検察が軽微な事犯を司法前の段階で処理していることに起因しているものと思われる。第２に、有罪率と発生率の推移を比較してみると、窃盗に対する有罪率だけが窃盗発生率と対照的な傾向を示していたのに対して、他の犯罪に対する有罪率はほとんどそれらの発生率とそれぞれ平行的な傾向を示した。第３に、５つの主要犯罪に対する各有罪率の変動の幅は、それぞれに対応す

る検挙率のそれよりも幾分大きかったけれども、戦後の全期間を通して全体的に見れば、なんら実質的に有意味な変動はなかったと言えよう。このことから、有罪率の犯罪抑止効果に関して、若干の疑念が生じることになる。かくて、問題となっている5つの主要犯罪の戦後の推移が、抑止効果の観点から、果たして高い評価を得ている刑事司法機関の効率性と関係があるのかどうか、あるいは本研究の理論的パースペクティブにおいて重要であると考えられている他の変数（たとえば、社会経済的要因並びに社会的紐帯）が戦後における犯罪率の推移に影響を与えているのか否かを解明するためにより詳細な分析を行う必要がある。

2 回帰モデルの分析（1954-1988）

1954年から1988年までの35年間の時系列データにもとづいて、重回帰分析が理論モデルの推定のために行われた。その際に、回帰モデルの妥当性を確認・評価するために、一連の回帰診断（regression diagnostics）が順次行われ、そこで得られた最終的なモデルが検定された。それゆえ、ここでの回帰分析は、次の一連の作業過程から成る。(1)探索的因子分析（exploratory factor analysis）がデータ・セットにおける多重共線性の問題を軽減するために実行された。(2)モデルに含まれている全変数が自然対数に変換された。(3)モデルにおける説明変数の最良の組み合わせを選択するために、後退消去（backward elmination）と強制加入（forced entry）を含む回帰戦略（regression strategy）がOLS回帰によって遂行された。(4)多重共線性の問題が相関係数行列とトレランス統計量を用いてチェックされた。(5)社会経済的条件及び抑止を表す変数のタイム・ラグ効果が、多項式分布ラグ・モデルを使用してテストされた。(6)2SLS推定値が抑止変数と犯罪率の同時的相互依存関係を検定するために計測された。(7)時系列回帰分析における主要な関心事である、誤差項には自己相関は存在しないという仮定が、誤差の分散は説明変数の値によらず一定であるという仮定、すなわち、等分散性（homoscedasticity）と一緒に、最終的な最良の当てはめをもった回帰式についてテストされた。この回帰診断の結果、モデルに自己相関や不均一分散（heteroscedasticity）の問題が生じたところで、前節で述べた方法を使用して、これらの問題が修正された。そして、このような修正された最終的な最適合回帰モデルの推定結果が最後に提示された。

(1) 因子分析の結果

表1ですでに示したように、犯罪率を推定するためのモデルは、3個の内生変数と14個の外生変数を含んでいる。このデータ・セットにおける多重共線性の問題を軽減するために、高度に相関して、しかも関連のあるまたは重複していると思われる幾つかの外生変数が、探索的因子分析法によって一つの共通因子に合成された。表5は、因子負荷行列 (factor loadings matrices) の結果を示している。先ず第1に、有効求人倍率 (V1) と失業率 (V2) の2変数を合成することによって、労働市場における経済的機会を表す共通因子が作られた。この因子 (ECONOPP1と略) は、犯罪率に対して負の影響を持つことが期待されている。第2に、保有自動車数 (V6)、加入電話数 (V7)、そして新設着工住宅数 (V8) の3変数を合成することによって、豊かな生活水準の程度、すなわち社会発展の利点を表す共通因子が作られた。この因子 (BENESD1) もまた犯罪率に対して負の影響をもつことが期待されている。第3に、労働時間 (V12) と労働争議 (V13) の

表5 因子負荷行列 (Factor Loadings Matrices)[a]

(1) 経済的機会因子 (ECONOPP1/LNECON)[b]

変 数	(Factor Loadings) 因子負荷	(Communalities) 共通性
有効求人倍率 (V1)	.902	.813
失業率 (V2)	-.902	.813
固有値 (Eigenvalue)	1.626	
寄与率 (% of variance explained)	81.3	
累積寄与率	81.3	

(2) 生活水準因子 (BENESD1/LNBSD)[b]

変 数	(Factor Loadings) 因子負荷	(Communalities) 共通性
保有自動車 (V6)	.951	.951
加入電話 (V7)	.961	.924
新設住宅 (V8)	.809	.654
固有値 (Egenvalue)	2.529	
寄与率	84.3	
累積寄与率	84.3	

(3) 労働争議因子 (INVOLV1/LNWORK)[b]

変 数	(Factor Loadings) 因子負荷	(Communalities) 共通性
労働時間 (V12)	-.907	.822
労働争議 (V13)	.907	.822
固有値	1.645	
寄与率	82.2	
累積寄与率	82.2	

注 a. 因子分析は、一つの共通因子を特定化することによって縮約された。
b. ( ) 内の最初の名称は自然値における変数で、二番目の名称は自然対数型の変数である。

図8 日本の犯罪推移の予備的モデル（1954年〜1988年）

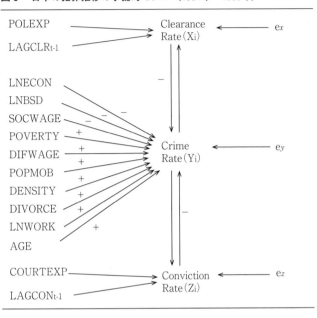

2 変数を合成することによって、会社に対する労働者の絆の欠如を表す共通因子が作られた。この労働争議因子（INVOLV1と略）は、犯罪率に対して正の影響をもつことが期待されている。かくて、当初の14個の外生変数は、10個にまで縮減された。

(2) 自然対数によるデータ変換

次に、縮減された10個の外生変数と 3 個の内生変数を含む犯罪率を推定する回帰式全体が、自然対数型に変換された。図 8 は、犯罪率の推移に関する予備モデルを図示したものである。それは、3 個の内生変数（犯罪率 Y_i、検挙率 X_i、有罪率 Z_i）に対してそれぞれひとつの関係式をもった 3 元連立方程式である。表 6 は、本研究において用いられる全変数の記述統計（平均と標準偏差）の結果を示している。

(3) 回帰戦略——後退消去と強制加入

最良の当てはめをもった回帰式（best-fitting regression equations）を特定化し、そして推定するために、次のような回帰戦略（regression strategy）が適用された。

表 6　記述統計（1954年～1988年）

Endogenous Variable	Mean (ln)	SD (ln)	Mean (Natural Values)	Exogenous Variable	Mean (ln)	SD (ln)	Mean (Natural Values)
(1) Crime Rate				LNECON	.119	.922	1.520
Y1 : larceny	6.949	.081	1045.251	[ln(Econoppl)]			
Y2 : bodily injury	3.685	.546	45.583	SOCWAGE	2.250	.372	10.169
Y3 : rape	1.299	.554	4.192	DIFWAGE	.287	.097	1.338
Y4 : robbery	1.027	.500	3.167	POVERTY	2.668	.211	14.737
Y5 : homicide	.692	.290	2.081	LNBSD	.543	.620	2.020
(2) Clearance Rate				[ln(Benesdl)]			
X1 : larceny	3.961	.077	52.648	POPMOB	1.864	.140	6.514
X2 : bodily injury	4.547	.022	94.395	DENSITY	5.649	.105	285.374
X3 : rape	4.524	.033	92.253	DIVORCE	.277	.178	1.020
X4 : robbery	4.394	.034	81.036	LNVVORK	1.213	.289	3.500
X5 : homicide	4.575	.007	96.994	[ln(Involvl)]			
(3) Conviction Rate				AGE	2.829	.153	17.124
Z1 : larceny	2.463	.493	13.200				
Z2 : bodily injury	4.156	.101	64.103				
Z3 : rape	3.485	.295	33.869				
Z4 : robbery	3.631	.089	37.887				
Z5 : homicide	3.932	.111	51.308				

注
Endogenous Variable：内生変数
Exogenous Variable：外生変数
Mean：平均
SD：標準偏差
（ln）：自然対数における値
(1) 社会経済的変数（自然対数変換）
　　LNECON（経済的機会因子）：有効求人倍率・失業率
　　SOCWAGE（社会的賃金）：国民所得に占める社会保障関係費の割合
　　DIFWAGE（賃金格差）：大企業労働者の月間給与に対する中小企業労働者の月間給与の比
　　POVERTY（貧困）：人口千人当りの生活被保護者実人員
　　LNBSD（生活水準因子）：保有自動車数・加入電話数・新設着工住宅数
　　POPMOB（人口移動）：総人口数に対する全人口移動者数の比率
　　DENSITY（人口密度）：1平方キロメートル当りの人口数
(2) 社会的紐帯（自然対数変換）
　　DIVORCE（離婚率）：人口千人当りの離婚数
　　LNWORK（労働争議因子）：労働時間・労働争議率
(3) 年齢構成（自然対数変換）
　　AGE（年齢構成）：15-24歳の人口比率

　まず、この戦略の第一段階では、犯罪率に因果的効果を及ぼすと考えられる一連の独立変数が、「有力候補」（strong candidates）と「見込み候補」（possible candidates）という2つのカテゴリーに区分された。その結果、次の8個の変数が、本研究における主要な理論的関心および従来の研究による経験的証拠（Evans, 1977; 松村＝竹内、1990; Merriman, 1988 and 1991; Wolpin, 1980）に従って、「有

力候補」変数として選択された。すなわち、①経済的機会因子（LNECONと略）、②生活水準因子（LNBSDと略）、③社会的賃金（SOCWAGEと略）、④会社に対する労働者の絆の欠如を示す労働争議因子（LNWORKと略）、⑤離婚率（DIVORCEと略）、⑥年齢構成（15-24歳人口比）（AGEと略）、⑦罪種別検挙率（LNCLRと略）、⑧罪種別有罪率（LNCONと略）である。

　他方、次の4個の変数が、犯罪率に直接的効果を及ぼすかもしれない「見込み候補」変数として振り分けられた。すなわち、①貧困（POVERTYと略）、②人口移動（POPMOBと略）、③人口密度（DENSITYと略）、④賃金格差（DIFWAGEと略）である。貧困率に関して、従来の研究は、日本の犯罪率の推移となんら有意味の関係をもっていないことを指摘している（Merriman, 1991）。しかし、この変数は、本研究における理論的パースペクティブからなおも重要であると考えられるので、従来の研究とは異なるデータ・セットの中でこの変数の有意味性を検討するために、「見込み候補」として含められた。人口移動率と人口密度については、過去の横断的研究（Ladbrook, 1989）によってある程度それらの経験的証拠が確認されている。しかしながら、これらの都市化を代表する変数が、時系列研究の文脈の中で有意味であるか否かは明らかではない。それゆえ、この点を確認するために、両変数ともに「見込み変数」として含められた。さらに、賃金格差が「見込み候補」変数として含められたのは、経済的不平等を表わす有力候補変数（社会的賃金）を補完するためである。

　戦略の第2段階では、後退消去（backward elimination）と強制加入（forced entry）手続が、上記の候補変数の中から最良の組み合わせを選ぶために、遂行された。後退消去法は、各従属変数を全有力候補変数に回帰する方程式から始まる。そして、最も強く有意味であるが、しかし「間違った」（つまり理論的に期待されていない）符号の係数をもった有力候補変数が、この回帰方程式からまず初めに除去された。この選定プロセスは、すべての残りの変数が理論的に期待された符号をもつまで同じ基準にもとづいて1回ずつ実行された。回帰式に残された変数のすべてが「正しい」符号をもった段階で、次には、これらの変数に対する係数が統計的に有意でかつその符号条件が正しくなるまで一度につき1個の変数が除去された。ただし、ここで注意しなければならないのは、この段階では早まって適切な変数を排除するのを避けるために、あまり厳格でない30%程度の有意水準（$p < .30$）が用いられたということである。

後退消去の結果、当該回帰式に残っている有力候補変数に対して、引き続き、今度は、強制加入法によって、後退消去の段階で除去された有力候補変数の各々が一度に1個ずつ当該回帰式に再び加えられた。そして、もしその変数の係数が統計的に有意でかつ正しい符号を示したならば、その変数は当該回帰式の中に保持された。さらに、すぐ次のステップでは、同じく強制加入法により、「見込み候補」変数の各々が当該回帰式の中に一度に1個ずつ加えられた。その結果、統計的に有意で正しい符号をもった変数だけが、保持された。このように後退消去と強制加入法を用いながら、すべての有力候補および見込み候補変数をテストした結果、統計的に有意でかつ正しい符号をもつ変数だけが回帰式の中に最終的に保持されて、最良の組み合わせの変数からなる回帰式が決定された[11]。

　罪種別回帰式に対する回帰戦略の結果は、次のとおりであった。

(a)　窃盗率　　　＝生活水準因子＋年齢構成＋　有罪率　＋　賃金格差
　　（LARCENY）　　（LNBSD）　（AGE）　（LNCON）　（DIFWAGE）
(b)　傷害率　　　＝生活水準因子＋　社会的賃金
　　（BODILY INJURY）　（LNGSD）　　（SOCWAGE）
(c)　強姦率＝　貧　困　＋社会的賃金＋　人口移動
　　（KAPE）（POVERTY）（SOCWAGE）（POPMOB）
(d)　強盗率　　　＝生活水準因子＋年齢構成＋　有罪率
　　（ROBBERY）　　（LNBSD）　（AGE）　（LNCON）
(e)　殺人率　　　＝生活水準因子＋　社会的賃金　＋経済的機会因子
　　（HOMICIDE）　（LNBSD）　（SOCWAGE）　（LNECON）
　　　　　　　　　　＋労働争議因子
　　　　　　　　　　（LNWORK）

(4)　多重共線性の診断

　上記の回帰戦略の結果、最良と思われる組み合わせの変数を含んだ各回帰式について、多重共線性の問題が、相関係数行列とトレランス統計量にもとづいて点検された。付表2（本章末参照）は、分析に用いられた説明変数に対するゼロ次の相関係数行列（zero-order correlation matrix）を示している。そして、表7から表11は、各犯罪率予測式について、回帰戦略がどの程度多重共線性を軽減したの

かをチェックするために、全部で8個の有力候補変数を含んだ当初の最大回帰式と比較しながら、各変数に対するトレランス統計量の変化を見たものである。

窃盗率の予測式については、最終的に選択された4個の候補変数の中で有罪率（LNCON）が生活水準因子（LNBSD）と年齢構成（AGE）との間で、そして生活水準因子（LNBSD）は年齢構成（AGE）と賃金格差（DIFWAGE）との間で非常に高い相関を示した。さらに、これらの最良の候補変数に対するトレランス統計量に関しても、いずれの変数も基準点0.1以下の非常に低い数値を示した（表7参照）。これら4個の変数だけを含んだ回帰モデルと当初の最大モデルを比較してみても、両モデルにおけるトレランス値にはなんら実質的な変化は生じなかった。要するに、回帰戦略の過程においていくつかの候補変数が当初の最大モデルから除去されたけれども、このことによっては多重共線性の問題を充分軽減することができなかった。かくて、4個の最良候補変数の組み合わせから成る窃盗率予測式には、依然として重大な多重共線性の問題が存在していると結論づけられた。それにもかかわらず、この予測式は、より重大な特定化誤差の問題を避けるために、今後の分析に対して保持された。

傷害率予測式については、最終的に残った二個の候補変数（生活水準因子と社会的賃金）間に高度の相関が存在しており、多重共線性の問題が推測された。しかしながら、当初の最大モデルでは両変数に対するトレランス値は、各々基準点0.1以下であったけれども、この2個の候補変数だけからなる予測式では、各トレランス値は、基準点をはるかに上回る結果となった（表8参照）。それゆえ、この傷害率予測式では重大な多重共線性の問題は、存在していないと一応結論づけられた。

強姦率予測式については、相関係数行列によれば、最終的に残った3個の候補変数（社会的賃金、貧困、人口移動）の間では、高度の相関がなかったことを示している。そして、各候補変数に対するトレランス統計量についても、基準点の0.1をはるかに上回る数値が見出された（表9参照）。それゆえ、傷害予測式と同様、強姦率予測式においても、重大な多重共線性の問題は存在していないものとの結論が得られた。

強盗率予測式については。最終的に残った3個の候補変数（生活水準因子、年齢構成、有罪率）間の相関は、いずれの組み合わせにおいても比較的高かった。しかしながら、各変数に対するトレランス統計量をみてみると、当初の最大モデル

表7　窃盗回帰結果(1)：最大モデルと最適合モデルに対するトレランス統計量

Variable	Largest Model (Equation 1)		Best-fitting Model[a] (Equation 20)	
	BETA[b]	TOL[c]	BETA[b]	TOL[c]
LNECON	.097	.159		
LNBSD	-1.032	.030	-1.474	.070
SOCWAGE	.123	.027	–	–
LNWORK	-.828	.132	–	–
DIVORCE	.693	.053	–	–
AGE	.280	.057	.741	.152
LNCLR	.138	.172	–	–
LNCON	.903	.017	-2.390	.060
POVERTY	–	–	–	–
POPMOB	–	–	–	–
DENSITY	–	–	–	–
DIFWAGE	–	–	.744	.152

注 a. 最適合モデル（best-fitting model）とは、回帰戦略の後退消去と強制加入の段階で最良のあてはまりをもった独立変数の組み合わせからなる関係式をいう。なお、（ ）内の方程式の番号は、回帰戦略におけるステップ数をさしている。
　b. BETA＝標準化偏回帰係数（standardized partial regression coefficient）
　c. TOL＝トレランス値

表8　傷害回帰結果(1)：最大モデルと最適合モデルに対するトレランス統計量

Variable	Largest Model (Equation 1)		Best-fitting Model[a] (Equation 7)	
	BETA[b]	TOL[c]	BETA[b]	TOL[c]
LNECON	.024	.207	–	–
LNBSD	-.618	.019	-.425	.429
SOCWAGE	-.232	.026	-.633	.429
LNWORK	.034	.026	–	–
DIVORCE	-.148	.039	–	–
AGE	.168	.052	–	–
LNCLR	-.090	.082	–	–
LNCON	.116	.182	–	–
POVERTY		–		–
POPMOB	–	–	–	–
DENSITY	–	–	–	–
DIFWAGE	–	–	–	–

注　表7の注(a)-(c)を参照。

表9 強姦回帰結果(1)：最大モデルと最適合モデルに対するトレランス統計量

Variable	Largest Model (Equation 1)		Best-fitting Model[a] (Equation 20)	
	BETA[b]	TOL[c]	BETA[b]	TOL[c]
LNECON	.161	.201	–	–
LNBSD	–.338	.016	–	–
SOCWAGE	–.084	.033	–.777	.219
LNWORK	.194	.126	–	–
DIVORCE	–.375	.045	–	–
AGE	.203	.055	–	–
LNCLR	.237	.068	–	–
LNCON	.159	.064	–	–
POVERTY	–	–	.146	.352
POPMOB	–	–	.152	.354
DENSITY	–	–	–	–
DIFWAGE	–	–	–	–

注　表7の注(a)-(c)を参照。

表10　強盗回帰結果(1)：最大モデルと最適合モデルに対するトレランス統計量

Variable	Largest Model (Equation 1)		Best-fitting Model[a] (Equation 6)	
	BETA[b]	TOL[c]	BETA[b]	TOL[c]
LNECON	–.002	.190	–	–
LNBSD	–.945	.051	–.929	.391
SOCVVAGE	–.054	.037	–	–
LNWORK	.004	.153	–	–
DIVORCE	.041	.056	–	–
AGE	.053	.065	.062	.324
LNCLR	–.016	.352	–.052	.740
LNCON	–.051	.688	–	–
POVERTY	–	–	–	–
POPMOB	–	–	–	–
DENSITY	–	–	–	–
DIFWAGE	–	–	–	–

注　表7の注(a)-(c)を参照。

表11 殺人回帰結果(1)：最大モデルと最適合モデルに対するトレランス統計量

Variable	Largest Model (Equation 1)		Best-fitting Model[a] (Equation 5)	
	BETA[b]	TOL[c]	BETA[b]	TOL[c]
LNECON	-.195	.188	-.152	.280
LNBSD	-.600	.050	-.797	.077
SOCWAGE	-.480	.035	-.419	.119
LNWORK	.148	.132	.216	.248
DIVORCE	-245	.053	-	-
AGE	-196	.063	-	-
LNCLR	.019	.596	-	-
LNCON	-.049	.465	-	-
POVERTY	-	-	-	-
POPMOB	-	-	-	-
DENSITY	-	-	-	-
DIFWAGE	-	-	-	-

注　表7の注(a)-(c)を参照。

の場合に比べて、その数値は、はるかに高くなり、基準点0.1を大きく上回ることとなった（表10参照）。それゆえ、トレランス統計量にもとづく限り、強盗率予測式においても重大な多重共線性は存在していないと一応結論づけられた。

　最後に、殺人率予測式については、最終的に選択された４個の候補変数（経済的機会因子、生活水準因子、社会的賃金、労働争議因子）の中で、生活水準因子が、労働争議因子と社会的賃金との間で非常に高い相関を示したが、他の変数間との組み合わせでは、適度ないしは低い相関であった。トレランス統計量に関して言えば、生活水準因子がやはり基準点以下の非常に低い数値を示した（表11参照）。かくて、当初の最大モデルから一定の候補変数を除去したのは、いくぶんかはトレランス値を向上させたけれども、重大な多重共線性の存在が殺人率の予測式においても推測された。しかしながら、窃盗率予測式の場合と同様、これら４個の最良の候補変数からなる予測式は、特定化誤差の問題を避けるために、今後の分析に対してそのまま保持された。

(5)　**タイム・ラグ効果の推定と検定**

　回帰戦略の各ステップにおいて回帰式から脱落した候補変数の中で、ラグ効果をもつと思われる変数（経済的機会因子、人口移動、検挙率、有罪率）が、一期遅れの変数として再び各モデルに導入された。前節で述べたように、このラグ構造

は、分布ラグ・モデルとして特定化され、今年の犯罪率の水準は、今年と前年における当該候補変数の効果の総和に依存しているものと仮定された。そして、今期と一期遅れの変数との間の多重共線性の問題に対処するために、多項式分布ラグ法が用いられた。すなわち、この方法は、今期と一期遅れの変数の各々にウェイト付けを行ない、そしてそのウェイト付けされた数量を総和することによって単一の数量に合成するものである。この多項式分布ラグ・モデルは、問題となる候補変数が前期よりも今期においてより大きな影響を及ぼすことを仮定している。従って、「ラグ・ウェイトの一致的なパターン」(consistent pattern of the lag weights) としては、今期の変数ウェイト値 (lag 0) は一期遅れの変数のウェイト値 (lag 1) よりも大きいことが期待されている。

　以上のような仮定にもとづいて、一次の多項式分布・ラグ (the first-degree polynomial distributed lags) の形式に加工された候補変数の各々が、強制加入法によって各最良のあてはまりをもった回帰式に一度に一個ずつ加えられた。罪種別の一次多項式分布ラグ・モデルを OLS 推定した結果、次のような回帰結果を得た（表12参照）[12]。第一に、窃盗率予測式については、検挙率のラグ効果だけが支持された。すなわち、検挙率に対する分布ラグ係数 (LNCLR001と略) は、ラグ・ウェイトの一致的なパターンを示しながら、有意水準5％で統計的に有意であり、その符号は期待された方向にあった。かくて、検挙率の分布ラグが、窃盗予測式に保持された。他方、経済的機会因子のラグ効果については、統計的に有意な結果を得ることができなかったし、人口移動の分布ラグ係数はラグ・ウェイトの一致的なパターンを得ることができなかった。したがって、両変数の分布ラグとも最終的には当該回帰式から除去された。

　第2に、傷害率予測式については、有罪率に対する分布ラグ係数 (LNCON001と略) だけが、ラグ・ウェイトの一致的なパターンを示しながら、有意水準5％で統計的に有意であり、かつその符号は期待された方向にあった。よって、有罪率のラグ効果は支持され、有罪率の分布ラグが当該回帰式に保持された。他の変数の分布ラグについては、その係数が統計的に有意でなかったり、あるいは符号条件が間違っていたなどの結果を得た。したがって、これらの変数の分布ラグは、最終的に傷害率予測式から除去された。

　第3に、強姦率予測式については、窃盗の場合と同様、検挙率に対する分布ラグ係数 (LNCLR001と略) だけが、ラグ・ウェイトの一致的なパターンを示しなが

表12　一次多項式分布ラグ・モデルの回帰結果[a]

変　数[b]	(LARCENY) 窃　盗	(BODILY INJURY) 傷　害	(RAPE) 強　姦
LNBSD	-.168 (.000)	-.456 (.000)	-
SOCWAGE	-	-.822 (.000)	-.881 (.000)
AGE	.464 (.000)	-	-
LNCON	-.335 (.000)	-	-
DIFWAGE	.603 (.000)	-	-
POPMOB	-	-	.576 (.071)
LNCLR000	.365 (.004)	-	5.627 (.000)
LNCLR001	-.317 (.011)	-	-5.577 (.000)
LNCON000	-	.260 (.014)	-
LNCON001	-	-.218 (.048)	-
(CONSTANT)	4.749 (.000)	4.527 (.000)	-23.468 (.001)
DW[c]	1.194	1.315	.728
R_{adj} squared[d]	.828	.991	.938
Lag Weight			
Lag 0	.365	.261	5.627
Lag 1	.048	.042	.049

注 a．数値は、非標準偏回帰係数（unstandardized partial regression coefficient）を意味している。（　）内の数字は、各変数に対する t 統計量の両側検定による有意水準を表している。なお、すべての回帰係数は、有意水準 5 ％で統計的に有意であり、かつその符号は期待された方向にあった。
　 b．変数名の末尾に000が付してあるものは、多項式分布ラグ・モデルにおける定数を意味している。変数名の末尾に001が付してあるものは、多項式分布ラグ・モデルにおける回帰係数を意味している。
　 c．DW＝ダービン＝ワトソン統計量
　 d．R_{adj} squared＝自由度調整済決定係数

ら、有意水準 5 ％で統計的に有意であり、かつその符号は期待された方向にあった。ただし、ここで留意しなければならないことは、検挙率に対する分布ラグが回帰式に加えられた時、貧困変数（POVERTY）が比較的緩やかな30％の有意水準でも統計的に有意ではなくなったということである。これは、モデル特定化の過程における適切な変更といえるので、検挙率に対する分布ラグが最終的に貧困変数に取って代わって回帰式の中に保持された。つまり、貧困変数は、この段階

で結局は強姦率予測式から除去された。それから、経済的機会因子と有罪率に対する分布ラグについても、それらの係数がいずれも間違った符号を示したので、この予測式から最終的には除外された。

　最後に、強盗率と殺人率を予測する各回帰式については、分布ラグ回帰が、それぞれ問題となる候補変数に対して行われたが、いずれの回帰係数も統計的に有意ではなかったり、符号が間違っていたりして、有意味なラグ効果は、全く認められなかった。したがって、すべての分布ラグが最終的には強盗と殺人の回帰式から除去された。

　要するに、社会、経済的条件および抑止を表す各変数の分布ラグ効果は、全体としては、あまり強い印象を与えるものではなかった。わずかに、検挙率の分布ラグ効果が窃盗と強姦の場合に認められ、そして、有罪率の分布ラグ効果が傷害の場合にのみ認められたに過ぎなかった。

(6) 相互依存的関係の検定——連立方程式モデルの2SLS推定

　抑止力を表わす変数(検挙率と有罪率)と犯罪率の相互依存的関係が、2SLSによって推定された。そして、2SLS回帰の結果が、この分析の前段階で得られた単一方程式モデルに対するOLS回帰の結果と比較された。それから、連立方程式モデルを推定する前には、言うまでもなく問題となる各構造方程式の識別性の検定も次数条件と階数条件を適用して行われた(Gujarati, 1978: 359-365; Maddala, 1988: 296-304)。罪名別の連立方程式モデルの2SLS推定結果は、以下のとおりである。

　① **窃　　盗**　前節までの分析過程において、窃盗率予測式は、次の5個の説明変数を最有力な予測値として特定化した。すなわち、生活水準因子(LNBSD)、年齢構成(AGE)、賃金格差(DIFWAGE)、有罪率(LNCON)、検挙率に対する分布ラグ(LNCLRPDL)である(表12参照)。この関係式(LNLARと略)には、3個の内生変数が含まれているので、各内生変数を従属変数とする三元の連立方程式体系が、次のように構築された。

Eq.1: LNLAR = f(LNBSD, AGE, DIFWAGE, LNCON, LNCLRPDL, e)
Eq.2: LNCLR = f(LNLAR, POLEXP, LAGCLR$_{t-1}$, e)
Eq.3: LNCON = f(LNLAR, COURTEXP, LAGCON$_{t-1}$, e)

ここで、LNLAR:　　窃盗発生率
　　　　LNCLR:　　罪種別検挙率
　　　　POLEXP:　　警察経費
　　　　LAGCLRt-1:　1期遅れの罪種別検挙率
　　　　LNCON:　　罪種別有罪立
　　　　COURTEXP:　裁判所経費
　　　　LAGCONt-1:　1期遅れの罪種別有罪率
　　　　e:　誤算項である。

　各構造方程式の識別性検定の結果については、次数条件と階数条件によって、いずれも識別可能であることが見出された。したがって、2SLS法によってパラメータの一致推定値が得られることが可能となった。
　表13は、窃盗の連立方程式モデルに対する2SLS推定結果を示している。窃盗構造方程式（Eq.1）におけるすべての説明変数に対する回帰係数は、有意水準1％で統計的に有意であり、かつその符号は期待された方向にあった（eq.#24）。従って、この結果は、窃盗の発生率が検挙率と有罪率との間で相互依存的関係にあるという仮説を支持した。
　② 傷　害　前節までの分析過程において、傷害率の回帰式は、生活水準因子（LNBSD）、社会的賃金（SOCWAGE）、並びに有罪率の分布ラグ（LNCONPDL）を最有力の予測値として特定化した。そして、検挙率は、回帰戦略の結果、その関係式から排除されていた。しかしながら、ここでは、検挙率と傷害率との相互依存的関係を検討するために、検挙率が再び傷害率の関係式に加えられた。かくして、傷害の回帰式（LNBODYと略）は3個の内生変数と6個の先決（外生）変数を含むことになり、次のような三元の連立方程式体系として表現された。

$$\text{Eq.1: LNBODY} = f(\text{LNBSD, SOCWAGE, LNCONPDL, LNCLR, e})$$
$$\text{Eq.2: LNCLR} = f(\text{LNBODY, POLEXP, LAGCLRt-1, e})$$
$$\text{Eq.3: LNCON} = f(\text{LNBODY, COURTEXP, LAGCONt-1, e})$$

　上記の各構造方程式は、次数条件および階数条件によって識別され、2SLSよって推定された。表14は、傷害モデルに対する2SLS回帰結果を示している。

表13　窃盗回帰結果(2)：自己相関を修正した2SLS 回帰[a]

変　数[b]	(LNLAR)[c] 窃盗（eq. #24）	(LNCLR) 検挙率	(LNCON) 有罪率
LNLAR	-	.667 (.000)	-.771 (.000)
LNBSD	-132 (.000)	-	-
AGE	.449 (.000)	-	-
LNCON	-.265 (.001)	-	-
DIFWAGE	.539 (.000)	-	-
LNCLR000	.557 (.002)	-	-
LNCLR001	-.506 (.004)	-	-
POLEXP	-	.036 (.001)	-
COURTEXP	-	-	-.447 (.000)
LAGCLR	-	-.029 (.003)	-
LAGCON	-	-	-.081 (.000)
(CONSTANT)	3.849 (.000)	-1.053 (.128)	10.433 (.000)
DW	1.704	1.830	1.711
SSR[d]	.026	.057	.112
Lag Weight			
lag 0	.557	-	-
lag 1	.050	-	-

注 a．反復的プレイス＝ウィンステン法が，モデルにおける一次の自己相関誤差（AR1）を修正するために用いられた。また，自己相関を不均一分散が同時に存在する場合を仮定して，OLS 推定値に対して一様な共分散行列を獲得するために，ニューウェイ＝ウェスト（PDS＝1）法が，プレイス＝ウィンステン法とともに用いられた。
　　b．連立方程式モデル体系におけるすべての先決変数及び外生変数が，操作変数として方程式（eq. #24）に含められた。
　　c．構造方程式（eq. #24）におけるすべての回帰係数は，有意水準１％で統計的に有意であり，かつその符号も期待された方向にあった。
　　d．SSR＝残差平方和（Sum of the Squared Residuals）。

　傷害構造方程式（Eq.1）におけるすべての説明変数の係数は，有意水準１％で統計的に有意であり，かつその符号は期待された方向にあった。この結果は，傷害率がその検挙率と有罪率との間でそれぞれ相互依存的関係にあるという仮説を支持するものであった。かくて，検挙率（LNCLR）が，最終的に傷害率予測回帰式

表14　傷害回帰結果（2）：自己相関を修正した2SLS回帰[a]

変　数[b]	(LNBODY)[c] 傷害（en. #28）	(LNCLR) 検挙率	(LNCON) 有罪率
LNBODY	–	−.067 (.034)	.606 (.000)
LNBSD	−.744 (.001)	–	–
SOCWAGE	−.501 (.000)	–	–
LNCON000	−.688 (.000)	–	–
LNCON001	−.656 (.000)	–	–
LNCLR	−4.392 (.005)	–	–
POLEXP	–	−.041 (.003)	–
COURTEXP	–	–	.343 (.000)
LAGCLR	–	.002 (.516)	–
LAGCON	–	–	−.006 (.708)
(CONSTANT)	22.203 (.001)	5.130 (.000)	−.072 (.529)
DW	1.928	1.931	2.137
SSR[d]	.071	.004	.091
Lag Weight			
lag 0	.688	–	–
lag 1	.030	–	–

注 a．表13における注(a)を参照。
　b．連立方程式モデル体系におけるすべての先決変数及び外生変数が、操作変数として方程式（eq. #28）に含められた。
　c．構造方程式（eq. #28）におけるすべての回帰係数は、有意水準1％で統計的に有意であり、かつその符号は期待された方向にあった。
　d．SSR＝残差平方和（Sum of the Squared Residuals）

の中に保持された（eq.#28）。

　③　**強　　姦**　　強姦率予測式における最良の候補変数の組み合わせは、これまでのところ社会的賃金（SOCWAGE）、人口移動（POPMOB）、並びに検挙率の分布ラグ（LNCLRPDL）であった（表12参照）。回帰戦略の結果、この関係式から排除された候補変数の中で有罪率（LNCON）が再び強姦率との同時的・相互依存

表15 強姦回帰結剰(2)：自己相関を修正した2SLS 回帰[a]

変 数[b]	(LNRAPE) 強姦 (eq. #25)	(LNRAPE) 強姦 (eq. #26)	(LNCLR) 検挙率	(LNCON) 有罪率
LNRAPE	-	-	.016 (.132)	.395 (.000)
SOCWAGE	-.689 (.000)	-.591 (.001)	-	-
POPMOB	.493 (.226)	.672 (.037)	-	-
LNCLR000	9.028 (.000)	8.519 (.000)	-	-
LNCLR001	-9.015 (.000)	-8.498 (.000)	-	-
LNCON	.210 (.415)	-	-	-
POLEXP	-	-	-.019 (.000)	.394 (.000)
COURTEXP	-	-	-	-
LAGCLR	-	-	-.001 (.789)	.048 (.000)
LAGCON	-	-	-	-
(CONSTANT)	-39.708 (.000)	-37.269 (.000)	4.661 (.000)	.334 (.299)
DW	1.629	1.544	1.866	1.866
SSR[d]	.649	.569	.003	.229
Lag Weight				
lag 0	9.028	8.519	-	-
lag 1	.013	.021	-	-

注a．表13における注(a)を参照。
 b．連立方程式モデル体系におけるすべての先決変数及び外生変数が、操作変数として方程式（eq. #25及び eq. #26）に含められた。
 c．構造方程式（eq. #26）におけるすべての回帰係数は、有意水準5％統計的に有意であり、その符号は期待された方向にあった。
 d．SSR＝残差平方和（Sum of the Squared Residuals）

的効果を検定するために、当該関係式に加えられた。したがって、問題となる強姦率予測回帰式（LNRAPE）は、3個の内生変数を含んでいるので、次のような三元の連立方程式体系が構築された。なお、問題となる各構造方程式は、次数条件と階数条件によっていずれも識別可能であると見出された。

Eq.1: LNRAPE = f(SOCWAGE, POPMOB, LNCLRPDL, LNCON, e)

En.2: LNCLR = f(LNRAPE, POLEXP, LAGCLR$_{t-1}$, e)

Eq.3: LNCON = f(LNRAPE, COURTEXP, LAGCON$_{t-1}$, e)

表15は、強姦モデルに対する2SLS回帰結果を示している。有罪率（LNCON）が強姦率予測構造式に導入された時、LNCONに対する回帰係数は、有意水準5％で統計的に有意ではなかったし、その符号も期待された方向になかった（eq.#25）。つまり、強姦率と有罪率との間の相互依存的関係に関する仮説は、支持されなかった。かくて、有罪率は、最終的に強姦モデルから除去された。

そこで、次に、検挙率と強姦率との相互依存的関係だけに焦点を合わせて、強姦率予測構造式（Eq.1）と検挙率予測構造式（Eq.2）からなる二元の連立方程式モデルが同時推定された。このモデルに対する2SLS回帰結果は、強姦率予測構造式におけるすべての説明変数の係数が有意水準1％で統計的に有意であり、かつその符号も期待された方向にあることを示した（eq.#26）。かくて、この検定結果は、検挙率と強姦率の間に相互依存関係が存在するという仮説を支持した。

④ 強　　盗　　前段階までの強盗モデルに対するOLS回帰は、最良の変数の組み合わせとして生活水準因子（LNBSD）、年齢構成（AGE）、そして有罪率（LNCON）を特定化した一方で、抑止変数の一つである検挙率（LNCLR）は、当該モデルから排除されていた（表10参照）。したがって、検挙率が、有罪率とともに、強盗率に対して相互依存的関係を有しているか否かを推定するために、ここで再びこの関係式に加えられた。その結果、強盗率予測式（Eq.1: LNROB）は、検挙率予測構造式（Eq.2）と有罪率予測構造式（Eq.3）によって補足された以下のような三元の連立方程式モデル体系の中で同時推定された。なお、この連立方程式モデル体系における各構造方程式は、いずれも次数条件と階数条件によって識別可能であった。

Eq.1: LNROB = f(LNBSD, AGE, LNCON, LNCLR, e)
Eq.2: LNCLR = f(LNROB, POLEXP, LAGCLRt-1, e)
Eq.3: LNCON = f(LNROB, COURTEXP, LAGCONt-1, e)

表16は、強盗モデルに対するOLS回帰と2SLS回帰の推定結果を比較したものである。検挙率が強盗率予測構造式に加えられた時、検挙率に対する2SLS係数は、依然として有意水準5％で統計的に有意ではなかったし、その符号も期待された方向になかった（eq.#18）。それゆえ、この推定結果は、検挙率と強盗率の

表16 強盗回帰結果(2)：不均一分散を修正した2SLS 及び OLS 回帰[a]

変 数	2SLS[b]				OLS
	(LNROB) 強盗 (eq. #18)	(LNROB) 強姦 (eq. #19)	(LNCLR) 検挙率	(LNCON) 有罪率	(LNROB)[c] 強盗 (eq. #6)
LNROB	-	-	-.040 (.392)	.028 (.902)	-
LXBSD	-.701 (.000)	-.754 (.000)	-	-	-.748 (.000)
AGE	-.013 (.953)	.150 (.388)	-	-	.213 (.044)
LNCON	-.212 (.459)	-.212 (.159)	-	-	-.270 (.005)
LNCLR	2.383 (.100)	-	-	-	-
POLEXP	-	-	-.037 (.053)	-	-
COURTEXF	-	-	-	.033 (.769)	-
LAGCLR	-	-	.003 (.609)	-	-
LAGCON	-	-	-	.022 (.302)	-
(CONSTANT)	-8.259 (.203)	2.579 (.100)	4.730 (.000)	3.321 (.000)	1.807 (.002)
DW	1.781	2.073	2.149	1.992	1.938
SSR[d]	.169	.086	.014	.209	.092
R$_{adj}$ squared	-	-	-	-	.988

注 a．ホワイト検定法が不均一分散を修正するために用いられた。
　 b．連立方程式モデル体系におけるすべての先決変数及び外生変数が、操作変数として各構造方程式に含められた。表13における注(a)を参照。
　 c．単一方程式 (eq. #6) におけるすべての回帰係数は、有意水準5％で統計的に有意であり、かつその符号は期待された方向にあった。
　 d．SSR＝残差平方和（Sum of the Squared Residuals）

相互依存的関係に関する仮説を支持しなかった。そこで、次に、2SLS 回帰が、有罪率と強盗率の相互依存的関係だけに焦点を合わせて、二元の連立方程式モデルに対して遂行された。この段階でも、各構造方程式は、識別可能であった。しかし、有罪率に対する2SLS 係数は、OLS 回帰の場合と異なり、有意水準5％で統計的に有意ではなかった (eq.#19)。かくて、2SLS の結果は、有罪率と強盗率との間においても相互依存関係が存在していないことを示した。要するに、強盗モデルに関する限り、OLS 回帰を用いた単一方程式モデル (eq.#6) が最もあてはまりのよい方程式であり、構造方程式モデルの仮説は支持されなかった。それ

表17 殺人回帰結果(2)：自己相関を修正した2SLS 及び OLS 回帰[a]

変数	2SLS[b]					OLS
	(LNHOM) 殺人 (eq. #16)	(LNHOM) 殺人 (eq. #17)	(LNHOM) 殺人 (eq. #18)	(LNCLR) 検挙率	(LNCON) 有罪率	(LNHOM)[c] 殺人 (eq. #5)
LNHOM	-	-	-	-.001 (.963)	-.358 (.129)	-
LNECON	-.046 (.016)	-.054 (.002)	-.056 (.003)	-	-	-.050 (.004)
LNBSD	-.343 (.000)	-.251 (.000)	-.247 (.000)	-	-	-.357 (.000)
SOCWAGE	-.366 (.000)	-.352 (.000)	-.371 (.000)	-	-	-.338 (.000)
LNWORK	.204 (.004)	.037 (.653)	-	-	-	.195 (.002)
LNCLR	2.956 (.397)	-	-	-	-	-
LNCON	-	-.350 (.011)	-.204 (.211)	-	-	-
POLEXP	-	-	-	-.001 (.878)	-	-
COURTEXP	-	-	-	-	-.056 (.373)	-
LAGCLR	-	-	-	-.000 (.850)	-	-
LAGCON	-	-	-	-	.075 (.000)	-
(CONSTANT)	-12.067 (.449)	2.950 (.000)	2.465 (.000)	4.584 (.000)	4.250 (.000)	1.461 (.000)
DW	1.852	1.824	1.838	2.156	2.026	1.956
SSR[d]	.059	.055	.082	.001	.154	.068
R_{adj} squared	-	-	-	-	-	.973

注 a．表13における・注(a)を参照。
　b．すべての先決変数及び外生変数は、操作変数として各構造方程式に含められた。
　c．単一方程式モデル（eq. #5）におけるすべての回帰係数は、有意水準1％で統計的に有意であり、かつその符号は期待された方向にあった。
　d．SSR＝残差平方和（Sum of the Squared Residuals）

ゆえ、単一方程式モデルが、最終的な強盗の最適合方程式として保持された。

⑤ **殺　　人**　　回帰戦略の分析過程において、殺人モデル（eq.#5）は、経済的機会因子（LNECON）、生活水準因子（LNBSD）、社会的賃金（SOCWAGE）、そして労働争議因子（LNWORK）を最良の予測値として特定化した（表11参照）。その結果として、抑止変数を代表する検挙率（LNCLR）も有罪率（LNCON）も殺人の関係式から除外されてしまったが、ここで再び殺人率との相互依存的関係を

各々検定するために、殺人率予測式のなかに内生変数として一つずつ加えられた。

まず初めに、検挙率が殺人率予測式（LNHOM）に加えられた時、次のような二元の連立方程式モデルが構築された。なお、両構造方程式は、識別性のための条件にしたがって、識別可能であった。

Eq.1: LNHOM = f(LNECON, LNBSD, SOCWAGE, LNWORK, LNCLR, e)
Eq.2: LNCLR = f(LNHOM, POLEXP, LAGCLRt-1, e)

表17は、殺人モデルに対する2LSL回帰とOLS回帰の推定結果を比較したものである。殺人構造方程式に検挙率が加えられた時、検挙率に対する2SLS係数は、有意水準5％で統計的に有意ではなかったし、その符号も期待された方向になかった（eq.#16）。それゆえ、この推定結果は、検挙率と殺人率との相互依存的関係に関する仮説を支持しなかった。かくて、検挙率はこの段階で結局は殺人の構造方程式から排除された。

そこで、次に有罪率（LNCON）が検挙率の代わりに殺人率予測方程式（Eq.1）に加えられた。そして、有罪率を従属変数とする構造方程式（Eq.3）が以下のように構築され、殺人構造方程式とともに、連立方程式モデルを構成した。この連立方程式モデルも識別性のための条件にしたがって、識別可能であった。

Eq.3: LNCON = f(LNHOM, COURTEXP, LAGCONt-1, e)

2SLS推定の結果は、有罪率に対する係数が有意水準5％で統計的に有意でなかったことを示している（eq.#18）。それゆえ、有罪率も結局は、検挙率と同様に、最終的な殺人率予測関係式から排除された。要するに、これらの結果は、抑止変数と殺人率との間の相互依存的関係を否定するものであった。そして、殺人の最良のあてはめをもった方程式としては、最終的には先の回帰戦略の段階で得られたOLS回帰にもとづく単一方程式モデル（eq.#5）が保持された。

(7) 自己相関と不均一分散に対する検定と修正

回帰戦略の最終段階では、これまでの分析過程から導かれた最良のあてはめをもった方程式（best-fitting equation）の各々について、それぞれ自己相関と不均一分散の問題がチェックされた。前述したように、ダービン＝ワトソン検定が、問

題となる回帰式の誤差に関して自己相関の有無を検定するために用いられた。そして、もし自己相関の存在が確認された場合には、反復的プレイス＝ウィンステン法が、一次の自己相関誤差（AR1）を修正するために用いられた。また、自己相関と不均一分散が同時に存在する場合を仮定して、OLS 推定値に対して一様な共分散行列を獲得するために、ニューウェイ＝ウェスト法（the Newey and West method）がプレイス＝ウィンステン法とともに用いられた（Newey and West, 1986）。両方法は LIMDEP ソフトウェアー・パッケージによって一度に簡単に実行される（Greene, 1985: 126-130）。

なお、時系列回帰分析では通常自己相関の問題が、主要関心事であり、不均一分散（等分散性の仮定の違反）の問題は起こりにくいと言われている（ピンディック＝ルビンフェルド, 1981: 112）。しかしながら、もし不均一分散が存在するならば、回帰係数の標準誤差は大きくなる傾向を持つようになる。そしてまた、標準誤差の推定値も偏りを持つようになり、その結果として統計的検定を誤ったものとするという重大な問題が生じる。それゆえ、たとえ問題となるモデルに対して自己相関が存在しない場合でも、不均一分散の問題もあわせて、点検することが必要かつ重要になるのである。このことを踏まえて、ホワイト検定（the White test）が、問題となるモデルにおける誤差の不均一分散を診断し、そして修正するために用いられた（White, 1980）。不均一分散が存在する場合には、ホワイト推定量（the White estimator）は、OLS 推定値に対する一様な共分散行列をもたらすことができる。このホワイト検定も LIMDEP ソフトウェアー・プログラムによって容易に実行された（Greene, 1985: 125-126）。

ダービン＝ワトソン（D-W）検定の結果は、次のとおりである。まず、窃盗の最適合回帰式については、当初の D-W 統計量が自己相関の有無不確定の範囲内にあったので、一応一次の自己相関があると仮定した上で、プレイス＝ウィンステン（AR1）法とニューウェイ＝ウェスト（PDS = 1）法と同時に適用して、再び回帰計算した結果、D-W 値は当初の回帰よりもはるかに高くなり、自己相関が存在しないという帰無仮説を受け入れた。そして、すべての推定された回帰係数は、有意水準 5 ％で統計的有意性を保っていることが見出された（表13参照）。かくて、自己相関と不均一分散の問題は、窃盗の最終的な最適合方程式において解決された。

次に、傷害と殺人の各最適合方程式については、当初の D-W 統計量が棄却点

をわずかに上回り帰無仮説を受け入れる範囲内にあったけれども、そのD-W値は、いずれも2の近辺ではなかったので、念のために一次の自己相関を修正するためのプレイス＝ウィンステン法がニューウェイ＝ウェスト法とともに適用された。その結果得られたD-W値は、当初のD-W値よりも高くなり、ほぼ2に等しくなった。かくて、自己相関が存在しないという帰無仮説は、等分散性の仮説とともに、容認された（表14と表17参照）自己相関および不均一分散が修正された後も、すべての推定された回帰係数は、1％の有意水準で統計的有意性を保っていたので、当該回帰式が傷害と殺人に対する最終的な最適合方程式であるとの結論を得た。

さらに、強姦の最適合方程式については、当初のD-W統計量は、非常に低い値となっており、推定された残差に自己相関が存在していることを示した。そこで、一次の自己相関を修正するために上述したのと同じ方法を用いて、再び回帰計算した結果、D-W統計量は当初の回帰よりもはるかに高くなっており、帰無仮説を充分受け入れる範囲内に達した（表15参照）。かくて、自己相関が存在しないという仮説が等分散性の仮説とともに、当該回帰式において満たされた。ここで推定されたすべての回帰係数も5％の有意水準で統計的有意性を保っていたので、この回帰式が強姦に対する最終的な最適合方程式として決定された。

最後に、強盗の最適合方程式については、当初よりD-W統計量は、ほぼ2の近辺にあり、自己相関が存在していないことを強く示唆している（表16参照）。かくて、この回帰式においては自己相関を修正する必要は生じなかった。そこで、次には、ひき続き当該回帰式について不均一分散の問題をホワイト検定を適用して点検そして修正することにした。この問題を修正した後の検定結果において、推定されたすべての回帰係数は5％の有意水準で統計的有意性を保っており、当該回帰式が強盗に対する最適合方程式として最終的に決定された。

要するに、自己相関および不均一分散の問題を解決した回帰結果は、問題となる各犯罪回帰式におけるすべての回帰係数が依然として統計的に有意であり、かつその符号も期待された方向にあったことを示した。したがって、回帰戦略の全過程を完了した段階において保持された各回帰式が、問題となる各犯罪の発生率を推定するための最終的な最適合モデルであるという結論に達した。

表18　最終モデルに対する回帰結果の要約[a]

変　数	従属変数				
	2SLS			OLS	
	窃盗(1)	傷害(2)	強姦(3)	強盗(4)	殺人(5)
LNECON	–	–	–	–	-.050 (.004)
LNBSD	-.132 (.000)	-0.744 (.001)	–	-.748 (.000)	-.357 (.000)
SOCWAGE	–	-.501 (.000)	-.591 (.001)	–	-.338 (.000)
LNWORK	–	–	–	–	.195 (.002)
AGE	.449 (.000)	–	–	.213 (.044)	–
LNCLR	–	-4.392 (.005)	–	–	–
LNCON	-.265 (.001)	–	–	-.270 (.005)	–
POPMOB	–	–	.672 (.037)	–	–
DIFWAGE	.539 (.000)	–	–	–	–
LNCLR000	.557 (.000)	–	8.519 (.000)	–	–
LNCLR001	-.506 (.000)	–	-8.498 (.000)	–	–
LNCON000	–	.688 (.000)	–	–	–
LNCON001	–	-.656 (.000)	–	–	–
(CONSTANT)	3.849 (.000)	22.203 (.001)	-37.269 (.000)	1.807 (.002)	1.461 (.000)
DW	1.704	1.928	1.544	1.938	1.956
SSR	.026	.071	.569	.092	.068
R_{adj} squared	.824	.990	.928	.988	.973

注a．縦行(1)は、表13における窃盗の最適合方程式（eq. #24）からの回帰結果を示している。(2)は、表14における傷害の最適合方程式（eq. #28）からの回帰結果を示している。(3)は、表15における強姦の最適合方程式（eq. #26）からの回帰結果を示している。(4)は、表16における強盗の最適合方程式（eq. #6）からの回帰結果を示している。(5)は、表17における殺人の最適合方程式（eq. #5）からの回帰結果を示している。これらすべての最終的な回帰結果において、自己相関及び不均一分散は修正されている。

3　研究結果

表18は、各犯罪の発生率に対する最終的な最適合モデルの回帰結果を要約したものである。そして、図9から図13まではそれぞれ罪名別の最適合モデルの因果

的図式を表したものである。窃盗、傷害、そして強姦の各発生率を推定するためのモデルについては、各犯罪率は検挙率と有罪率に対して相互依存的関係にあるとの仮定のもとに、自己相関と不均一分散を修正した2SLS回帰結果が、提示されている。他方、強盗と殺人の各発生率と推定するためのモデルについては、抑止変数との間でなんら有意な相互依存的関係を見出すことができなかったので、単一方程式モデルにもとづいたOLS回帰結果が提示された。

ここでひとつ注意しなければならないことは、仮定されたモデルのデータに対する適合度（goodness of fit）に関しては、残差平方和（sum of squared residuals; SSRと略）が2SLS推定モデルにとって望ましい適合度の尺度であるということである（Gujarati, 1978: 379; Maddala, 1988: 307）。それによれば、SSRの低い値がモデルの適合度にとって望ましいものとされている。かくて、2SLS法で推定された窃盗、傷害、そして強姦の各回帰式に対しては、SSRが報告されている。他方、OLS推定モデル（強盗と殺人）に対しては、自由度調整済決定係数（adjusted coefficient of multiple determination; Radj squared）が、適合度の一般的尺度として報告されている。この決定係数は、従属変数の観測値の総変動の何%がモデルによって説明されるかを示すものである。

(1) 二つの単純な代替的モデルとの比較

罪名別の最適合モデルが最終的に決定されたので、ここで各モデルの妥当性と説明力を検討するために、戦後日本の犯罪率の減少傾向を説明するために特定化された二つのより単純かつ簡潔な代替的モデルと比較しながら、各最適合モデルを検討してみる。前述したように、この2つの代替的モデルというのは、メリマン（Merriman, 1991）によって提唱された「時間的傾向モデル」と「戦争の記憶モデル」である。いずれも説明変数が1個の単回帰モデルである。時間的傾向モデルは、犯罪率を抑制する最も重要な要因は端的に第2次大戦後以降の時間の経過であると仮定している。かくて、時間的傾向を表す変数（観測年次−1953年）は、データの観測時点の数（たとえば、1年目＝1、2年目＝2、等々）によって測定されて、犯罪率とは負の相関関係をもつと仮定された。他方、戦争の記憶モデルは、戦後日本の犯罪率の長期的減少傾向は単に戦争からの回復の結果であるかもしれないと仮定する。つまり、戦争からの回復とともに戦争の社会に及ぼす破壊的な影響は減少し、それによって犯罪問題も徐々に減ずるであろうということである。このモデルの意図は、第2次大戦における日本の敗戦とそれに続く占

表19 三つのモデルに対する自由度調整済決定係数の比較[a]

	最終的最適合[b] (Final Best-fitting) モデル	時間的傾向 (Time Trend) モデル	戦争の記憶 (War Memory) モデル
窃盗	.828	-.015	.119
傷害	.991	.949	.477
強姦	.938	.761	.204
強盗	.988	.923	.733
殺人	.973	.969	.726

注a．すべての回帰は、自己相関を修正した単一方程式モデルを使用した。
　b．2SLS推定による最適合モデル（窃盗、傷害、そして強姦）については、各構造方程式の第一段階で得られた自由度調整済決定係数が報告されている。

領体制から生じた社会的不安定の効果をとらえることにある。かくて、戦争の記憶を表す変数は、1/(観測年次－1954年)^{2}によって測定され、犯罪率とは正の関係に立つと仮定された。

表19は、モデル適合度の観点から、問題となる3種類のモデルから得られた自由度調整済決定係数（R_{adj} squared: R^2）を比較したものである[(13)]。ちなみに、2SLS法によって推定された最適合の理論モデル（窃盗、傷害、強姦）については、各構造方程式の第一段階で得られた決定係数が、SSRの代わりにここで報告されている。この分析結果は、最適合の理論モデルから得られたR^2が、問題となるすべての犯罪に対して時間的傾向と戦争の記憶の両モデルからのR^2よりも常に大きいことを示した。ここで注目すべきことは、時間的傾向モデルと戦争の記憶モデルに対する適合度が、メリマン（Merriman, 1991）の研究結果とは異なり期待されたほど印象的ではなかったということである[(14)]。傷害、強盗、そして殺人の各発生率に対しては、時間的傾向モデルのR^2は最適合の理論モデルのそれとあまり違わなかったけれども、強姦に対しては最適合モデルよりもかなり下回っている。とりわけ、窃盗の発生率の変動については、時間的傾向モデルでは全く説明できないことが観察された。さらに、戦争の記憶モデルは、時間的傾向モデルに比較してさえもモデルの説明力の点で一層劣っているのが分かる。傷害、強姦、そして窃盗に対する戦争の記憶モデルのR^2は、それぞれ最適合の理論モデルのR^2よりも著しく低いものとなっている。さらに、強盗と殺人に対する戦争の記憶モデルのR^2は、それぞれ比較的高いけれども、最適合の理論モデルのR^2と比べるとやはりかなり低かった。

要するに、2つのより単純な代替的モデルに比べて、本研究の理論的モデルの

図9 窃盗の最終的モデル（1954年〜1988年）

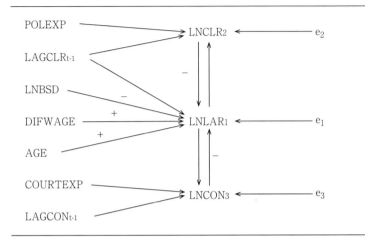

図10 傷害の最終的モデル（1954年〜1988年）

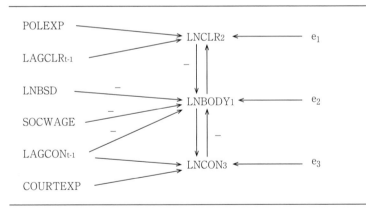

図11 強姦の最終的モデル（1954年〜1988年）

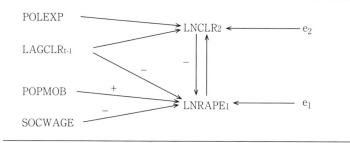

図12 強盗の最終的モデル（1954年〜1988年）

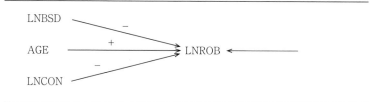

図13 殺人の最終的モデル（1954年〜1988年）

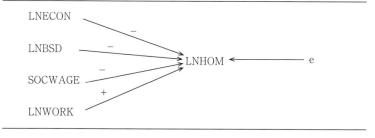

ほうが、問題となるすべての主要刑法犯に対して——時間的傾向モデルにおける傷害、強盗、そして殺人については多少ではあったが——より強い説明力をもっていることが明らかとなった。それゆえ、この分析結果は、モデル適合度に関するかぎり、本研究モデルの妥当性を支持したように見える。そこで、以下においては、最終的に決定された最適合モデルの推定結果をより詳細に逐一検討することによって、本研究における理論モデルの妥当性をさらに検証することにする。

(2) 最適合モデルの回帰結果

① 窃 盗　窃盗モデルに対する2SLS回帰は、次のような最終的な推定結果を示した。社会経済的成長仮説の検定については、生活水準因子 (LNBSD) と賃金格差 (DIFWAGE) に対する係数が理論モデルの期待と一致する符号をもち、そして有意水準1％で統計的に有意であった。しかしながら、当初のモデルに含まれていた社会経済的成長を表す変数の中で、経済的機会因子 (LNECON)、社会的賃金 (SOCWAGE)、貧困率 (POVERTY)、人口密度 (DENSITY)、人口移動 (POPMOB) に対する各係数が、統計的に有意ではなかった。かくて、これらの変数は、最終的な関係式から排除された。

ともかくも、社会経済的成長を表す一連の変数について、この分析結果が示したことは、必ずしもモデルに含まれたすべての社会経済的成長変数が有意な影響を窃盗率に対して与えたわけではなかったが、少なくとも、生活水準因子と賃金格差変数が、窃盗率の変動を説明するための最良の予測値であったということである。この意味で、ある程度は社会経済的成長仮説を支持しながら、この回帰結果は、経済成長の結果として、生活水準の向上が窃盗率を減少させる一方で、この効果は賃金格差の拡大によって相殺されるであろうということを示唆している。

抑止仮説に関しては、窃盗検挙率の分布ラグおよび窃盗有罪率が、抑止理論によって期待されたように、相互依存的関係の仮定のもとで、有意な負の係数を持った。つまり、検挙率については、1期遅れのラグ効果が確認された一方で、有罪率の分布ラグは、有意な結果を得ることはなかった。要するに、窃盗モデルにおいては、抑止仮説を充分に支持しながら、研究結果が示唆したことは、窃盗検挙率の抑止効果が、1年以上の期間にわたって徐々に起こる一方で、窃盗率は、同じ年の期間における有罪率の変動にのみ反応するということである。

抑止仮説とは対照的に、社会的紐帯仮説は、経験的支持をなんら受けなかっ

た。期待に反して、離婚率（DIVORCE）も労働争議因子（LNWORK）も窃盗回帰式においては有意な係数を示さなかった。それゆえ、両変数ともに窃盗モデルから最終的には排除された。かくて、この分析結果は、窃盗率の変動が、家庭の崩壊並びに労働者と会社との絆の程度における傾向とは全くなんの関係もないことを示唆している。

社会的背景変数としてモデルに含められた年齢構成（15-24歳人口比）（AGE）変数は、窃盗率と有意な正の相関を示した。この結果は、犯罪を犯す危険の高い若年人口の割合が窃盗率に影響を及ぼすという仮説を支持した。そして、これは、窃盗が通常若年者による犯罪であるという従来の考えとも一致している。

要約すると、窃盗の発生率の変動は、経済的条件、とりわけ生活水準の程度と賃金格差で表される経済的不平等、検挙率と有罪率で表される警察と裁判所活動の効率、及び人口の年齢構成の関数として見ることができる。かくて、社会的紐帯仮説を除いて理論モデルから演繹された他のすべての仮説は、窃盗率の変動を説明する上で、ある程度部分的ではあるけれども、支持されたように見える。

② 傷　害　　傷害モデルに対する2SLS回帰結果は、次のような結論を支持した。すなわち、社会経済的成長仮説に関して、生活水準因子（LNBSD）と社会的賃金（SOCWAGE）の両変数が、理論モデルの期待と一致して、有意な負の影響を及ぼしている。

しかしながら、経済的機会因子（LNECON）、賃金格差（DIFWAGE）、貧困率（POVERTY）、人口密度（DENSITY）、および人口移動（POPMOB）に対する係数は、いずれも統計的に有意ではなかったので、最終的な方程式からは除去された。かくて、必ずしも社会経済的成長を代表する変数のすべてが、理論モデルと一致したわけではなかったけれども、この推定結果が示したのは、生活水準因子と社会的賃金の両変数が少なくとも傷害率の変動を説明するのに最適の予測値であるということである。

抑止仮説に関しては、傷害率は、有罪率の分布ラグと検挙率との間で有意な負の関係にあることが見出された。検挙率の分布ラグに対する係数が有意でなかったのを除けば、経験的証拠は、傷害モデルに対して抑止仮説を支持した。つまり、この結果は、有罪率の抑止効果が1年以上の期間にわたって徐々に起こる一方で、傷害率は同年の1期間内における検挙率の変動にだけ反応することを示唆している。

社会的紐帯を代表する変数については、窃盗モデルの場合と同様、離婚率も労働争議因子もなんら傷害率に対して有意な影響を与えなかった。つまり、経験的証拠は、傷害モデルに対しては社会的紐帯仮説を支持しなかった。その結果、両変数とも最終的な傷害モデルから除外された。年齢構成（15-24歳人口比）と傷害率の関係についても、有意な結果を得ることができなかったので、この変数も最終的な傷害モデルから除外された。

　要するに、傷害率の変動は、豊かな生活水準と社会的賃金で表される経済的平等によって特徴づけられる経済的条件および検挙率と有罪率で測定された抑止力の関数として見ることができる。この分析結果は、社会的紐帯仮説や年齢構成仮説をなんら支持しなかったけれども、それは社会経済的成長仮説に対して部分的な支持を与え、そして抑止仮説に対しては全面的な支持を与えたと言える。

　③　強　姦　　強姦モデルに対する2SLS回帰は、社会的賃金、人口移動、そして強姦検挙率の分布ラグが、理論モデルの期待と一致した符号と有意な係数を示した。社会経済的成長仮説については、ここでは経済的平等と都市化に関連して、部分的な支持を得たと言える。そして、抑止仮説は、検挙率の側面においてだけ、そのラグ効果と相互依存的効果をともに認めながら、支持された。社会的紐帯仮説と年齢構成仮説は、いずれも強姦モデルにおいてはまったく支持されなかった。要するに、強姦モデルに対する分析結果が示唆したことは、より高い人口移動率の効果は強姦率を増加させるが、この効果は社会的賃金や前期と今期の検挙率の増加によって相殺されるということである。

　④　強　盗　　強盗モデルに対するOLS回帰は、次のような最終的な結果を示した。すなわち、社会経済的成長を代表する変数の中では、生活水準因子だけが理論的モデルによって期待されたような有意な負の影響を与えていた。社会経済的条件に関連した他のすべての変数の係数は、統計的に有意ではなかった。それゆえ、これらの変教は、最終的な回帰モデルから除外された。要するに、社会経済的成長仮説は、強盗の場合には、生活水準の程度の観点からのみ支持を与えられたに過ぎない。

　抑止仮説に関しては、強盗有罪率だけが、強盗率との相互依存的関係およびそのラグ効果を否定しながらも、理論的に期待された有意の負の係数を示した。つまり、この分析結果は、強盗率が即時的に有罪率の変動だけに反応するということを示唆している。強盗検挙率は、結局なんら有意な負の係数を持たなかったの

で、最終的な強盗モデルからは排除された。

　社会的紐帯を表す変数（離婚率と労働争議因子）に関しては、窃盗、傷害、そして強盗の場合と同様に、いずれも統計的に有意な結果を得ることはできなかった。かくて、これらの変数は、最終的な強盗モデルから排除された。要するに、ここでも再び社会的紐帯仮説は、全く支持されなかった。

　年齢構成（15-24歳人口比）変数は、窃盗の場合のように、有意な正の係数を示した。この結果は、年齢構成仮説を支持しながら、強盗が、窃盗と同様、若年者の犯罪であることを示唆して興味深い。

　要約すると、強盗モデルに対する分析結果は、15-24歳人口比が高まれば、強盗率も増加するが、他方でこの年齢構成効果は、強盗率を抑制させる働きをもつ生活水準の向上と有罪率の上昇によって相殺されるということを示唆している。

　⑤　殺　　人　　殺人モデルに対するOLS回帰結果は、社会経済的成長を表す一連の変数の中で、経済的機会因子、生活水準因子、および社会的賃金の有力候補変数が、すべて理論モデルによって期待されたように有意な負の係数をもったことを示している。

　しかしながら、見込み候補として選択された貧困率、賃金格差、人口密度、そして人口移動は、すべて統計的に有意な結果をもたらさなかった。いずれにしても、理論モデルと一致する有力候補変数をすべて含んでいるので、社会経済的成長仮説は、殺人の場合には充分に支持されたと言えよう。

　殺人モデルの推計結果に関して、もうひとつ特徴的なことは、社会的紐帯を代表する変数の中で労働争議因子が理論的モデルによって期待されたように有意な正の係数を持つということである。もっとも。離婚率は、殺人率に対して有意な影響を与えなかったけれども、この分析結果は、殺人の場合に社会的紐帯仮説を部分的にではあるが支持した。

　これらの仮説検定の結果に対して、抑止変数や年齢構成変数は、いずれも有意な係数を得ることができず、抑止仮説も年齢構成仮説も全く支持されなかった。したがって、これら変数は、殺人の最終的モデルからは除外された。

　要するに、殺人モデルに対する回帰結果は、労働者の会社に対する絆の欠如が大きくなればなるほど、殺人率は増加するが、この結果は殺人率を減少させるのに寄与する経済的機会、生活水準、および社会的賃金によって特徴づけられる経済的条件の変動によって相殺されるであろうということを示唆している。

(3) 要　　約

　戦後日本の犯罪率を説明するために定式化された統合的理論モデルに対する回帰結果は、以下のように要約される。先ず第1に、窃盗と強盗の回帰結果は、他のどの犯罪類型よりも本理論モデルに対するより良い支持を与えた。すなわち、統合的理論モデルから導出された一連の研究仮説は、社会的紐帯仮説を除いて、少なくとも部分的には窃盗と強盗の各発生率の変動を説明する点において支持された。より具体的に言うと、窃盗モデルに関しては、生活水準因子および賃金格差によって代表される社会経済的変数、相互依存的関係の仮定の下での検挙率および有罪率によって代表される抑止変数、および年齢構成変数が、理論モデルと一致した良い予測値であった。強盗モデルについては、生活水準因子、有罪率、および年齢構成（15-24歳人口比）が、理論モデルと一致した良い予測値であった。

　第2に、傷害と強姦の回帰結果は、理論モデルに対して部分的な支持しか与えなかった。社会経済的成長仮説と抑止仮説に含まれる幾つかの候補変数が有意な結果をもたらした一方で、社会的紐帯仮説と年齢構成仮説は、全く傷害と強姦の場合には支持されなかった。たとえば、傷害モデルについては、生活水準因子と社会的賃金によって代表される社会経済的変数および検挙率と有罪率で代表される抑止変数が、理論モデルと一致した良い予測値であった。また、強姦モデルについては、社会的賃金と人口移動によって代表される社会経済的変数と抑止変数として相互依存的関係の仮定の下での検挙率が、理論モデルと一致した良い予測値であった。

　第3に、殺人の回帰結果も、傷害と強姦の場合のように、理論モデルに対して部分的な支持しか与えなかった。しかしながら、興味深いことには、社会経済的成長仮説に関する有力候補変数のすべて（経済的機会因子、生活水準因子、そして社会的賃金）が理論モデルと一致した有意味な予測値であった。さらに、殺人モデルだけが、労働者の会社に対する絆の欠如に関連した社会的紐帯仮説を支持した。他方で、抑止仮説も年齢構成仮説も殺人の場合には支持されなかった。全体として、この分析結果は、殺人率の変動は、主として経済的圧迫条件（economic constraint）と関連していることを示唆しているように思える。さらに、抑止仮説が不支持だったことから、殺人が多くの場合刑罰の威嚇力にもとづく行動上の合理的選択とは関係のないもので、むしろやはり激情犯的なものであることを暗示しているようにも思える。

統合的な理論的パースペクティブから導き出された一連の研究仮説および変数の相対的重要性という観点から、上記の研究結果を整理し直すと、次のようなことが特徴づけられるであろう。先ず第1に、社会経済的成長仮説に関しては、生活水準因子が、窃盗、傷害、強姦、そして殺人の各発生率に対して有意な負の影響を与えていた。社会的賃金は、傷害、強姦、そして殺人の各発生率に対して有意な負の影響を与えていた。賃金格差、経済的機会因子、人口移動の各変数は、5つの主要刑法犯のうちの1つ（窃盗、殺人、そして強姦のそれぞれ）に対して有意な影響を及ぼしていた。貧困率と人口密度は、5つの主要刑法犯のいずれに対しても全く有意な結果をもたらすことはなかった。これらの仮説検定結果が示唆していることは、生活水準因子と社会的賃金の両変数が戦後日本の犯罪率の推移に対する最も一貫した予測値であるということである。これに対して、経済的機会因子、賃金格差、そして人口移動のような変数は、最小の説明力しかもっていないように思える。さらに、貧困率と人口密度の両変数にいたっては、全く理論モデルと一致した結果を得ることができなかった。かくて、これらの結果を総合的に判断すると、それは批判的経済学理論に対して部分的な支持を与えていると言えよう。なぜならば、この研究結果は、戦後日本の経済的豊かさが経済的平等を相伴って経済的困窮や社会的緊張のために犯罪行動に従事しようとする誘因を減らしているかもしれないということを示唆しているからである。

　第2に、抑止仮説に関しては、罪名別検挙率は、同時的・相互依存的関係の仮定の下で窃盗、傷害、そして強盗に対して有意な負の影響を及ぼしていた。また、検挙率の分布ラグ効果は、窃盗と強姦に対して明らかとなった。同様に、罪名別有罪率は、窃盗、傷害、そして強盗に対して有意な負の影響を及ぼした。有罪率の同時的効果は、窃盗と傷害の各発生率との間で認められた一方で、その分布ラグ効果は、傷害の発生率に対してのみ明らかとなった。全体として、罪名別検挙率と有罪率に対する推定結果は、警察や裁判所の効率の向上が、殺人の場合を除いて、各犯罪率を抑制させていることを示唆しながら、抑止仮説に対してかなり一貫した支持を与えたと言える。しかしながら、検挙率と有罪率に対する回帰係数の値が微小であることを考慮に入れるならば、抑止効果に関する証拠は依然として弱いものであり、その限りで、この結論は暫定的なものであるということに留意すべきであろう。

　第3に、社会的紐帯仮説に関しては、離婚率は、5つの主要犯罪類型のいずれ

においても有意な結果をもたらさなかった。また、労働争議因子は、殺人に対してだけ有意な正の影響を示したに過ぎなかった。つまり、理論的期待に反して、これらの結果は、社会的紐帯の集合的尺度と犯罪率との間の有意味な関係を支持しようとしなかったと言える。したがって、社会的紐帯仮説は、他の理論的パースペクティブに比べて、戦後日本の犯罪率の推移を説明する能力において一番劣っているように思える。しかしながら、集合的データを用いたことで、社会的紐帯の重要な側面が本研究において測定されていないということも充分ありうるので、この結論もまた暫定的なものにならざるを得ない。

　最後に、年齢構成仮説に関しては、15-24歳人口比が窃盗と強盗に対してだけ有意な正の影響を示した。この結果は、窃盗や強盗のように財産奪取を目的とする犯罪が、通常若年者による犯罪であり、殺人、傷害、そして強姦のような伝統的暴力犯罪はそうではないという従来の考えと一致した。

　要するに、全体として、社会経済的成長仮説と抑止仮説が、戦後日本の犯罪率の推移に対してより一貫したそして良い説明を与えていると言えよう。それに対して、年齢構成仮説と社会的紐帯仮説は、最小の説明力しかもっていないように思える。かくして、統合的な理論的枠組の中で、本研究は批判的経済学理論と抑止理論が社会統制理論と年齢構成パースペクティブよりも日本のデータをより良く説明しているとの一応の結論に達した。

六　議論と結論──研究の限界

1　議論と結論

　本研究の主要目的は、批判的経済学理論と抑止－社会統制理論を含む統合的な理論的パースペクティブから、戦後日本の犯罪率の推移に影響を与えている要因を探求するということであった。そして、それに関連して本研究はアメリカの犯罪学理論のいずれかが日本のデータを最も良く説明するのかを検討した。理論モデルから導き出された一連の研究仮説および変数の相対的重要性という観点から、研究結果が示したことは、物質的な生活水準の程度を表す因子が最も一貫した説明要因であったということである。すなわち、この変数は、問題となる5つの主要刑法犯のうち4つのタイプに対して理論モデルの期待どおりの符号条件で有意な結果を得た。2番目に一貫した説明要因は、社会的賃金、検挙率、有罪率

の各変数であった。それらは、5つの犯罪類型のうち3つに対して理論モデルと一致した有意な影響を及ぼしていた。3番目に来るのは、年齢構成変数でこれは、5つの犯罪類型中2つに対してだけ理論仮説どおり有意な正の影響を示した。最も一貫性のなかった説明要因は、経済的機会因子、賃金格差、人口移動、並びに、労働争議因子であった。これらは、各々5つの犯罪類型の中でわずか1つに対してだけ有意な結果を得たにすぎなかった。さらに、貧困率、人口密度および離婚率の3変数は、5つの犯罪タイプのいずれとも有意な関係を示さなかった。

全体として、これらの研究結果が示唆していることは、経済的平等を伴った経済的豊かさによって特徴づけられる経済的条件および検挙率と有罪率で代表される刑罰の確実性が、戦後日本における犯罪率の推移にとって決定的な要因であるように思えるということである。他方、年齢構成と社会的紐帯にかかわる要因は、最小の説明力しかもちあわせていないように思える。かくして、統合的な理論的枠組の内で、本研究は、批判的経済学理論と抑止理論の方が社会統制理論と年齢構成パースペクティブよりも日本のデータを良く説明しているとの一応の結論に達した。

この結論は、部分的にメリマン（Merriman, 1991）による研究結果と一致している。メリマンの研究は、経済的条件と刑罰の確実性が、日本の成人犯罪率（逮捕率）にとって最も重要な説明要因であることを指摘した。しかしながら、ここで留意しなければならないことは、メリマンが分析した経済的条件というのは製造業における賃金と失業率によって測定された経済的機会に焦点を合わせたものであったということである。経済的機会要因に関して、本研究は、メリマンの調査結果とは異なり、わずかに殺人の場合にのみ有意な結果を得ただけで、非常に弱い経験的証拠しか与えていない。それゆえ、本研究の調査結果をも踏まえると、なんらかの形で一般的な経済的条件が日本の犯罪パターンと関連性をもっていることには疑いはないと言えようが、たとえば、経済的機会、経済的不平等、そして生活水準といったような経済的条件を表す具体的な要因の相対的重要性は、依然として確定的なものとなっていない。

有罪率によって測定された刑罰の確実性について、本研究の調査結果は、殺人の場合を除き、メリマン（Merriman, 1991）とウォルピン（Wolpin, 1980）の調査結果と一致している。すなわち、同時性（simultaneity）の仮定の下で、メリマン

は、有罪率が強姦を除いて窃盗、傷害、そして殺人に対して有意な負の影響を与えていることを見出した。また、ウォルピンは、有罪率の抑止効果を強盗率に対して認めている。さらに、エヴァンス (Evans, 1977) の研究は、交通業過を除く一般刑法犯を対象とするものであったが、検挙率と同様に有罪率の抑止効果を確認している。一般刑法犯の大部分が窃盗事犯であることを考慮すれば、本研究の調査結果は、窃盗に関する限り、エヴァンスの調査結果とも一致しているとも言えるかもしれない。検挙率の抑止効果については、過去の研究による経験的証拠の蓄積が不充分のため比較できなかったが、本研究の調査結果に関する限り、それは、ほぼ有罪率の場合と同様の結果が得られた。すなわち、同時性の仮定の下で、検挙率は窃盗、傷害、そして強姦に対して有意な負の影響を与えた一方で、強盗と殺人に対してはその抑止効果は認められなかった。

　全体として、抑止仮説に関して最も注目に値する結果のひとつは、日本のデータが窃盗、傷害、強姦、そして強盗の各発生率に対して検挙率ないしは有罪率のいずれかあるいは双方による抑止効果を経験的に支持したのに対して、殺人率についてはこれらの抑止効果は全く認められなかったということである。殺人率に対する抑止効果の不支持は、抑止変数として検挙率と死刑判決率を用いた松村＝竹内 (1990) の調査結果そして有罪率と死刑執行率を用いたメリマン (Merriman, 1988) の調査結果とも一致している。それでは、なぜ殺人の場合においてだけ刑罰の抑止効果が認められなかったのかについてのひとつの理論的な理由は、恐らく殺人行動というものは、その行動選択にあたって犯罪によって得られる利益と処罰によって被るコストの功利主義的な損益計算のバランスにもとづく合理的な意思決定の結果であるという考えとは相入れない激情犯的タイプのものが多いということ。つまり、逮捕や処罰の危険性といった合理的な行動の予測可能性にもとづく客観的条件は、殺人行動の動機にかかわる人間の激情を説明するのには不適切な変数であったのかもしれないと言うことである。

　もうひとつの理由は、統計技術的な問題に関連している。すなわち、犯罪データ (1946-1988) の記述分析でも明らかなように、戦後日本の殺人検挙率および有罪率は、問題となった5つの主要刑法犯の中でも最も一貫して安定した傾向を示しており、それらの変動幅があまりに小さいので、回帰分析によっては殺人率のパターンをうまく説明することができなかったかもしれないということである。したがって、もし抑止仮説の棄却がこのような回帰分析適用上の統計技術的な問

題に起因しているならば、この調査結果は、実のところ、抑止変数と殺人率との間には反比例的関係が存在するという理論的命題とは必ずしも矛盾するものではないことに留意すべきであろう。つまり、殺人の検挙率・有罪率に関する限り、これらのデータが、回帰分析の使用に適していなかったというだけで、刑罰の抑止効果が存在する理論的可能性は依然として保留されているからである。それゆえ、警察や裁判所活動の殺人率に対する抑止効果については、さらに詳細な調査をする必要性があると思われる。その際には、検挙率・有罪率以外の指標で刑罰の威嚇力を集合的レベルで測定する試みがなされるべきであろう。また、本研究のようなマクロレベルの集合的分析は、個人の犯罪行動の因果的プロセスを解明するためには不適切なものなので、もし抑止メカニズムを総合的に分析しようとするならば、ミクロレベルの個人的データにもとづく認知的調査などによって補完されるべきであろう。

　社会的紐帯仮説については、期待に反して、本研究の調査結果からは、社会的紐帯要因が日本の犯罪率の推移に影響を及ぼしているという有力な証拠を得ることができなかった。ただし、この調査結果に関して、次のふたつの理論的および方法論的争点が議論されうる。第1の争点は、戦後日本の犯罪率の低さおよび減少傾向に対する通俗的な文化的説明の不適切さに関連している。一般に、家庭、学校、近隣、そして職場などを通しての非公式な社会統制の存在が、日本社会の文化的特殊性と結び付けられながら、戦後日本の犯罪率の低さおよび減少傾向にとっての主要な要因と見なされている。しかし、本研究の調査結果は、少なくとも家庭や職場での非公式の社会統制力が戦後日本の犯罪率の推移に対してはほとんど説明力を有していないことを示唆している。したがって、もしこの結論が正しければ、日本の文化的特殊性にもとづく犯罪パターンの文化的説明は、国際比較研究の場面では恐らくそれなりに有効であろうが、戦後日本の犯罪率の推移自体を説明するものとしてはあまり大きな役割を果たすようには思われない。それゆえ、日本の犯罪動向の特徴を今後検討する際には、社会的紐帯要因およびその根底にある文化的特殊性論ないし文化的アプローチの妥当性を再検討する余地があるように思われる。

　第2の争点は、社会的紐帯概念の測定誤差（measurement error）およびそれに関連した構成妥当性（construct validity）の問題に関連している。つまり、本研究で用いられた社会的紐帯概念の集合的指標（離婚率と労働争議因子）が、不完全な

いしは不適切ではないかということである。本研究では、データの制約から、問題となる概念は、家庭や職場に対する愛着および職場での忙殺（involvement）の観点から操作化された。このことは、社会的紐帯要素のその他の重要な側面（たとえば、友人・学校への愛着、関与、そして信念）を無視することになっている。したがって、将来の調査研究のために、データの利用可能性を前提としてではあるが、もっと多角的な側面から社会的紐帯の真の効果をより詳細に検討する余地があるように思える。

年齢構成仮説について、本研究の調査結果は、年齢構成（15-24歳人口比）変数の影響を部分的に支持するものであった。すなわち、この変数は窃盗と強盗に対して有意な結果を示した。この調査結果は、ラドブルーク（Ladbrook, 1988）による横断的研究の結果と一致している。ラドブルークは、20-34歳人口比によって測定された年齢構成を用いながら、彼は年齢構成要因が窃盗と強盗に対して最も影響力のある予測量であり、殺人、強姦、暴行に対してはそうではなかったことを見出した。さらに、殺人率に対する影響については、年齢構成（15-34歳男子人口比）の有意な効果を否定したガードナー＝パーカー（Gartner and Parker, 1990）の研究結果と一致した。しかし、年齢構成変数として20-29歳人口比を用いたメリマン（Merriman, 1988）の研究および20-29歳男性人口比を用いた松村＝竹内（1990）の研究は、ともに若年人口比の効果の統計的有意性を肯定しており、本研究の調査結果は、これらの研究とは相反する結果となった。

なお、本研究で定式化された統合的な理論モデルの妥当性を検討するために、メリマン（Merriman, 1991）に従って、ふたつのより単純な代替的モデル（時間的傾向モデルと戦争の記憶モデル）が定式化され、それらのモデル適合度が比較された。研究結果は、理論モデルの方が、２つの代替的モデルよりも大きな説明力をもっていることを示した。この分析結果は、メリマンの調査結果と食い違うものであった。なぜ同一モデルを使い、そしてほぼ同じ計測期間でありながら異なる結果が生じたのかについては、恐らく従属変数としての犯罪率の操作的指標の相違がその主たる原因であると思われる。メリマンが、犯罪率の指標として少年・成人別逮捕率を用いたのに対して、本研究は認知件数にもとづく犯罪率をその指標としていることは、前述したとおりである。ともかくも、モデル適合度の観点からすれば、本研究の理論モデルは、すべての回帰式において代替的モデルよりも高い決定係数を示し——時間的傾向モデルにおける傷害、強姦、そして殺人と

はほぼ同じであったが——、それぞれ充分な説明力を有していると言えよう。

　ところで、過去の研究例に対する本研究の方法論的改善について、ここでいくつか言及しておきたい。先ず第1に、本研究は、1954年から1988年までの35年間の時系列データを用いたが、これは日本の犯罪に関する戦後のデータを用いた従来の研究例の間では、松村＝竹内（1990）と並んで最も広範なものであり、また調査開始時点において入手し得た最も最新年のデータ（1988年）をカバーしている。第2に、本研究では、探索的因子分析法が、問題となる時系列データに含まれる多重共線性の問題に対処するために用いられた。どの過去の研究も、高度の共線関係をもった変数を取り除くという最も一般的な方法は別として、多重共線性を軽減するために因子分析法を用いた例はなかった。第3に、社会経済的条件および抑止力を表す変数のラグ効果が、多項式分布ラグ・モデルを適用して、この種の時系列研究において初めて検討された。最後に、エバンス（Evans, 1977）、ウォルピン（Wolpin, 1980）、そして松村＝竹内（1990）は、抑止変数の効果を検証するために、標準的な単一方程式モデルを用いて、抑止変数と犯罪率との同時的・相互依存的関係を特定化しようとしなかった。それに対して、本研究は、メリマン（Merriman, 1988 and 1991）のように連立方程式モデルを用いて抑止変数と犯罪率との同時的・相互依存的関係を2SLS法によって推定した。連立方程式モデルの推定の前提として、本研究は、各構造方程式に対して識別性のための制約条件を置いたが、それはメリマンによって用いられたものとは若干異なっている。いずれにしても、本研究で用いた識別性のための制約条件の正当化は、先験的なものであり、必ずしも経験的に説得力のあるものではない。それゆえ、抑止変数の内生化の試みは、今後とも経験的な研究の積み重ねを通して検討すべき重要な課題であり、本研究は、問題となる変数の内生化または外生化を確認し、そしてより妥当な連立方程式モデルを確立するための第一歩として評価されるであろう。

　さて、本研究の犯罪学理論に対する理論的含意は、次の2点である。ひとつは、社会経済的条件並びに刑事司法機関の効率性が、戦後日本の犯罪率の推移を説明するためにとても有益であるということ。かくて、日本の犯罪データがアメリカの主要な犯罪学理論によっても充分説明されうる限りで、表面上は明らかに異なる歴史的・文化的背景をもっているにもかかわらず、日本の犯罪パターンは、アメリカにおいて作用しているものと全く同じような社会経済的諸力および

法的統制力によって決定されていると解釈できる。すなわち、極端に言えば、比較文化的犯罪学における理論的一般化に関連して、日本の経験は、社会・文化の違いを超えた犯罪原因の普遍性に対する好意的な証拠を提供するものである。

もうひとつは、本研究は、直接には日本と先進諸国（たとえば、アメリカ、英国、フランス、ドイツ）との間における犯罪率の相違の問題を取り扱っていないけれども、この調査結果は、日本の低犯罪率性の問題に対する解決の糸口を示唆しているかもしれない。つまり、問題となった5つの主要刑法犯の各発生率に対して、ここで提示された日本のデータは、少なくとも経済的平等と結びついた形での経済的豊かさによって特徴づけられた社会経済的条件と効率的な法的統制力が、他のどの国よりも首尾よく犯罪の抑制に作用しているということを暗示しているように思える。換言すれば、日本と他の先進諸国との間における犯罪率の相違は、各国家間の経済的発展の過程や速度における差および各国によって行使される法的統制力の程度の差によって説明できるかもしれないということである。もしこれが本当ならば、社会経済的、法的、および政治的要因にかかわる社会構造的な分析に焦点を合わせることが、将来の研究にとって大変有益なことになるであろう。犯罪の比較文化的研究の多くは、日本の低犯罪性を説明するために日本社会・文化の特殊性を強調する特殊日本説（unique Japan perspective）ないしは文化主義的アプローチ（the culturalist approach）に依拠している。文化的要因の相対的な重要性を理論的に否定するものではないが、本研究の調査結果は、少なくとも日本の犯罪率の推移を説明するために特殊な文化的要因といったものに必ずしも訴える必要はないことを含意しているように思える。

次に、ここで提示された研究結果の政策的含意としては、たとえば、1970年代半ば以降の日本の窃盗率の漸増傾向に対処するために、その漸増傾向が恐らく生活水準の相対的低下、経済的不平等の拡大、そして刑事司法機関の効率性の低下に関連していると思われるので、これらの点についてなんらかの政策的改善をはかることが重要であるということである。さらに、この研究結果は、犯罪問題に悩むアメリカをはじめとする他の先進諸国に対しても若干の政策的教訓を与えているようにも思える。すなわち、それは、より高い生活水準とより平等な所得分配を通して合法的労働の報酬を高めること、そしてより効率的な刑事司法活動を通して犯罪行動のコストを引き上げることが、犯罪の予防と統制にとって有益であるということである。もちろん、政策立案者が、犯罪の予防と統制のために、

これらの社会経済的諸力と法的統制力の最適均衡を決定することは困難であるし、現段階では確定的なことは言えない。しかしながら、一般的提言としては、アメリカや他の先進諸国がもし日本と同じ水準の経済的平等に裏打ちされた経済的豊かさを享受し、そして同程度の法的統制力を行使するならば、これらの国々も犯罪率の水準を低下させるだろうということは言えるのではなかろうか。

2　研究の限界

　調査結果の経験的一般化という観点からすると、本研究によって得られた戦後日本の犯罪率の推移に関する一応の結論については、いくつかの方法論的限界が存在しているということに留意しなければならない。そこで、以下では本研究に内在する主要な方法論的限界が論議され、そしてそのような限界を克服するために将来の調査研究に対する方向性が提案される。先ず第1に、日本の公式の犯罪データの使用に関して、すでに前述したように、これらのデータの妥当性は、ほぼ確実に過少報告ないしは暗数の問題による計上誤差の影響を受けている。この制約にもかかわらず、公式統計が本研究の時系列分析のために使用されたのは、それが広範囲な期間に及ぶ日本の犯罪統計についての唯一利用可能な資料源であるからである。したがって、今後妥当な集計的データにもとづく調査研究を行うためには、その実現性は現在の日本では多くの困難を伴っているが、犯罪が警察に通報されていない部分を補足するために被害者化データを利用することが望まれるところである。そして、研究の目的によっては、自己申告研究にもとづく個人データを利用するなど研究データの妥当性と信頼性を高めるための努力がなされるべきであろう。

　第2の限界は、集合的データの分析に共通する方法論的問題である。すなわち、本研究における集合的データの使用は、アグレゲイディブ・ファラシーないしは生態学的虚偽と呼ばれる問題を犯す危険性があるということである。この問題は、あるレベル（たとえば、集団）で収集された統計データを別のレベル（たとえば、個人）での理論的陳述のために不適切に利用することによって生ずるものである。問題となる理論を適切なデータで実証するという研究目的からすれば、研究者は常にいかにして理論とデータを同一の適切な分析レベルで相互に関係づけることができるかということに細心の注意を払わなければならない。そして、とりわけ、集合的データを用いる時には、集団間における相関は、自動的に個人

間の出来事における相関を意味していないということを認識しておくことが重要である（Jupp, 1989: 116; Nettler, 1984: 101）。

　本研究が、日本の犯罪率の推移を分析するために集合的な時系列データを用いた一方で、選択された理論モデルは統合的な理論的枠組にもとづくものであった。すなわち、それは、緊張理論、マルクス主義的コンフリクト理論、そして、伝統的経済学理論ないしは合理的選択理論を結び合わせた「批判的経済学理論」と抑止−社会統制理論を含むものである。緊張理論とマルクス主義的コンフリクト理論が主として社会構造の政治経済的特質から犯罪問題を巨視的に分析しようとしているのに対して、伝統的経済学理論ないしは合理的選択理論は本質的に個人の行動、体験、特性、および態度の観点から問題を提起し、説明を求める個人レベルの理論であると言える。このように本研究の理論的枠組は、本来的には分析レベルの異なる理論からなっているのではあるが、それらを犯罪行動の合理性という概念枠組の中で統合し、行為者の合理的意思決定に影響を与えうる社会的条件の利得損失という観点から、社会的、経済的、法的、そして政治的要因にかかわる犯罪の社会構造的要因に分析の焦点を合わせることによって、行為者の合理的反応としての犯罪行動の変動パターンを巨視的なレベルで説明しようと試みたものである。本研究が集合的データを用いている以上、本研究の分析結果から直接的に個人的行動に関する理論的陳述ないしは推論を行うことは不適切であるので、差し当たり、分析のために利用したデータとの理論的整合性を保つために、本研究の調査結果から引き出された主要な理論的陳述は、個人的行動の問題性というよりも全体社会の構造的特性と犯罪率の広範な変動パターンとの関係に向けられているということに留意しなければならない。もっとも、もし集合的レベルの研究において有意味な関係が見出されるならば、それは将来に向けて個人的レベルでの調査研究を実行する価値を示唆するものなので、必ずしも集合的研究が個人的レベルの問題を解決するために無意味だというわけではない。それゆえ、今後の研究の方向性としては、集合的レベルの研究の成果を踏まえて、個人的レベルの研究によってそれを補完するということが推奨されるべきであろう。

　第3には、データの利用可能性の制約のために、本研究において関心のある幾つかの理論的概念について適切な操作化をすることができなかったということ。その結果、これはモデルの特定化誤差の問題を生じさせているかもしれない。たとえば、刑罰の厳格性は、刑罰の確実性と同様、抑止研究における重要な概念の

六 議論と結論

ひとつであるけれども、刑務所拘禁の平均刑期といったような刑罰の厳格性についてアメリカの抑止研究においてよく用いられている指標は、日本ではそのような全国レベルでの時系列データが入手不能だったので、本研究モデルには導入されなかった。さらに、刑罰の抑止効果については、今日抑止力の認知的・主観的要素が刑罰の確実性・厳格性といった客観的要素よりも理論的に重要であると見なされている。しかしながら、その理論的重要性にもかかわらず、本研究ではなんら抑止力に関する認知的尺度も導入されなかった。というのは、認知的要素は、本質的に個人レベルでの調査研究およびデータを必要とするものであり、本研究のような集合的レベルの調査研究へそれを組み入れることは困難であるからである。

第4に、本研究では離婚率を家族的紐帯の有無を表す集合的尺度として用いたけれども、その調査結果は、離婚率が問題となった5つの主要刑法犯のすべてに対して有意な影響を及ぼしていないことを示した。しかし、この調査結果の妥当性については、一定の留保が必要であろう。なぜならば選択された集合的尺度が、測定誤差を犯している可能性があるからである。離婚率が同一世代内における家族的紐帯の有無を測定することを期待されているのに対して、この指標は日本の社会的文脈においてはより重要なものと思われる世代を通しての家族的紐帯を測定していない。それゆえ、もし離婚率が日本における家族構造の特質という観点から家庭的紐帯の変化をとらえるために用いられているならば、それは一面的であると思われる。離婚率の代わりに、たとえば、核家族世帯数あるいは複数世代家族世帯数を家族的紐帯の指標として用いたほうが、より適切な指標であったかもしれない。しかし、残念ながら、全国レベルで家族世帯の形態や規模に関する時系列データは、5年ごとに行われる国勢調査によって間欠的に利用できるデータは別として、日本では入手不能であった。

第5に、抑止仮説に関する調査結果について、とりわけ検挙率の抑止効果については、その操作的尺度が従属変数を独立変数の分母にもつことによって犯罪率と検挙率との間に人工的な負の相関が生ずるという難しい統計学的問題が存在している（Decker and Kohfeld, 1985: 439; Miyazawa, 1990: 108; Nagin, 1978: 97）。この問題は実のところ本研究に特有のものではないが、両変数間の人工的相関によってどれだけ大きな統計的偏りが混入されるのかについては依然として証明されていない。しかし、いずれにせよ、この種の統計的偏りの可能性を仮定すると、検挙率

の抑止効果は、暫定的なものとして解釈されなければならないであろう。検挙率における人工的相関の問題を回避したうえで、警察活動の効率を測定するために、将来の研究は、検挙率に代替する指標（たとえば、犯罪1件ごとの警察官数の割合、あるいは人口10万人当りの検挙人員数）を用いる必要性があるように思われる。

　最後に、抑止変数と犯罪率との間の有意な同時的・相互依存的関係は、窃盗、傷害、そして強姦において見出されたけれども、ここで定式化された連立方程式モデルの基礎となっている識別性のための制約条件の妥当性に関してはさらに検討を加える余地があるように思われる。つまり、本研究においては問題となった連立方程式モデルは警察経費および裁判所経費が犯罪率には直接的な影響を及ぼすことはないという先験的な制約条件を課すことによって識別されている。この限りで、警察経費と裁判所経費の両変数が、モデル識別にとって有益な操作変数（instrumental variables）として働いたわけである。しかしながら、これら変数の外生化（cxogeneity）に関する正式な検定は、検挙率と有罪率をそれぞれ推定するモデルの特定化についての不充分な情報のために行われなかった。それゆえ、同時的関係について得られた結論もまた暫定的なものにならざるを得ないであろう。かくて、将来の調査研究にとっては、検挙率と有罪率を説明するためのモデル特定化の経験的知識を増やし、そして問題となる変数の外生化に関する経験的証拠を蓄積する必要性があるであろう。

　以上のような方法論的限界があるにもかかわらず、本研究の主要な功績は、定量的研究の実績が乏しい日本の犯罪学研究の現状において、戦後日本の犯罪動向の決定要因に関する経験的知識と理解の欠缺を埋めるのに役立つ情報を少なからず提供することができた点にある。そして、日本のデータでもってアメリカの犯罪学理論を検証しようとする目的からすれば、本研究は、またアメリカ犯罪学理論における理論的発展と経験的一般化にも寄与したとも言えよう。最後に、日本における実証研究の今後の発展のために、本研究が少しでも貢献できたならば筆者にとって望外の喜びであり、将来にむかってより洗練化された研究方法を開発し、またより妥当な説明力のある理論モデルを構築していく努力が、今後に課せられたわれわれの任務であると考える。

(1)　時系列回帰分析の場合とは異なり、横断的（cross-sectional）なデータにもとづいた回帰分析の研究例は、日本においては西村＝松本（1969）を嚆矢として、現在まで散発

六 議論と結論

的ではあるが幾つか存在する。とりわけ、警察庁科学警察研究所や法務省法務総合研究所に所属する実務研究者達が中心となって彼らの数量的研究の成果を発表している。なお、科学警察研究所によるこれまでの横断的な数量的研究を紹介・検討したものとしては、山浦（1982: 98-102）が参考になる。

ところで、日本における従来の横断的研究の多くは、方法論的に極めてプリミティブであると言える。なぜならば、たとえば、調査研究の設計においてなんらかの理論仮説を検証しようという形ではなく、ただ単純にある一定の入手しえたデータを素材にして回帰分析を適用するというものであったり、加えて、データ分析の上でも有意性検定の結果を報告していなかったり、あるいは、回帰モデルの妥当性に関する一連の回帰仮定の診断をしていないなど、要するに、かなりルーズに回帰分析を適用しているからである。

また、来栖その他「社会変動指標による地域別犯罪率の推定——第二報告・時系列分析による接近」（1975）は、そのサブタイトルにもかかわらず、彼らの研究設計は都道府県を分析の単位とする横断的な研究であった。ただ、タイム・ラグの効果を測定するために、一定の年次に固定した各独立変数をその基準年次から5年後までの従属変数（犯罪率）についてそれぞれ重回帰分析したものである。このように独立変数のデータの年次と従属変数の年次をずらしながら、横断的な回帰分析を適用するというのは、厳密な意味では「時系列解析」ではない。同じことは、玉木「警察の時系列分析」（1992a; 1992b）についても言える。玉木の論稿は、そのタイトルにもかかわらず、その内容は1972年から1987年までの16年間についての時系列データにもとづく「記述分析」とこの16年間について各年度における都道府県を分析の単位とする横断的な回帰分析からなっている。

本研究プロジェクトの目的からすれば、過去の横断的研究及び記述分析タイプの時系列分析をも包括的に逐一検討することは、あまり重要であるとは思わないし、また、紙幅の制約もあるので、ここでは一切割愛することにした。

(2) エヴァンスの回帰式に関して留意すべきことは、推定された独立変数の係数の値は、すべて「弾力性」（elasticities）として解釈されているということである（Evans, 1977. p. 483）すなわち、独立変数が1パーセント変化したとき、従属変数が何パーセント変化するかを表している。エヴァンス自身は、かれの論文の中で明示していないけれども、「弾力性」を提示したことは、彼の回帰モデルに含まれる全変数が、自然対数に変換された上で回帰分析されたことを示唆している。

(3) ウォルピンのモデルは、すべての変数を自然対数に変換して求められた対数上の線形回帰式として特定化されている。その結果、エヴァンス（Evans, 1977）と同様、回帰係数の値は、弾力性として解釈される（Wolpin, 1980: 420）。

(4) 計量経済学的研究においては幾分恒例となっているように、メリマンのモデル関数式も、時間的傾向の変数を除いて、すべての変数が、自然対数によって変換された対数線形回帰式となっている。この点は、彼の1991年の研究においても同様である。

(5) 批判的経済学理論の基本的着想は、デヴィッド・ゴードン（David M. Gordon, 1971 and 1973）によって展開された犯罪のラディカル経済学的分析とグウィン・ネトラー（Gwynn Nettler, 1984, pp. 166-185）による「合理的犯罪」（rational crime）の考えに多くを負っている。

(6) 戦後日本における犯罪の減少傾向（そして低犯罪率）の理由として、抑止理論と社会統制理論の重要性を初めて指摘したのは、恐らく Kasai（1973）である。彼の論稿以降に公刊された内外の文献の多くにも同様の理論的指摘が、ほぼ必ずといってよいほど見受けられる。最近のものとしては、土屋編（1991: 79-82）を参照。

(7) モデルのラグ構造の特定化に関して、実際には、データにかなり長いラグを当てはめて、いろいろなラグのある変数の係数の有意性を調べることによって、ラグ構造を決定することになろう。本研究の予備調査では、1年から5年までのラグをもった変数について、各係数の有意性を検討した。その結果、1年のラグをもった係数の方が、2年以上のラグをもった変数よりも有意な結果を得ることが多かった。

(8) トレランス統計量は、相関係数行列を利用する方法よりもすぐれた点検方法である。というのは、ある独立変数がモデルに含まれる他の独立変数とそれぞれ低い相関を示す一方で、同時にそれが他の独立変数全体とは高く相関しているという可能性があり、トレランス統計量はこのような状態を見つけることができるのに対して、単純な2変数間相関では、それができないからである。

　ちなみに、多重共線性のもう一つの尺度として、「分散膨張要因」（variance inflation factor; VIF）と呼ばれるものがある（Maddala, 1988: 227-230）。VIF は、トレランス統計量に類似したものであり、それは $1/(1 - R\text{ squared})$ によって与えられる。高い VIF 値は、1に近い R squared を意味し、そしてそれゆえ、共線関係を示唆している。ケネディ（Kennedy, 1985: 153）によれば、VIF の値が10以上をこえる場合、重大な共線関係が存在しているものと診断している。トレランス統計量の分離点（TOL ＜0.1）は、VIF のそれ（VIF ＞10）に基づいて、決定されたものである。

(9) 連立方程式モデルの識別性の問題は、計量経済学における重要テーマのひとつである。この問題の詳細については、たとえば、ジョンストン（1976: 391-429）Gujarati（1978: 348-365）を参照。抑止研究との関連で、識別性の問題を分かりやすく論じているものとしては、Fisher and Nagin（1978: 361-399）、松村（1982: 1012-1015）、Nagin（1978: 117-129）が有益である。

(10) 階級条件を適用しながら連立方程式の識別性を検定するための具体的な手続は、至る所で詳しく解説されている。たとえば、Gujarati（1978: 362-364）と Maddala（1988: 301-302）を参照。

(11) 後退消去と強制加入法を用いながら当初の最大モデル（the largest model）から最良の当てはめをもったモデル（the best-fitting model）に至るまでの OLS 回帰の全プロセスについての結果報告は、紙幅の制約のために割愛せざるを得なかった。しかし、その詳細なデータについては、筆者まで問い合わせて頂ければ、入手可能である。

(12) やはり、紙幅の制約のため、表12では罪名別分布ラグ・モデルの回帰結果について、有意なラグ効果を示した変数についてだけ報告した。そのために、問題となった一連の候補変数の分布ラグの強制加入手続の全プロセスの結果は、ここでも省略された。また、強盗率と殺人率の回帰式においては、問題となった変数のラグ効果がまったく認められなかったので、表12ではこれらの罪種の回帰式も除外された。
(13) 時間的傾向モデルと戦争の記憶モデルに対する OLS 推定結果の説明は、ここでは省略した。ひとつには、紙幅の制約のためであり、もうひとつの理由は、ここでの主たる分析目的は単純な代替的モデルと最適合モデルとの説明力の優劣だけを比較検討することにあるからである。
(14) メリマン（Merriman, 1991）の研究結果は、時間的傾向モデルと戦争の記憶モデルともに彼の経済学モデルと同じ程度に問題となるすべての犯罪に対して充分に良い説明力を与えていることを指摘している。それではなぜ同一モデルを使用しながら本研究ではメリマンと異なる結果が生じたのかについて、私見では、次の２つの理由があげられる。第１の理由は、従属変数としての犯罪率の操作的尺度の相違に起因しているかもしれないということ。すなわち、メリマンが逮捕率を犯罪率の指標として用いたのに対して、本研究は、認知件数にもとづく犯罪率をその指標としているからである。第２の理由は、時系列分析のために選択されたデータの計測期間の相違である。メリマンは、1953年から1982年までの30年間のデータを用いたのに対して。本研究は1954年から1988年までの35年間のデータを用いた。少なくとも、窃盗率の変動に関しては、それが1974年以降漸増傾向にあるという事実を考慮すれば、メリマンの研究と本研究との間における５年間の計測期間の差異は、サンプルにおける観察時点が比較的少数であることをもあわせて、推定されたパラメータの安定性に大きな影響を及ぼしたのかもしれない。

　もっとも、第二の理由については、その妥当性を確認するために、計測期間を1954年から1982年までの29年間に変更して、時間的傾向、戦争の記憶、そして最適合モデルの各々に対して別個の分析が行われた。つまり、ここではメリマンの研究で用いられた計測期間（1953-1982）の上限を同じくすることによって、問題となる各モデルの適合度並びにパラメータ推定がどのように変化するのかを点検しようとした。この感度分析（sensitivity analysis）の結果は、1954年から1988年までの計測期間に比べて、いずれのモデルにおいても R^2 には実質的な変化は生じなかった。したがって、メリマンの研究結果との違いは、計測期間の違いというよりはむしろ主として犯罪率の操作的尺度の相違に帰着するかもしれない。

付表1　資料源

変　数	年　次	資料源
犯罪認知件数 (殺人、傷害、強姦、強盗、窃盗)	1946-88	法務総合研究所『平成元年版　犯罪白書』(1989) 付表2表
有効求人倍率	1954-84	日本統計協会『日本長期統計総覧』第1巻 (1987) 31-8-b 表
	1985-88	総務庁統計局『日本統計年鑑』(1990) 31-4表
失業率	1954-85	日本統計協会『日本長期統計総覧』第1巻 (1987) 3-3表
	1986-88	総務庁統計局『日本統計年鑑』(1990) 3-1表
社会的賃金	1954-88	総務庁統計局『日本統計年鑑』(1990) 17-2表及び付表1表
賃金格差	1954-85	日本統計協会『日本長期統計総覧』第4巻 (1988) 16-10表
	1986-88	総務庁統計局『日本統計年鑑』(1990) 3-28表
貧　困	1954-85	日本統計協会『日本長期統計総覧』第5巻 (1988) 20-7表
	1986-88	総務庁統計局『日本統計年鑑』(1988-90) 17-7表
自動車	1954-88	総務庁統計局『日本統計年鑑』(1989-90) 付表1
電話	1954-88	同右
住宅	1954-88	同右
人口密度	1954-88	総務庁統計局『日本統計年鑑』(1990) 2-1表
人口移動	1954-85	日本統計協会『日本長期統計総覧』第1巻 (1987) 2-41表
	1986-88	総務庁統計局『日本統計年鑑』(1990) 2-31表
離婚率	1954-88	総務庁統計局『日本統計年鑑』(1990) 2-23表
検挙件数及び検挙人員	1954-85	日本統計協会『日本長期統計総覧』第5巻 (1988) 24-1表
	1986-88	総務庁統計局『日本統計年鑑』(1990) 22-1表
第1審有罪人員	1954-88	法務総合研究所『平成元年版　犯罪白書』(1989) 付表3及び同『平成2年版犯罪白書』(1990) 11-12表と11-14表
警察経費	1954-85	日本統計協会『日本長期統計総覧』第3巻 (1988) 12-15-b 表
	1986-87	総務庁統計局『日本統計年鑑』(1990) 13-11-F 表
	1988	自治省『昭和63年度　地方財政統計年報』(1990) 2-5-1表
裁判所経費	1954-85	日本統計協会『日本長期統計総覧』第3巻 (1988) 12-3-6 表
	1986-88	総務庁統計局『日本統計年鑑』(1989-90) 13-3-F表
労働時間	1954-85	日本統計協会『日本長期統計総覧』第1巻 (1987) 3-16-c 表及び 3-16-d 表
	1986-88	総務庁統計局『日本統計年鑑』(1990) 3-39表

六 議論と結論　171

	1954-85	日本統計協会『日本長期統計総覧』第1巻（1987）3-22-b表及び3-23-b表
労働争議	1986-88	総務庁統計局『日本統計年鑑』（1990）3-43表及び3-44表
年齢構成	1954-72	国際連合『世界人口年鑑』（Demographic Yearbook）（1970-74）
	1973-88	総務庁統計局『日本統計年鑑』（1974-90）2-9表

付表2　日本の犯罪推移モデル(1954-1988)に対するゼロ次相関係数行列

	Y1	Y2	Y3	Y4	Y5	X1	X2	X3	X4	X5	Z1	Z2	Z3	Z4	Z5	V1	V2	V3	V4	V5	V6	V7	V8	V9	V10
Y1	-																								
Y2	6	-																							
Y3	-14	95	-																						
Y4	36	92	79	-																					
Y5	16	94	83	96	-																				
X1	52	-57	-67	-29	-35	-																			
X2	61	48	29	74	67	29	-																		
X3	14	94	87	92	95	-37	61	-																	
X4	16	76	70	71	76	-32	46	78	-																
X5	56	-02	-11	23	11	48	44	11	02	-															
Z1	13	98	87	95	96	-51	56	92	76	01	-														
Z2	-84	01	24	-30	-14	-51	-49	-03	-06	-41	-09	-													
Z3	-52	-72	-50	-89	-83	02	-83	-75	-56	-38	-78	54	-												
Z4	-12	-37	-49	-33	-25	16	-03	-34	-23	-12	-24	06	15	-											
Z5	04	-48	-38	-50	-60	17	-28	-47	-41	-07	-50	20	54	17	-										
V1	-56	17	41	-14	-10	-62	-53	02	05	-44	04	66	42	-37	22	-									
V2	-38	-90	-75	-99	-96	24	-77	-90	-70	-20	-94	34	92	27	51	19	-								
V3	13	-95	-96	-79	-84	66	-25	-86	-74	15	-89	-18	52	46	46	-39	75	-							
V4	59	51	28	73	64	04	75	50	36	22	64	-63	-79	06	-29	-41	-77	-31	-						
V5	41	76	62	87	83	-04	72	79	62	30	79	-38	-82	-21	-45	-26	-87	-62	65	-					
V6	-62	-71	-55	-84	-72	08	-67	-68	-56	-29	-77	53	29	29	25	19	85	56	-77	-81	-				
V7	-01	-96	-95	-86	-88	55	-43	-90	-74	02	-93	-08	42	42	38	29	84	94	-42	-73	70	-			
V8	-69	40	62	06	20	-65	-44	32	28	-37	23	73	23	-43	-16	73	-00	-61	-53	-03	20	-45	-		
V9	18	-98	-88	-97	-98	42	-62	-95	-75	-09	-98	14	83	33	53	00	97	89	-62	-84	78	93	-25	-	
V10	05	93	91	80	80	-59	23	85	73	-08	88	-01	-59	-48	-42	29	-77	94	35	68	-68	-92	51	-88	-

(1) 犯罪率（Crime Rate）
　　Y1＝窃盗（Larceny）
　　Y2＝傷害（Bodily Injury）
　　Y3＝強姦（Rape）
　　Y4＝強盗（Robbery）
　　Y5＝殺人（Homicide）
(2) 検挙率（Clearance Rate）
　　X1＝窃盗
　　X2＝傷害
　　X3＝強姦
　　X4＝強盗
　　X5＝殺人
(3) 有罪率（Conviction Rate）
　　Z1＝窃盗
　　Z2＝傷害
　　Z3＝強姦
　　Z4＝強盗
　　Z5＝殺人
(4) 外生変数（Exogenous Variable）
　　V1＝経済的機会因子（LNECON）
　　V2＝生活水準因子（LNBSD）
　　V3＝社会的賃金（SOCWAGE）
　　V4＝賃金格差（DIFWAGE）
　　V5＝貧困（POVERTY）
　　V6＝労働争議因子（LNWORK）
　　V7＝離婚率（DIVORCE）
　　V8＝人口移動（POPMOB）
　　V9＝人口密度（DENSITY）
　　V10＝年齢構成（AGE）

第4章　日本における社会学的犯罪学の特色

一　序

　日本の犯罪学研究の学問的基盤は、この学問の成り立ちからみても、社会学、心理学、精神医学、法律学その他の関連諸科学の分野に分散しており、かつ研究成果の発表の場も多様であるために、実際上その全体をみわたすことは容易ではない。さらに、日本では、伝統的に犯罪学の研究者の関心は、戦前戦後を通して、大部分外国の研究に向けられ、日本国内の問題データを利用する研究に対する関心は必ずしも高くはない。その結果として、理論構築型および理論検証型の研究業績の蓄積という面において、今日犯罪学の先進国といわれるアメリカの研究動向と比較した場合、依然として国際的な水準において見るべき成果をあげているとは言い難い状況にある。それゆえ、国際学会・会議などにおける自国の研究成果の国際的発信力という点においても脆弱な状況にある。

　しかし、このような制約条件はあるものの、理論的および実証的な研究業績の積み重ねが、社会学、心理学、精神医学などの行動科学的アプローチよりする犯罪・非行研究においては、比較的最近になってそれなりの見るべき成果をあげはじめている。とくに、第2次世界大戦後において、日本の犯罪学研究は、社会学的アプローチを主流とするアメリカの社会学的犯罪学ないしは犯罪社会学の圧倒的な影響を受けて展開されている。そこで、本章では戦後日本における社会学的犯罪学ないしは犯罪社会学の研究動向に限定して、研究者の多くが一体どのような研究主題に関心をもち、それらをどのような理論的パースペクティブから、どのような調査方法を利用して分析・検討しようとしてきたのかを探究してみたい。このような分析を通じて、アメリカ犯罪学研究の日本の社会学的犯罪学に対する学問的影響がはたしてどのようなものであり、またどの程度のものであるのかをうかがい知ることもできるであろう[1]。

　筆者がこの研究主題を選択したのは、以下のような理由からである。先ず第一

に、今までのところ日本の社会学的犯罪学の特色を包括的に分析しようとした調査研究はほとんど存在していないということである。ある意味で、日本国内の調査研究者たちの間でさえ、自国の社会学的犯罪学の特色については、あまりよく知られていないようにみえる。第二に、国際犯罪学会第16回世界大会が、2011年8月、神戸において開催されることになり、このような国際会議の場において、日本の社会学的犯罪学の特色とはどのようなものなのかを世界に向けて発信する絶好の機会であるということ。第三に、筆者自身は、「アメリカ犯罪学会」（American Society of Criminology：ASC と略）と「全米刑事司法学会」（Academy of Criminal Justice Sciences：ACJS と略）の会員であるのと同時に、1995年以降は日本犯罪社会学会（以下、「本学会」と略）の会員でもある[(2)]。本学会は、1975年に設立されて以来、本稿執筆の時点（2010年）で35年の歴史を有し、日本では社会学的指向の犯罪学研究の中心的な学術研究団体といえる。筆者は、長年、日米における学会活動を通じて、双方の研究動向の特徴を知る立場にあるところから、この機会に本学会の35年の歴史を振り返り、おもにアメリカ犯罪学の研究動向と比較しながら、社会学的犯罪学の日本的特色を探究することは、それなりに有意義な作業であると思われる。

二　日本犯罪社会学会の特徴とは何か

まず始めに、日本犯罪社会学会とはどのような学術団体であるのかを、その通常会員および歴代会長の専攻分野（学問的バックグランド）などから、その特徴を見てみることにする。

表4-1は、本学会の歴代会長、その専攻研究分野および通常会員数の推移をまとめたものである。本学会は、1974年に会員数289名で発足し、それ以降会員数は徐々に増え続け、1984年に会員数が1981年の456名から340名に急減したものの、2008年には全期間を通して過去最高の490名にまで回復し増加した。なお、2014年の最新データによれば、会員数は461名であり（犯罪社会学研究、第39号、2014年、118頁）、1999年以降の過去15年の会員数はおよそ約450人から490人の間で推移しており、比較的安定した傾向を示している。

矢島（1984）は、「日本犯罪社会学会の社会学」と題する論文において、本学会の会員の動向や研究動向について、大変興味深い社会学的分析を行っている。

表 4-1　日本犯罪社会学会　歴代会長（1974年～2016年）

	就任年	会　長	研究分野	通常会員数
第 1 期	1974	那須 宗一	社会学	289
第 2 期	1975	岩井 弘融	社会学	360
第 3 期	1978	柏熊 岬二	社会学	389
第 4 期	1981	四方 壽雄	社会学	456
第 5 期	1984	澤登 俊雄	刑事法学	340
第 6 期	1987	星野 周弘	社会学	378
第 7 期	1990	星野 周弘（再任）	社会学	400
第 8 期	1993	所　一彦	刑事法学	444
第 9 期	1996	横山　実	刑事法学・社会学	437
第10期	1999	荒木 伸怡	刑事法学	456
第11期	2002	森田 洋司	社会学・教育学	449
第12期	2005	森田 洋司（再任）	社会学・教育学	457
第13期	2008	矢島 正見	社会学	490
第14期	2011	矢島 正見（再任）	社会学	472
第15期	2014	石塚 伸一	刑事法学	461

注1）会長の任期：選挙年の大会時から、3年後の大会時まで（大会前日の新理事による理事会で互選、総会で承認され就任）．
　2）2016年7月30日現在、一般（通常）会員数は、459名である。

　彼は、学会設立年である1974年から1983年までの10年間について、会員の動向を研究者会員と実務家会員の区別および会員の専攻分野別の分類という観点から、本学会の特色を分析検討している。矢島は、次の二つの点において会員の動向の特色を見出している。すなわち、先ず第一に、設立当初は研究畑と実務畑の会員の割合はおよそ半々であったのが、この10年間の間に実務畑の会員が激減し、完全に研究畑中心に会員の動向が推移したということである[3]。もう一つの特色は、会員の専攻分野別では、当初より社会学専攻の会員よりも法律学専攻の会員の方が多く、その傾向はこの10年間の間にますます強まっているということである。その一方で、専攻分野別の会員数としては少ないが、教育学や心理学専攻の会員も所属しており、学会組織全体として「多用な研究分野の研究者があつまっ

ての学際性」という特色をもっている。ただ、そうとはいえ、「日本犯罪社会学会」の会員の中核をなしているのは、日本犯罪「社会学」会との名称にもかかわらず、一貫して社会学専攻ではなく、法律学専攻、とりわけ刑法、刑事訴訟法、刑事政策を含む刑事法専攻の研究者グループであることは特筆すべきことである。このことが、ある意味、今日の日本の犯罪社会学的研究のあり方を決定づけているといっても過言ではないであろう。

　他方で、本学会の刑事法専攻の会員数の優勢にも関わらず、興味深いのは、歴代会長の専攻分野についてみると、圧倒的多数は社会学専攻の研究者が会長として選出されているということである。過去15期（1974年～2014年）の歴代会長の内、刑事法学専攻はわずか15名（再任の場合を含む）中4～5名にとどまる。これは学会発足当時から少なくとも研究活動の中心が社会学専攻の会員によって主導されていたことを物語っているようにみえる。

　矢島（1984：86-88）は、さらに続けてなぜ法律学専攻の会員が躍進してきたのか、また逆になぜ社会学専攻の会員が質量ともに伸び悩んでいるか、それぞれの理由について分析している。矢島によれば、先ずは、刑事法研究者の躍進の理由として、1970年初頭におけるラベリング論やニュー・クリミノロジーの影響を挙げている。これらの新しい犯罪学理論によって犯罪化・非犯罪化に係る立法過程や刑事司法機関の活動自体が研究対象となり、そこに「刑事法社会学的犯罪学」と呼びうる研究領域が生まれ、多くの刑事法学者がそれに強い関心を持つようになったということである。次に、社会学専攻の会員の減少ないしは停滞をもたらしたものは、社会学自体の専門細分化の進行という状況によって、犯罪社会学を専攻する若手研究者ないし大学院生の数が少なくなっていることと、それに関連して犯罪社会学の実務・研究を職業とすることのできる職場の絶対的少なさを指摘している。日本では、社会学の研究分野の一つとして、犯罪社会学を学ぶということが、ひとつの専門的なキャリアパスとして十分に確立されていないということが、その問題の根源にあるという指摘は重要かつ重大である。実のところ、刑事法学の研究分野においても、とりわけ刑事政策専攻の研究者について、犯罪社会学専攻の場合とほぼ同じような問題状況が近年深刻化している。この問題は日本における犯罪学・刑事政策教育の「危機的状況」として次章において論じる予定である。

　それはそれとして、本学会が、本学会設立後から今日に至るまで、上記のよう

な問題を抱えながらも、主に刑事司法政策に強い関心をもつ刑事法学者と犯罪・非行問題に関心をもつ社会学者との調査研究の交流の場として、わが国の犯罪社会学研究の発展に中心的・指導的な役割を果たしていることに間違いはない。

三　先行研究——文献の検討

　戦後日本における社会学的犯罪学ないしは犯罪社会学の研究動向を調査研究した先行例としては、戦後から1960年代までの時期についてはいえば、橋本（1969）の研究、そして比較的最近までの1990年代までの20世紀の研究動向を整理した論考としては星野（2009）が大変有益な研究文献情報を伝えている。橋本の論考では、犯罪学研究の動向それ自体というよりは、犯罪学研究を推進するにあずかって力のあった背景的諸事情、すなわち、法律・制度の改変、各種研究機関の活動、学会・研究会の動向などに関し、その概略を展望している。一方、星野（2009）は、社会学者による社会学的な研究に限定して、我が国の犯罪学研究の動向をとくに主要な研究者およびその研究業績に焦点を当てながら詳細に概観している。その際に、「実証的研究とそれを支える理論的研究を対象として、研究動向の把握を試み」ている点で、極めて有益な分析の視点を提供している。それゆえ、本章では、星野の研究の内容を本論との関係で必要な限りで紹介することにする。さらに、英米の犯罪学研究の相違を分析したコーエン＝ファーリントン（Cohen and Farrington, 2007）の研究も先行研究例のひとつとしてとりあげることにする。彼らの研究は、米国における主要な犯罪学および刑事司法関連の雑誌において学問的影響力のある犯罪学者が誰であったのかを当該雑誌において掲載された論文において引用された文献の頻度に基づいて、分析しようとした先駆的な研究である。彼らの研究の紹介・検討を通じて、日本の犯罪社会学的研究の特色との異同を比較検討してみたい。

1　星野の研究（2009）

　星野（2009：133-139）は、戦後日本の犯罪社会学研究の動向を5段階の時期に区分してその特徴を分析している。先ずは、第一段階は、戦後直後の1945年から54年までの時期で、都市社会学のシカゴ学派の影響によって特徴づけられる段階である。いわゆるショーとマッケイ（Show and McKay）の研究に基づき、マクロ

レベルのデータを利用して、都市地域と犯罪との関係について、いくつかの先駆的な生態学的調査研究が行われた。この種の研究は、今日の地理情報システム（GIS）を用いた「地域特性と犯罪」に関する生態学的研究や疫学的研究に引き継がれ、犯罪防止に活用されている。

　第二段階は、1955年から64年までの時期で、実証的研究の開化期である。理論的には社会構造理論から社会過程論のパースペクティブまでさまざまな理論的関心とより洗練された調査方法による実証的研究が行われるようになったことに、その特色があるとされる。

　第三段階は、1965年から74年までの時期で、非行化過程、累犯過程、社会変動と犯罪の変化との関係などについての実証的な調査研究が盛んになり、それに関連して調査方法において新たな手法の導入が試みられた時期である。たとえば、コーホートの追跡研究、多変量解析による地域の犯罪発生率の予測研究などがその例である。この時期に日本犯罪社会学会が設立されたことは上述のとおりであり、それが実証的な犯罪社会学的研究の発展に一定の役割を果たしたことは言うまでもない。

　第四段階は、1975年から84年までの時期で、60年代後半から70年代初期のアメリカにおいて隆盛となったラベリング理論（社会的反作用論）やニュー・クリミノロジーの影響を受けて、犯罪化、公式・非公式の犯罪統制に関する研究が行われるようになるなど、新たな視点からの研究が開始された時期でもあった。ただし、これらの視点に立つ研究の大部分は理論的研究であり、実証的研究は極めて少ないという限界があった。さらに、計量的研究ではなく、事例調査法、社会史研究、直接観察法など定性的分析手法を用いた優れた調査研究も誕生するようになった。

　最後の第5段階は、1985年以降の時期に行われた調査研究に関するものである。この時期の犯罪社会学研究の特徴は、研究者の理論的関心が前段階において主流であったラベリング理論から社会統制（コントロール）理論へと変化したということである。1985年以降はわが国でも米国同様に社会統制理論の枠組を用いた実証的研究が多くなってきている。また、方法論的には高度な統計的手法が広く普及してきた時期でもある。因子分析、パス解析、時系列的回帰分析、ログ・リニアモデル、構造方程式モデリング、生存分析モデル、イヴェント・アナリシスなどの分析手法を取り入れたり、コーホート追跡調査、ライフコース論に立つ

発達犯罪学（developmental criminology）の調査手法などを用いた研究が広くみられるようになった。

　結論として、星野（2009：139-140）は、理論的パースペクティブの動向に関して、次のように要約している。すなわち、1945年から64年までの研究は、おおよそ社会構造論（社会解体理論と緊張理論）の視点をとっているが、1950年代の後半から60年年代の初めにかけて、社会過程論（文化学習理論）の視点をとる研究も生じてきている。そして、1975年から84年にかけては、ラベリング論の系譜に連なる構築主義的な性質をもった研究が登場するものの、この時代の実証的研究の多くは文化的学習理論を主流とする社会過程論の視点に立つものである。さらに、行為者に焦点を合わせた社会統制理論の視点にたつ実証的研究が1985年以降盛んになっている。なお、葛藤（コンフリクト）理論による実証研究例は日本ではほとんどなく、ラベリング（社会反作用）論の視点からなされた実証的研究も少ない、とされる。

2　コーエン＝ファーリントン（Cohen and Farrington, 2007）

　コーエン＝ファーリントンは、2007年に公表された論文において、1986年から2000年までの期間に、アメリカの主要な犯罪学および刑事司法関連の専門雑誌において最も引用された学者およびその業績について分析を試みた[4]。彼らの用いた分析手法は、「引用分析」（citation analysis）という一種の内容分析である。具体的には、各主要雑誌に掲載されたすべての「論説」（articles）および「研究報告」（research notes）において引用されたすべての著者およびその著作を当該論文の「引用文献」（References）欄をもとに計上するというものである。

　その結果、最も引用数の多かった学者およびその研究業績を識別することによって、犯罪や刑事司法における調査研究の威信や影響を測定することが、引用分析の目的である。問題対象となる著者および著作の受賞歴や学会での役職歴など他の方法もありうるが、この分析方法の利点は、量的かつ客観的であることに加えて、同じような調査を反復しようとする者に対して生データが誰にでも容易に利用可能であるという点にある（Cohen and Farrington, 2007: 9）。

　彼らの研究結果によれば、1986年から2000年までの15年間において、古い世代の著名犯罪学者であるアルフレッド・ブラムシュタイン（Alfred Blumstein）やマーヴィン・E・ウォルフガング（Marvin E. Wolfgang）は時の経過とともに引用

されることは少なくなっていった。ただし、1950年代に亡くなったエドウィン・H・サザランド（Edwin H. Sutherland）とクリフォード・R・ショー（Clifford R. Shaw）はなおも比較的数多く引用されている。

そして、調査の全期間を通して、主要6雑誌を総合して最も引用された上位5人の学者は、上位の順からあげると、第一位がトラヴィス・ハーシ（Travis Hirschi）、以下マイケル・R・ゴッドフレッドソン（Michael R. Gottfredson）、デヴィッド・P・ファーリントン（David P. Farrington）、ロバート・J・サンプソン（Robert J. Sampson）、デルバート・S・エリオット（Delbert S. Elliott）の順であった（Cohen and Farrington, 2007: 27）。ハーシの最も引用された著作は、『非行の原因』（Causes of Delinquency 1969）とマイケル・R・ゴッドフレッドソン（Michael R. Gottfredson）との共著『犯罪の一般理論』（A General Theory of Crime, 1990）であった。ファーリントンの主要業績は、「年齢と犯罪」（Farrington, Age and Crime, 1986）と題する論文であるが、その他にも多数の論文が引用されている。サンプソンの主要業績は、ジョン・H・ラウブ（John H. Laub）との共著『犯罪の生成』（Crime in the Making, 1993）であった。そしてエリオットの主要業績は、デヴィッド・ホイジンガ（David Huizinga）及びスザンヌ・S・エジトン（Suzanne S. Ageton）との共著『非行と麻薬使用を説明すること』（Explaining Delinquency and Drug Use 1985）であった。

一方、アメリカの主要3犯罪学雑誌において最も引用される学者たちは、縦断的、犯罪経歴調査研究と犯罪学理論またはそのいずれかに研究の焦点を当てる傾向にあった。他方、主要3刑事司法雑誌において最も引用される学者たちは、主要犯罪学雑誌の研究テーマと重複するところがみられるが、それらに加えて新たに社会復帰、量刑および法執行のような研究テーマに焦点を当てる傾向がみられた（Cohen and Farrington, 2007: 32）。

四　データと研究方法

本調査研究の目的は、社会学的犯罪学ないしは犯罪社会学の日本的特色というものを分析することにある。その際に、この研究分野で活躍している研究者の多くが一体どのような研究主題に関心をもち、それらをどのような理論的パースペクティブから、どのような調査方法を利用して調査研究を実施しているのか、そ

の研究動向の特色を分析・検討することにある。このような分析を通じて、日本の社会学的犯罪学に対する学問的影響を与えた研究者とは一体誰であり、また方法論的にはどのような特色をもった調査研究が主流であるのかを解明してみたい。この研究目的から、以下のようなデータと分析方法を利用することにした。

1　学会機関誌『犯罪社会学研究』（1976年〜2010年）

　日本においても、犯罪学（刑事政策を含む）研究に特化したいくつかの主要な学術研究団体が存在するが、社会学的犯罪学ないしは犯罪社会学研究を主導しているのは、前述したとおり「日本犯罪社会学会」である[5]。よって、本学会の機関誌である『犯罪社会学研究』（年1回刊行。以下「本誌」と略。）の創刊号（1976年）から現時点（本稿執筆時）における最新号（第35号、2010年）までの35年間を対象として、その期間内において、最も引用された著書および論文の著者が一体誰であるのか、またどのような研究方法の利用が主流であったのかを分析検討する。

2　内容分析

　本誌において最も引用された研究者を分析するために、先ずは、上記調査期間中に出版された本誌各号に「自由論文（論説）」または「研究ノート（研究報告）」として掲載されたすべての「投稿論文」を対象に、それらの研究主題、理論的パースペクティブ、そして方法論を識別する作業を行った。その結果、すべての査読付き「投稿論文」数は138本であった。そのうち、「自由論文」は118本、「研究ノート」は20本であった[6]。

　本誌の通常の編集構成によれば、第1号（1976年）から第16号（1991年）までは、「特集」「自由論文」「犯罪研究動向」、「海外動向」そして「書評」から目次構成されている。第17号（1992年）から最新号までは「特集」から「課題研究」という項目が名称変更されたこと、および「自由論文」に加えて「研究ノート」が別途掲載されるようになったことである。本研究の分析対象として選ばれたのは、上記のうち、「自由論文」と「研究ノート」だけである。その理由は、大きく分けると二つある。ひとつは、それらの投稿論文は査読審査を経て掲載されているという意味で、論文としての一定の質が保証されているということ。換言すれば、査読委員による掲載可否の判定は、執筆者以外の研究者が当該論文を掲載するに値すると評価したという意味で、間接的にその学問的影響を反映している

と推定できるということ。もうひとつの大きな理由は、投稿者の「自由な」問題関心からそれぞれ独創性のある研究論文が執筆されており、当該研究において執筆者によって引用された他の研究者の著作は、当該論文の学問的影響を直接に反映しているものと推定しうることである。

一方、本誌掲載の「特集」または「課題研究」に寄稿されている各論文は、分析対象から除外された。その理由は、これらの論文は、各号の編集委員会が指定したコーディネータが研究テーマを設定し、そのテーマに即した論文を各執筆者に「依頼する」ものであって、各執筆者の自発的な問題関心を直接反映しているものとは言えないということ、そしてさらには「投稿論文」とは異なり厳格な査読審査を経ていないということである。同じ理由から、「犯罪研究動向」、「海外動向」そして「書評」の類も除外された。

3 引用分析

本研究の分析方法は、コーエン＝ファーリントンの先行研究 (Cohen and Farrington, 2007) において使用された「引用分析」(citation analysis) に基づいている。著書および論文の著者の引用数を計算するルールは、基本的にはコーエン＝ファーリントンの採用した方法と同一である。すなわち、先ず第一に、すべての自由論文および研究ノートの「文献」欄に掲載されている著書、論文を著者別にリスト・アップした[7]。その際に、共著の場合には、各執筆者ごとに単独名によりエントリーした。第二のルールは、論文著者による引用（参考）文献の自己引用の場合には引用数の著者別エントリーから除外された。他者によって引用された著作の数を計算することが、学問的業績の影響を推計する方法としてはより妥当かつ信頼性があるからである。第三に、本誌掲載の論文の引用文献欄を35年間分コンピュータ・ファイルに入力した際には、これらのデータは、著者名のアルファベット順に並び変えられた（なお、研究機関による引用文献はこの段階で除外された。）。そしてこの著者のアルファベット順リストの中で、各著者名が何回引用文献として引用されているかを計上した。この引用回数が、犯罪学分野における個人研究者の威信および学問的影響の指標として使用された。なお、引用回数のデータの妥当性と信頼性については、ある程度英米の犯罪学においては確証されている (Cohen and Farrington, 1990: 478-481: 2007: 8-10)。すなわち、引用回数が多い著作であればあるほど、その調査研究の「質」の尺度と正比例的な相関関係に

あるというのが、犯罪学者間における共通理解といえる

五　分析結果

　結論から先に言えば、本研究における分析結果は、日本における社会学的犯罪学がアメリカ犯罪学の理論的および方法論的発展によっていかに大きな影響を受けているかをよく示している。表4－2は、1976年から2010年までの本誌に掲載された自由論文と研究ノートにおける研究主題と方法論の推移をまとめたものである。分析の便宜のために、すべての論文題目は4つの研究領域に分類された。すなわち、刑法社会学、犯罪学理論、各種犯罪・非行の分析、および刑事司法政策である。各研究領域の項目の下には、各論文の具体的な研究主題の見出しをリストに挙げた。同様に、各研究によって使用された調査研究方法を3つに分類した。すなわち、「文献の検討」、「定性的研究方法」、および「定量的研究方法」である。定性的研究方法は、さらに事例研究、記述分析、そしてカイ自乗検定（χ^2）に細分化される。定量的方法も多変量解析、相関分析、回帰分析、LISREL（共分散構造分析または構造方程式モデリング）に細分化された。

　1976年の創刊号から2010年の最新号（第35号）までの35年間に、138本の投稿論文（自由論文と研究ノート）が公刊された。これらのすべての論文には、合計1,890人（延べ人員）の著者の業績が引用されていた。そのうち、761人が日本人であり、1,129人が外国人、とくにアメリカ人著者であった。

1　研究主題

　研究論文の題目ないしは研究主題に関しては、全調査期間を通じて、本誌においては実に多種多様な研究題目が含まれていた。この調査期間の間、論文執筆者による研究調査の問題関心にはとくに有意味な傾向を見出すことはできなかった。しかしながら、全体として、少年犯罪・非行・問題行動の様々なタイプについて分析する論文が多く公刊され（22本）、次いで犯罪学理論のうち、ラベリング論（7本）とコントロール理論（5本）を取り扱った論文がすべての研究題目の中で比較的目立つものであった。

表4-2 機関誌に掲載された論文における研究主題と方法（1976年〜2010年）

研究主題 \ 研究方法	文献の検討	定性的			定量的			
		事例研究	記述分析	x^2	多変量解析	相関分析	回帰分析	LISREL
刑法社会学								
犯罪動向（日本）			1					
都道府県別犯罪パターン（ログ・リニアモデル）							1	
刑法改正（日本）	1							
刑法改正（西独）	1							
犯罪者定義			1					
インフォーマル統制			1					
犯罪報道と逸脱		1						
責任の概念分析			1					
刑事責任能力					1			
犯罪動機構成のメカニズム	2	1						
組織の逸脱行動と責任の帰属					1			
犯罪社会学の動向（日本）	1							
イギリス犯罪学の動向	1							
イタリア犯罪学の動向	1							
犯罪学理論								
犯罪行動理論	1							
逸脱行動の定義	1							
逸脱のイメージ				2				
アノミー	2						1	
非行下位文化	1							
分化的機会構造	2							
ラベリング	6					1		
構築主義	1	1						
批判的犯罪学	1							

五　分析結果

研究主題 \ 研究方法	文献の検討	定性的			定量的			LISREL
		事例研究	記述分析	x^2	多変量解析	相関分析	回帰分析	
コントロール理論	3						2	
セルフ・コントロール							1	
自己観念	1		1					
再統合的羞恥	1							
合理的選択	1							
成人犯罪者のリスク要因							1	
各種犯罪・非行の分析								
少年非行と非行少年	1	1						
非行史研究の方法論	1							
中学生にみる非行少年像			1					
「遊び型」非行	1							
粗暴的非行							1	
「現代型」少年非行	2							
生徒の問題行動	1		2		1			
生徒指導	1							
生徒の非行的文化			1					
非行少年における恥の意識			1					
家族と非行	1		2					
仲間集団と非行				1				
教育歴と不良行為			1					
経済的条件と犯罪							1	
失業と犯罪・非行							2	
都市と犯罪					1			
いじめ	1		1	1				
家庭内暴力（DV）	1							
児童虐待	2		1					
嬰児殺			1	1				

研究主題 \ 研究方法	文献の検討	定性的 事例研究	定性的 記述分析	x^2	定量的 多変量解析	定量的 相関分析	定量的 回帰分析	LISREL
保険金殺人			1					
男子少年殺人者				1				
放火			1					
薬物乱用	3		3					
性犯罪	2				1			
性表現規制	1							
青少年保護条例	1							
児童ポルノ（有害コミック）			1					
女子虞犯少年				1				
企業犯罪	2							
職務犯罪		1						
経済犯罪	1							
ヘイト・クライム	1							
外国人犯罪			1					
年齢と犯罪			1					
非行経歴			1					
失業と再入所							1	
自己申告非行尺度							1	

刑事司法

研究主題 \ 研究方法	文献の検討	定性的 事例研究	定性的 記述分析	x^2	定量的 多変量解析	定量的 相関分析	定量的 回帰分析	LISREL
刑事政策観に及ぼす要因分析				1				
公開刑廃止			1					
刑事司法のシステム分析	1							
警察に対する態度	1							
犯罪歴データー分析			1					
刑務所（英国）	1							
民営刑務所（米国、フランス）	2							
公判前ディヴァージョン	1							

研究主題 \ 研究方法	文献の検討	定性的		x^2	定量的			LISREL
		事例研究	記述分析		多変量解析	相関分析	回帰分析	
少年司法（少年法制）	1		2		1			
女子少年院		1						
保護処分	1							
少年補導		2						
ティーンコート（米国）	1							
社会内処遇		1			1		1	
保護観察	1							
BBS			1					
犯罪予防	1							
地域防犯							1	2
被害者支援策		1						
メーガン法	1							
割れ窓理論		1						
子どもの被害防止								1
モラル・パニックと少年犯罪	1							
合計　138　100%	64　46.4%	10　7.2%	30　21.7%	7　5.1%	9　6.5%	1　0.7%	14　10.1%	3　2.2%

2　研究方法

　対照的に、調査研究方法に関しては、社会学的犯罪学の日本的特色はかなり顕著のものがある。全論文のほぼ約半数（64本、46.4%）は、いわゆる「文献の検討」タイプの論文であった。さらに、全論文のうち30本（21.7%）が公式データおよび非公式データの記述統計分析に基づくものであった。他方、定性的研究方法の中で、事例研究の手法を利用した研究が数としては少ないものの10本（7.2%）あった。

　定量的研究方法に関しては、分散分析（ANOVA）や因子分析などの多変量解析を用いたものが9本（6.5%）、そして単純な相関分析を用いたものが1本（0.7%）であった。さらに最新の高度な統計手法である重回帰分析およびログリ

ニアー・モデルなど回帰分析を利用したものは14本（10.1％）であり、LISREL（共分散構造分析）と呼ばれる最先端の統計技法を用いたものも3本（2.2％）あった。この調査期間を通じて見出されたことは、単純な記述統計分析や初歩的な多変量解析を使った研究が当初主流であったが、時の経過とともに欧米の研究水準に適合するような、より洗練された最新の統計技法を利用した定量的調査研究が増加する傾向にあったということである。

しかしながら、そうとはいえ、定量的研究方法が主流であるアメリカ犯罪学と比較してみると、日本の社会学的犯罪学の特色は、依然として定量的調査研究が「貧困」であり、その圧倒的多数は「文献の検討」タイプの論文または定性的調査研究によって占められている点にある。

3 本誌において最も引用されている研究者は誰か

さらに続けて、本誌において最も引用されている著者（研究者）が一体誰であるのかを調査することにする。全調査期間中に本誌において公刊されたすべての論文の「文献」欄のリストに掲載されているすべての著書および論文の著者の数をすべて計上した。表4-3は、この調査期間中に本誌において10回以上「文献」欄に引用された上位24人の著者の引用回数を示している。2人以上の著者が同数の引用回数を有している場合には、それぞれ同一順位の平均値が割りふられた。

その分析結果によれば、トラビス・ハーシが全体で最も引用された学者であった。彼は、全体で29回引用されていた。本誌において彼の最も引用された研究業績は、『非行の原因』（1969年）であった。最も引用された日本人研究者は、西村春夫であった。彼は全体で20回引用されており、第3位の順位であった。上位24人の著者の大多数（15人）は、外国人であった。そしてわずか9名が日本人研究者であった。この研究結果が示唆していることは、日本の社会学的犯罪学がアメリカ犯罪学の古い世代の学者、たとえば、ハーシ、ブラムシュタイン、ベッカー（H.S.Becker）、マートン（R.K.Merton）、レマート（E.M.Lemert）、クロワード（R.A.Cloward）、キツセ（J.I.Kitsuse）、オーリン（L.E.Ohlin）、ギブズ（J.P.Gibbs）、そしてシューア（E.M.Schur）などによって圧倒的な影響を受けているということである。

表4-3は、また全調査期間を10年毎に区分して、各10年毎の上位ランキングを比較検討した。すなわち、それらの時期は、1976年から1985年までの時期、

1986年から1995年までの時期、1996年から2005年までの時期、そして最後の時期は2006年から2010年までの5年間とした。その分析結果によれば、ハーシは、1986年から最近年の時期に至るまで一貫して最も引用された学者の上位3位のうちの一人であった。最近年の2006年から2010年の5年間については、アレックス・ピケロ（Alex Piquero）、ケン・ピーズ（Ken Pease）、マイケル・ゴットフレッドソン（Michael Gottfredson）、そしてデヴィッド・ファーリントン（David Farrington）の4名が、上位24名の中に新たなエントリーとして加えられた。ケン・ピーズ（英国の犯罪学者）を除けば、他の3名の犯罪学者は、アメリカ犯罪学会の機関誌である『犯罪学』の2005年版でかなり高い順位を占めていた。この点

表4-3 『犯罪社会学研究』誌において最も引用された研究者（1976年-2010年）

順位	Rank in 1976-1985	Rank in 1986-1995	Rank in 1996-2005	Rank in 2006-2010	名　前	引用回数
1	-	3	3	1	Hirschi, T	29
2	1	-	-	-	Blumstein, A	23
3	20.5	1	16.5	-	西村春夫	20
4	3	13	-	-	Becker, H S	19
5	2	-	-	-	Merton, R. K	18
6	8	13	16.5	-	星野周弘	15
7.5	4	-	-	-	Lemert, E. M	14
7.5	12	6.5	-	-	大村英昭	14
9.5	-	-	-	2	Piquero, A	13
9.5	8	-	-	-	藤本哲也	13
12	8	-	-	-	Cloward, R. A	12
12	20.5	-	-	-	Kitsuse, J. I	12
12	-	13	16.5	-	森田洋司	12
16.5	-	-	3	-	Foucault, M	11
16.5	-	-	-	4	Gottfredson, M	11
16.5	20.5	-	-	-	Ohlin, L. E	11
16.5	-	-	-	3	Pease, K	11
16.5	-	3	-	-	麦島文夫	11
16.5	-	-	7	-	宝月誠	11
22	-	-	-	8	Farrington, D. P	10
22	12	-	-	-	Gibbs, J. P	10
22	5	-	-	-	Schur, E. M	10
22	-	-	-	6	小林寿一	10
22	-	6.5	-	-	鈴木真悟	10

に関して本研究は、2007年のコーエン゠ファーリントン (Cohen and Farrington, 2007) の研究と一致している。

六　議論と結論

　調査研究の方法論的特質という観点からいえば、本誌掲載の投稿論文は、圧倒的に「文献の検討」タイプのものと記述分析を利用した定性的調査研究によって占められている。これまでのところ、本誌においては、定量的調査研究の実績という点においては、必ずしも十分な成果をあげていない。一方、それらの理論的関心に関しては、ラベリング理論が1976年から1985年までの時期ではもっとも人気があったように見える。しかしながら、その後はラベリング理論の人気度は劇的に下落してしまった嫌いがある。それに代わって、1986年以降着実に本誌上において人気の出てきたのが、ハーシの社会統制理論（社会的ボンド理論または社会的絆理論とも呼ばれる。）である。

　このような研究結果を踏まえて、次に検討すべき問題は、なぜ日本の社会学的犯罪学ないしは犯罪社会学が上記のような特色をもつようになったのか、その理由を説明することである。この理由については、いくつかの説明が可能と思われる。先ず第一に、本章第2節の「日本犯罪社会学会の特徴とは何か」においてすでに述べたように、本学会会員の半数以上がいわゆる刑事法専攻の法学研究者たちによって占められているということである。それゆえ、法律学専攻会員の学問的バックグランドからみても、一般的に、法律学専攻者たちが社会学や社会調査の分野における実証的調査研究方法にキャリアとして習熟しているわけではない。このような事情から、法律学専攻者による実証的調査研究は、せいぜい『犯罪白書』などの官庁統計を用いた記述分析にとどまらざるをえないというのもやむを得ないところである。さもなければ、法律学専攻の会員は、積極的に外国文献を翻訳、紹介して、「文献の検討」タイプの論文体裁をとりながら、欧米生まれての理論やそれに関連した諸外国での議論を分析検討する傾向が伝統的に根強いといえる。

　第二に、社会学専攻の会員に関しては、本学会が1970年代前半に設立された時期における中心的メンバーの多くは、社会学専攻の会員であり、当時欧米の社会学・犯罪学を席巻していたラベリング理論やニュー・クリミノロジーの学問的影

響を強く受けていたものと思われる。一般的に言えば、ラベリング理論の支持者たちは、その認識論的立場から、いわゆる伝統的な実証主義的な定量的調査研究を「批判」または「軽視」しがちであり、それよりもむしろ解釈学的または構築主義的調査研究を強調する傾向がある。アメリカ犯罪学が1930年代にいわゆる「シカゴ学派」を出発点として生成発展してきた学問的背景と比較すると、日本の社会学的犯罪学ないしは犯罪社会学が、地道な実証的調査研究の基盤がぜい弱な状況において、いきなりラベリング理論を中心とする学問的風土から出発したことが、今日の社会学的犯罪学ないしは犯罪社会学の日本的特色をもたらした大きな一因ではないかと思われる。もっとも、ラベリング理論やニュー・クリミノロジーの台頭が、刑事法学者と犯罪社会学者との接近、「対話」を促し、本学会設立の重要な契機となったことは疑いのないところである。このような功罪はあるものの、やはり問題の根本は、定性的な調査研究は別として、なぜ日本では実証的な定量的調査研究が十分に発展してこなかったのかをあらためて再考すべきであろう。

　第三に、日本の社会学的犯罪学ないしは犯罪社会学の実証学問としての貧困さは、日本の大学をはじめとする高等教育機関における犯罪学・刑事政策教育の体制に関係している。日本では、犯罪学・刑事政策教育は、伝統的に大学の法学部、大学院の法学研究科などにおいて専門科目の「選択科目」として配置されているところが多い。このような授業科目を担当するのは、刑法や刑事訴訟法の専任教員がいわば「副業」的に担当する習わしが大部分である。おそらく犯罪学・刑事政策担当の専任教員を雇用している大学は極めて少ない状況にある。一方、社会学部ないしは社会学科など社会学の専門プログラムを有する日本の大学・大学院などでは、「犯罪社会学」、「社会病理学」、「逸脱」、「社会問題論」などの名称で授業が開講されている。しかしながら、これらの研究領域は、日本では社会学の一般的分野の中では極めてマイナーな下部専攻となっていると言われる（矢島、1984：87-88）。加えて、法学系の「犯罪学・刑事政策」分野と同様に、犯罪社会学の研究職となる雇用市場が絶対的に少ないために、社会学専攻の若い世代の研究者たちは、たとえ犯罪非行問題などに関心・興味を持っていたとしても、本学会に加入することには極めて消極的であるとの指摘もなされている。法律系と社会学系ともに、日本では大学卒業後の進路に研究職、実務職の雇用市場がほとんど整備されていないという厳しい現実が、社会学的犯罪学ないしは犯罪社会

学研究の長期的な停滞をもたらしている最大の要因であると言えよう。この意味では、高等教育機関における「出口戦略」ができるだけ早期に日本でも検討されることが強く推奨される。

　最後に、本研究の意義と限界について若干述べることにする。本研究は、日本の犯罪社会学の研究動向を主要な研究業績に基づき詳細に分析・検討した星野(2009)の文献的調査に触発され、かつコーエン＝ファーリントン（Cohen and Farrington, 1990 and 2007）によって用いられた引用分析の手法を日本の専門雑誌に応用した最初の調査研究である。ただし、本研究が対象とした専門雑誌は、『犯罪社会学研究』一誌だけであり、限られた利用可能なデータの制約のために、本研究結果をもって、ただちに日本の社会学的犯罪学ないしは犯罪社会学の特色を一般化するつもりはない。データの妥当性や信頼性の観点から、本研究にはいくつかの重要な限界が当然指摘されうるであろう。いずれにせよ、より妥当かつ信頼のあるデータの利用可能性という観点から、今後の研究の課題としては、『犯罪社会学研究』以外の他の犯罪学関連の専門雑誌、たとえば、日本犯罪学会の機関誌『犯罪学雑誌』および日本犯罪心理学会の機関誌『犯罪心理学研究』などにも引用分析を拡張するなど、より総合的に日本の犯罪学研究の特色を比較検討することが強く期待されるところである。本研究がそのような研究の先駆けともなれば幸いである。

(1)　「犯罪社会学」と「社会学的犯罪学」の用語法の違いについては、本書第5章198頁以下参照。ちなみに、「日本犯罪社会学会」の公式の英語表記は、"Japanese Association of Sociological Criminology" となっている。日本語表記と英語表記との間には、犯罪学研究の在り方をめぐる根本的な考え方の「ずれ」が生じていることに留意すべきである。

(2)　アメリカ犯罪学会（ASC）と全米刑事司法学会（ACJS）の組織的特色については、本書第5章（注2）およびそれに対応する本文を参照。

(3)　2014年（平成26年）版「日本犯罪社会学会　会員名簿」によれば、通常会員461名のうち、その所属から実務畑の会員であることが判明できたものは、111名（約24％）であった。最近のデータからも、会員の圧倒的多数が大学に所属する研究畑の者であることがわかる。

(4)　彼らの調査対象となったアメリカの主要専門雑誌は、犯罪学分野ではASCの機関誌である『犯罪学』（Criminology）、最先端の定量的分析に特色のある『定量的犯罪学雑誌』（Journal of Quantitative Criminology）、当初は「犯罪と非行に関する全米協議会」（National Council on Crime and Delinquency）の機関誌であったが、2010年以降はJohn

Jay College 内に編集事務局を置く『犯罪非行調査研究雑誌』(Journal of Research in Crime and Delinquency) の 3 誌、一方、刑事司法分野では ACJS の機関誌である『ジャスティス・クォータリー』(Justice Quarterly)、刑事司法全般に及ぶ問題領域を取り上げている『刑事司法雑誌』(Journal of Criminal Justice)、矯正処遇の問題に特化した『刑事司法と行動』(Criminal Justice and Behavior) の 3 誌、合計 6 誌である。

(5) 日本犯罪社会学会（1974年設立）よりも設立年度が古い日本の犯罪学関連の学会としては、「日本犯罪学会」（1913年設立）と「日本犯罪心理学会」（1963年設立）が存在している。日本犯罪学会は、「わが国唯一の犯罪学の総合的学術団体」であることを標榜している。会員は、精神医学、法医学、法学、社会学、心理学など、多彩な専門分野に及んでいる（正会員数、550人、2014年2月現在）。もっとも、学会活動は、主に精神医学や法医学の研究者が中心となっており、機関誌は『犯罪学雑誌』（年6回刊行）である。日本の犯罪精神医学、法医学、矯正医学などの代表的研究のほとんどが、この機関誌上に発表されている。ただし、社会学的アプローチからする犯罪・非行研究業績はほとんど掲載されていない。よって、本調査研究の分析対象からは除外された。

一方、日本犯罪心理学会は、その学会名称でも謳われているように、犯罪・非行問題に関心をもつ心理学者が中心となって組織されている（会員数1,302人、2013年9月現在）。機関誌は『犯罪心理学研究』（年2回刊行）である。『犯罪学雑誌』同様に、その学問的アプローチの違いから、本調査研究の対象から除外された。なお、日本における犯罪学関連の研究機関および学会などの詳細については、朴（2016：60-63）参照。

(6) 本誌投稿規定によれば、論文の内容は「未公刊の論説または研究報告に限る。」とされている。本誌第18号（1993年）から英文投稿規定も掲載されるようになって、それでは「論説」は "articles"「研究報告」は "research notes" とそれぞれ訳されている。投稿論文の区分は、「自由論文」と「研究ノート」の2種類である。本誌編集委員会よる審査により、それぞれ掲載可否の判定がなされる。自由論文と研究ノートの区分の基準は、投稿規定において明記されていないので、その区分は投稿者自身および編集委員会の判断にゆだねられている。ただ、一般論としては、独創性または新規性のある研究内容である点では両者に大きな違いはないが、「自由論文」は論文全体の構成から研究結果の完結性が確かなものであることが求められる。一方、「研究ノート」は、研究結果の完結性という点では、いわば「中間報告」的なものであって、今後の研究によってその成果がおおいに期待されるものといえよう。いずれにせよ、本研究との関係でいえば、「自由論文」と「研究ノート」は、査読審査の対象となっている「投稿論文」として同列に取りあつかわれている。

(7) 『犯罪社会学研究』の投稿規定に定められている「引用文献・参考文献」の記載方法（論文の最後に文献リストを掲載する、いわゆる「リスト方式」）に従って論文が投稿されるようになったのは、本誌第26号（2001年）以降のことである。本誌のバックナンバーを見てみると、創刊号（1976年）から第25号（2000年）までは、文献注の記号が本文の末尾に付されて（いわゆる「注」方式）、論文の最後に一括して「注」として引用・

参考文献が掲載されていた。本研究では、これらの文献注において掲載されていた文献を「引用文献・参考文献」としてすべて著者別に計上した。

第5章　犯罪学・刑事司法教育の日米比較

一　はじめに

　1950年にカリフォルニア大学バークリー校に全米最初の犯罪学部が設立されてから、半世紀以上たった現在、アメリカでは推定で3,000以上の犯罪学・刑事司法プログラムがあり、2年制のコミュニティ・カレッジ、4年制および博士課程を含む大学・大学院プログラムが存在するまで発展してきている（斎藤、2013：4）。それとは対照的に、日本では、学部としてはもとより、犯罪学の学科・専攻・講座をもつ大学は全くといってよいほどない。せいぜい、法学部において、「刑事学」、「刑事政策」、または「犯罪学」という科目が開講されているか、あるいは文学部社会学科、社会学部などで「犯罪社会学」、「社会病理学」または「逸脱行動論」など様々な名称で犯罪・非行についての講義が副次的に設置されているに過ぎない。加えて、2000年の司法試験改革によって「刑事政策」が試験科目から外されてから、「刑事政策」（犯罪学または刑事学を含む広い意味）を履修する学生が全国的に減少傾向にあるようにみえる。その結果として、既存の法学部および新設の法科大学院の教育課程において「刑事政策」の専門科目としての位置づけが揺らいでおり、授業科目の縮小・廃止、若手研究者養成の停滞などの形で、今や「刑事政策教育の危機」ともいうべき状況にある（たとえば、安部、2016：45）。

　本章では、このような犯罪学の分野における日米の研究教育状況の大きな違いがなぜ生じたのかという問題を視野に入れながら、「犯罪学の先進国」といわれるアメリカにおける研究教育プログラムの形成過程に焦点をあてつつ、なぜアメリカの高等教育機関における犯罪学教育が現在のような急成長を遂げたのか、その背景、犯罪学教育の現状とその特色、および当面する課題などについて主に検討する。そして、アメリカでの研究教育の経験をふまえて、そこからわれわれが一体何を学びとることができるのか。アメリカとは対照的に危機的状況に直面し

ているといわている日本の犯罪学・刑事政策教育が、今後アメリカと同様の水準にまで到達していくためには一体どのような条件ないしは取組が必要とされるのかについて、私見を展開してみたい。

二　アメリカ犯罪学における研究教育体制の生成期

　アメリカの高等教育機関における犯罪学・刑事司法教育の起源は、1893年のシカゴ大学社会学部の創設にまで遡ることができる（Southerland et al., 2007：88）。同大学社会学部においては創設時より犯罪と逸脱に関する授業科目が教えられていた。その後、20世紀初頭に社会学が急速に発展し、全米規模でどの大学にも社会学部が開設されるようになるにつれて、犯罪学・刑事司法教育は着実に社会学部の中で、社会学者たちを中心に行われてきている。その意味で、アメリカ犯罪学とは、その実態からすると、「犯罪社会学」と言い換えてもよいであろう。では、なぜアメリカにおいて犯罪学が社会学と密接な関係をもちながら、いわば社会学の下位分野として発展してきたのであろうか。その理由としては二つほど考えられる。ひとつは、当時発展途上にあった社会学の学問的地位をより確固とするために、その研究対象領域を犯罪非行問題にまで拡大しようとしたことである。もうひとつは、アメリカの社会学者たちは、社会科学のひとつとして科学的実証的研究方法を利用することにその独自性を見出そうとしていたが、犯罪学研究が指向する科学的実証性という課題に直接応えることのできる研究環境が社会学部に備わっていたということである（朴、2010：3）。

　このように社会学と犯罪学との緊密な関係の結果として、大学法学部の中で犯罪学教育が制度化されてきたドイツやフランスなどとは異なり、アメリカではロー・スクール教育と犯罪学との関係はほとんど疎遠なものとなったである。ロー・スクールが法律家養成にとって重要である実体刑法と刑事手続法の科目を提供する一方で、実証科学的性質をもつ犯罪学はロー・スクール教育とは無関係なものとされたのであった。この点が、長い間大陸法系のヨーロッパ（そして日本も含む）とアメリカとの大きな違いとなっている。

　ヨーロッパでは、刑法・刑事訴訟法・犯罪学・刑事政策を一体的・総合的に理解することの重要性が刑事法学者の間では一般に浸透しており、そのことは大学法学部の教育課程においても反映されている。すなわち、犯罪学・刑事政策を、

刑法や刑事訴訟法に対する補助科学ないしは基礎科学と位置づけながら、刑法学者が犯罪学や刑事政策の講座（日本では両科目を合わせて便宜的に「刑事学」と呼ぶこともある。）を担当するのが一般的となっている。よって、社会科学的トレーニングを積んでいない法律家によって教育される「犯罪学」の内容とは、アメリカのように実証的な調査研究に裏打ちされたものではなくて、むしろかなり哲学的・思弁的なものであり、その限りで「講壇犯罪学」の域にとどまっているといえよう。

　ところで、アメリカでは1950年代に入ってから、社会学から別個独立した学問として犯罪学を位置づけようとする動きが、顕著となってきた。その象徴的かつ画期的な事例として、1950年にカリフォルニア大学バークリー校において全米最初の「犯罪学部」が創設されたということ、そして1958年には「アメリカ犯罪学会」（以下、ASCと略）が組織化されたということがあげられよう。UC・バークリー校の犯罪学部は、警察官の資質向上を目的とした警察教養教育プログラムから出発したが、1959年に大学院課程を開設してからは、警察管理行政、矯正、法学、社会学、そして精神医学を含む学際的な教育プログラムへと発展した。そして、全米で最初のかつ唯一の犯罪学博士号を授与する大学となった。当該博士課程プログラムは、犯罪学の研究教育分野における有為な人材を多数輩出し、以後1975年に学内外の政治的対立から大学評議会によって廃部されるまで、全米の犯罪学教育プログラムの展開に影響を与えた（Koehler, 2015）

　一方、社会学の分野で犯罪研究をしていた学者たちの学会組織の先駆けとしては、すでに1943年にアメリカ社会学会がその内部に「犯罪学部会」（現在は「犯罪、法及び逸脱部会」と改称）を設立していた。しかし、ほぼ同時期にごく少数のUC・バークリー校関係者が警察学関係の別組織を立ち上げ、その後犯罪学、社会学などの研究者たちの参加を得て、1957年に現在のASCが正式に発足した。爾来、会員数の増加とともに、当初の警察学指向から社会学指向へと学会活動の方向性がシフトすることとなった。

　このような動向に関連して、そもそも「犯罪学とは一体何であるのか」、「犯罪学が社会学その他の社会科学とは別個独立した学問といえるのか」、「誰が犯罪学者なのか」といった犯罪学・犯罪学者の独自性にかかる問題が、ASCにおいて真剣に議論されるようになった（Morris, 1975）。「犯罪学」の定義については、犯罪現象を対象とし、犯罪原因論を内容とすることで、刑罰・犯罪対策を扱う「刑

罰学」や「刑事司法行政」と対比されるが、両者を含むものとして、今日まで基本的には同じような概念化が定着しているといえる。

　しかしながら、犯罪学がひとつの別個独立した学問とみなすべきかどうかについては、長年の論争があっていまだ解決していない難しい問題である。この問題は、実のところ、「犯罪社会学」と「社会学的犯罪学」という用語法の違いにも関連していると思われる。すなわち、両者ともに犯罪現象を研究対象とする点では同じであるが、その調査研究方法のあり方について根本的な違いがあるのである。犯罪社会学とは、社会学的アプローチから犯罪を科学的に分析する学問分野を指すが、この用語法の前提として、犯罪学研究とはその学問的基盤となる社会学からの知識の応用であると理解されている。その限りで犯罪学とは社会学の中のひとつの専門領域でしかない。よって、社会学から独立した「犯罪学」という学問は存在しえないし、「犯罪学者」というようなものも存在しないということになる。

　「犯罪社会学」という用語法が1つの特定の学問的アプローチからだけで、それに関連する調査方法論によって犯罪問題に取り組むことを意味するのに対して、「社会学的犯罪学」という用語法は、犯罪行動の複雑さを調査研究するためには多元的な行動諸科学的アプローチを含む学際的学問（社会学、心理学、精神医学、法学、政治学、行政学、経済学、哲学、歴史学、人類学など）でなければならないという考えから生まれたものといえる。すなわち、社会学的犯罪学は、もっぱら社会学的焦点をもって、社会学部において教育を受けた者によって研究される点では犯罪社会学と類似しているが、その前提として他の行動諸科学の知識の総体および調査研究にも精通していることが強く期待されている点では異なっている。この立場からすると、学際的学問としての性質をもつ犯罪学は、当然ながら、社会学とは異なる別個独立した学問ということになる。また、「犯罪学者」の意味についても、「その専門的・職業的役割において、犯罪、犯罪者、犯罪行動に関する科学的研究に専念する者」と定義することで、その専門性と科学性を併せ備え、かつ職業的関心の主たる焦点が犯罪問題である場合だけに、犯罪学者という用語は適用されうることになる（Wolfgang, 1963：160-162）。

　いずれにせよ、現在でも自らを社会学者として自覚し、社会学のフィールドで犯罪学研究に従事することに固執する者が確実に存在している一方で、犯罪学の学問的基盤となっている社会学を基本としつつも、それだけに留まらずより学際

的な枠組みの中で研究教育に関わろうとすることで、犯罪学の学問的アイデンティティを確立しようとする動きも1960年代後半以降顕著となっている。

三 アメリカにおける犯罪学・刑事司法教育プログラムの発展拡大

　1960年代後半以降、全米レベルで犯罪学・刑事司法教育プログラムを開設する大学が急激に増加するようになった。1965年に短大、大学、大学院を含めて全体で95の犯罪学・刑事司法プログラムが存在した。それが1975年には、1,348のプログラムにまで急増したといわれている（Lejins, 1983：690-691）。犯罪学・刑事司法教育プログラムの急増をもたらした背景には、1960年代以降のアメリカ社会における犯罪の爆発的増加傾向とそれから生じた犯罪問題に対する全米的な関心の高まりと刑事司法制度による厳格な犯罪統制を指向する連邦政府の関与ということがあげられる。とくに連邦司法省内に「法執行援助局」（Law Enforcement Assistance Administration：LEAAと略）が1969年に組織され、犯罪学の分野の中でもとくに刑事司法教育や調査研究に対して多額の補助金を提供することを目的とする「法執行教育プログラム」（Law Enforcement Education Programs：LEEPと略）をスタートさせたことが、最大の理由である。LEEPは、たとえば、短大、大学などで刑事司法を専攻する学生に対する奨学金給付や、大学当局に対しては警察－裁判所－矯正保護に及ぶ刑事司法システム全体について、社会学だけに特化せずに学際的な観点から教育する刑事司法教育プログラムの拡充を条件として財政支援をおこなった。1982年にLEEAが廃止されるまでに刑事司法分野に対する財政支援は実に総額で約100億ドルにも達したとのことである。

　1982年にLEAAとLEEPがともに廃止されて、刑事司法教育に対する巨額の財政支援は中止された。しかしその後も、刑事司法教育プログラムは発展し続けた。それは、ひとつには、刑事司法に関する教育プログラムと調査研究が大学にしっかりと制度化されたということと、大学当局にとって犯罪学と刑事司法のテーマが適切かつ必要な研究領域と認められるようなったからである。さらに、犯罪学や刑事司法は、刑事司法分野における雇用機会の増大とそれに伴う人材確保の要請という就職面での好況も手伝って、多くの大学生にとって魅力的な専攻となっていたということである。アメリカの大学で犯罪学・刑事司法を専攻するということは、ある意味、警察官、矯正職員、保護観察官などになるためのキャ

リア・パスとなっているのである。

　犯罪学を専門とする研究者養成については、アメリカでは一般的に博士号取得が大学教員採用の応募資格要件となっている中で、1970年代以前にはその学問的母体である社会学の博士号を取得することが、犯罪学者としてのキャリアをスタートさせる本流であった。その伝統は現在でも維持されているが、それに加えて、犯罪学・刑事司法（以下、CCJと略）の博士号を授与する大学の数が1970年代以降急成長するにつれて、CCJの博士号を取得した者も多数大学機関に採用されるようになった。さらに、犯罪学の学際性を繁栄して、傍流ではあるが、一定の割合で心理学、政治学、行政学、法学などを専攻する学位取得者も教員スタッフとして採用されている。

　比較的最近のデータによれば、2008年12月の時点で、全米に31ある犯罪学・刑事司法専攻の博士課程プログラムに所属する専任教員の学問的バックグランドを調査したところ、全常勤教員（459名）中、CCJの博士号を有する者は37％、社会学博士号は32.1％、その他の専攻の学位取得者は30.9％であった（Carlan et al. 2009：256）。このデータの意味することは二つある。ひとつは、依然としてアメリカでは犯罪学・刑事司法プログラムに入学しなくてもキャリアとして犯罪を研究する道筋は確保されているということである。もうひとつは、CCJの博士号を取得した教員が格段に増加しているということは、犯罪学が社会学など他の社会科学から独立した1つの学問としての地位を確実にしつつあるのではないかということである。

四　アメリカにおける犯罪学・刑事司法教育プログラムの特色

　2005年以降、『U. S. ニュース・アンド・ワールドリポート（U. S. News & World Report）』誌が、毎年公表している犯罪学分野の大学院博士課程の最新のランキングをまずは紹介しよう。これは同領域の専門家たち（学部長、学科長、ベテラン教授など）による教育プログラムの質や研究教育環境などの項目についての総合評価にもとづくものである。2016年版のデータによれば、全米で36の博士課程プログラムが存在し、そのトップテンに入っている大学は、以下のとおりであった（表5-1参照）。

四 アメリカにおける犯罪学・刑事司法教育プログラムの特色

表5-1　全米大学ランキング（2016年）——犯罪学分野・上位10校

ランク	大学名	開設時期*	学部学科のウエイブサイト
1	メリーランド大学カレッジ・パーク校犯罪学・刑事司法学科	（1975年）	http://www.ccjs.umd.edu/
2	ニューヨーク州立大学（SUNY）アルバニー校刑事司法学部	（1968年）	http://www.albany.edu/scj
3	シンシナティ大学刑事司法学科	（1992年）	http://cech.uc.edu/criminaljustice.html
4	ミズーリ大学セントルイス校犯罪学・刑事司法学科	（2000年）	http://www.umsl.edu/ccj/
5	ペンシルベニア州立大学ユニバーシティ・パーク校　社会学・犯罪学部	（1995年）	http://sociology.la.psu.edu/
5	カリフォルニア大学アーバイン校犯罪学・法・社会学科	（1991年）	http://cls.soceco.uci.edu/
7	フロリダ州立大学犯罪学・刑事司法学部	（1973年）	http://criminology.fsu.edu/
7	ミシガン州立大学刑事司法学科	（1969年）	http://cj.msu.edu/
7	ラタガーズ大学刑事司法学部	（1974年）	http://rscj.newark.rutgers.edu/
10	ニューヨーク市立大学（CUNY）ジョン・ジェイ刑事司法学部	（1981年）	http://www.jjay.cuny.edu/

注　開設時期とは、Ph. D.プログラムを開設した年を意味する。Carlan et al. (2009) p.260参照。
資料源　US News & World Report. 2016. Criminology rankings. Retrieved July 16, 2015, from http://www.usnews.com/education//best-graduate-schools/articles/us-news-ranks-best-graduate

　2005年に同誌によって、犯罪学プログラムが他の社会科学（社会学、心理学、政治学など）とは別個独立した研究分野として認知され、ランキング評価の対象となったということは、犯罪学がアメリカの高等教育において確固たる地位を築いたことを象徴するものとして、画期的なことであった。2005年から2016年の現在まで、トップスリーの上位校に変化はない。博士課程プログラムは、犯罪学・刑事司法教育において研究者養成という重大な任務を担っており、そのプログラムの拡充は当該学問の人的基盤の確立のために必要不可欠なものといえる。最新データによれば、全米レベルで犯罪学・刑事司法（CCJ）の博士号の取得者は、1999/2000年度では68名であったが、2008/2009年度には137名と増加している（Wrede & Featherstone, 2012：109 and 112）。CCJ研究者の養成が着実に進行してい

ることがうかがえる。

　また、全米で CCJ の学士課程の卒業生および修士課程の修了生の人数は、2008/2009年度においては、学士号取得者は46,468名、修士号取得者は6,456名であった。同年の社会学専攻の学部卒業生が28,732名、修士号取得者が1,580名であったのと比較しても、その CCJ 学位取得者の人数は、社会学専攻のそれをはるかに凌駕していることは、CCJ 教育プログラムの人気度および定着度という点から見ても、特筆すべきことであろう[1]。

1　教育組織

　大学の独立した教育組織として犯罪学・刑事司法専攻のプログラムは、その組織形態としては実に多様であり、たとえば、ひとつの独立した学部（School 又は College と称する。）として存在する場合（たとえば、ニューヨーク州立大学アルバニー校、フロリダ州立大学、ラタガーズ大学、ニューヨーク市立大学ジョン・ジェイ校）あるいは学部を構成するひとつの学科（Department）として存在する場合（たとえば、メリーランド大学、シンシナティ大学、ミシガン州立大学など）である。また、ひとつの独立した学部であっても内部の学科が存在していない大学（たとえば、フロリダ州立大学）もある。そして、学科として独立した教育組織をもつ場合には、多くは上位組織としてはいわゆるリベラル・アーツ学部（College of Arts and Sciences）ないしは社会科学系の学部に属する場合が多い。そして、学部・学科名称としては、かつては「犯罪学部（学科）」という単独名称のところもあったが（筆者の知る限り、現時点でペンシルベニア大学とサウス・フロリダ大学の二学科のみ。）、80年代後半以降では、ほとんどが「刑事司法学部（学科）」または「犯罪学・刑事司法学部（学科）」と称する大学が主流となっている。その背景には、LEAA による刑事司法教育に対する財政支援の影響と刑事司法実務に対応できる実学重視の教育を目的として多くの大学が新学部新学科を設立しようとしたことがあげられる（Castellano and Schafer, 2005：60-61; Hale, 1998：388）。その結果として、犯罪学部（学科）の単独名称は、実学志向の刑事司法教育の趨勢にマッチしていないためか、かなりの少数派となっているのが現状である。

　ともあれ、学部であれ、学科であれ、教員組織の規模やカリキュラム作成や研究活動を第一義に担う組織である点において両者の間には全く違いはない。各学部ないし各学科の常勤の教員（テニュアーを持たない教員を含む。）数も、実に様々

で、有力な大学についてみれば、20名前後の教員によって組織されているところが多いように見受けられる（Steiner and Schwartz, 2007：66-67）。

2　教育課程

　現在、冒頭で述べたように、二年制のコミュニティ・カレッジ、4年制大学、そして大学院レベルで様々な犯罪学・刑事司法教育が実施されているが、犯罪学・刑事司法教育における標準的なカリキュラム（教育課程）はまだ存在していない。その最大の理由は、犯罪学ないしは刑事司法学が一つの独立した学問体系としてまだ成熟していないところに起因している。50年代から60年代以降に犯罪学部や刑事司法学部が大学に設置されたものの、その教育内容および教育方法は、しばしば「警察署」（cop shop）とか「金の成る木」（cash cows）などと揶揄されていた。それらは警察学校から派遣された講師陣に依存し、人的にも物的にも不十分なものであったといわれている（斎藤、2013：4）。Castellano & Schafer（2007：62-65）は、入学する学生の目標、調査研究者の目的、教員組織と刑事司法機関との関係の質といった三つの基準から、現在実施されている刑事司法教育のあり方を次の三種類のモデルに分類している。すなわち、①技術的・職業教育モデル、②専門職・管理職モデル、③人道的・社会科学的モデルである。

　技術的・職業教育モデルとは、学生に刑事司法機関の新入レベルの職位に必要とされるスキルを訓練することに重点を置いたもので、大学の学部レベルでの職業訓練的教育課程は、警察大学校で教授される警察実務研修とほぼ同じ内容ものといえる。それは、学問的に犯罪学・刑事司法を学ぶというよりは、卒業後すぐ刑事司法機関関連の仕事に就職できるのに役立つスキルの習得を目指すことに特色がある。

　専門職・管理職モデルとは、刑事司法の分野における長期的な職業経歴を希望する学生のためにキャリア教育を提供するもので、学生たちには将来良き管理者または行政官になるために必要とされるスキルを教授することを目的とするものである。この教育モデルでは、組織の意思決定プロセスを主導し、組織の目標を達成するために適切な調査研究を利用することのできるスキルが強調される。工学や建築またはビジネス管理において学生が受ける学部教育のタイプに類似しているといえる。このモデルは、刑事司法制度の専門化、とりわけ警察の専門化に役立つことが期待されている。

社会科学的モデルとは、前二者のモデルとは異なり、刑事司法機関への就職の準備に役立つキャリア教育を提供することを直接の目的とするものではなく、むしろそれは、大学における一般教養教育（リベラル・アーツ）の一環として、刑事司法制度全体の一般的理解と同様に幅広い知識を学生に与えることを意図している。すなわち、刑事司法機関、とりわけ、警察または矯正のようなある特定の専門職種についての職業スキルの習得よりも、むしろ刑事司法制度全体の理論的側面を行動科学的および社会科学的アプローチから批判的に学ぶことに重点が置かれる。卒業後、刑事司法の仕事に就く学生たちには、幅広い視野から社会の理解と関連づけることができる有意な人材になることが期待されている。

　現在、二年制のコミュニティ・カレッジまたは短大の多くは、実用的な職業訓練的教育モデルに従っている。一方、4年制大学における犯罪学・刑事司法教育は、社会科学的モデルか専門職モデルのいずれかもしくはその混合モデルである。そして、4年制大学の教員の間では、犯罪学および刑事司法の理論と調査の双方および刑事司法の政策と実務についての批判的検討に基づく教育モデルを支持する傾向がある。このように刑事司法教育モデルの対立・矛盾は、根強く存在する。犯罪学・刑事司法教育の分野における「学者」と「実務家」との理念的および教育学的相違も、依然として強固であるというのが実情のようである (Castellano & Schafer, 2005：76)。

　70年代以降の犯罪学・刑事司法プログラムの急増と上記の教育理念・教育内容・方法の対立を踏まえ、犯罪学・刑事司法教育の質的保証を確保するために、全米刑事司法学会 (the Academy of Criminal Justice Sciences) は、1998年に「刑事司法教育のための最低基準——大学レベルプログラムのためのガイドライン」(Minimum Standards for Criminal Justice Education—Guidelines for College and University-Level Programs) を採択した[2]。そして、2005年には当学会の理事会はより厳格な「ACJS学術プログラムのための認証評価基準」(ACJS Certification Standards for Academic Programs) 採択し、2005年と2014年に2度の改訂を経て、現在に至っている。

　学部教育プログラムの構造とカリキュラムに関して、この認証評価基準は、次のように規定している。すなわち、「刑事司法・犯罪学における学部プログラムの目的は、口頭であれ文書であれ、自分の考えを効果的に伝達することのできる批判的考察者になることを学生に教えることである。プログラムは学生を事実や

四　アメリカにおける犯罪学・刑事司法教育プログラムの特色　205

表5-2　必須教育科目と関連題目（学士号プログラム向け）

教育科目	教科に関連した題目（ただしこれに限定されない。）
司法行政	現代刑事司法制度、主要社会統制制度およびそれらの政策と実務、被害者学、少年司法、比較刑事司法
矯　正	歴史、理論、実務と法的環境、矯正思想の発展、拘禁刑、ダイバージョン、地域社会に基礎を置く矯正、犯罪者の処遇
犯罪学理論	犯罪の性質と原因、類型論、犯罪者と被害者
法的裁判	刑法、刑事手続、起訴、弁護と裁判手続と意思決定
法執行	歴史、理論、実務と法的環境、警察組織、裁量的措置と副次文化
調査研究及び分析手法	学部学生に適切な方法で刑事司法・犯罪学調査を実行し分析するための定量的（統計学を含む）および定性的方法

資料源：ACJS Certification Standards for College/University Criminal Justice/Criminology Baccalaureate Degree Programs, Section B: Program Structure and Curriculum, B.5. Table 1. Retrieved July 16. 2015, from http://www.acjs.org/uploads/file/ACJSCertificationStandardsBaccalaureate.pdf

概念に習熟させ、そして学生にこの知識を関連する諸問題や変化する状況に応用する方法を教えるべきである。すべての刑事司法・犯罪学プログラムの主要目標は、批判的思考、コミュニケーション、テクノロジー、そして計算スキルの発達、定量的推論、倫理的意思決定、および多様性の理解を含んでいる」と。(ACJS Certification Standards for College/University Criminal Justice/Criminology Baccalaureate Degree Programs, Section B: Program Structure and Curriculum, B. 8参照)

　すべての学士号プログラムは、その教育課程において表5-2に掲げるような教育科目（Content Area）を含むものでなければならない、とされている（表5-2・参照）。すなわち、犯罪学理論と刑事司法制度の実践面に関する知識と理解を深める一方で、刑法および刑事手続法に関する法的素養を身に着けるとともに、実証的な犯罪学・刑事司法調査研究をデザインし実行しうる調査スキルを修得することが期待されているのである。

　さらに、学部レベルでの犯罪学・刑事司法専攻として必要とされる履修単位数については、卒業に必要とされる総単位数（通常120単位とする大学が多い。）のうち、犯罪学・刑事司法学部または学科の提供する専門科目の履修単位を少なくとも3分の1以上履修することが望ましいとされている（ASJS Certification Standards ―Baccalaureate, B. 9参照）[3]。大学院修士課程についていえば、修了に

必要な最小履修単位数は30単位としている（ACJJS Certification Standards—Master's, B. 10参照）。ACJSの認証評価基準は、当該学術団体が任意に策定したものなので、各大学はそれに拘束されるものではない。しかし、上記ランキングに入っている大学の学部および大学院プログラムの教育課程の内容は、この認証評価基準に見合うものとなっている。

　博士課程をもつ大学の教育課程において、ほぼ共通していることは、学部であれ大学院レベルであれ、犯罪学・刑事司法の「理論」科目と調査研究方法および統計学の履修を必修科目として重視し、他の選択科目の履修については、学際的学問としての犯罪学の特徴をよく示しているように、実に多種多彩な選択科目が配置されているということである。そして、学部課程から修士課程を経て博士課程へ進級するにつれて、最も重点の置かれている科目履修は、定量的な調査研究法および統計学に関するものであり、各学生がオリジナルのデータを収集し、最新の統計分析手法を使って定量的分析できるスキルを修得することが強く求められているということである。そのために専攻学生は積極的に当該専攻学部（学科）以外の学部学科で統計学関連科目を可能な限り数多く履修する傾向が強いということである[4]。なお、キャリア教育の一環として、どの大学においても、現場実習教育である「インターンシップ」が重視されているのも特色の一つである。インターンシップの受入先機関としては、一般的に地元、州、連邦の法執行機関、法律事務所、民間警備会社などが多い。インターンシップは、基本的にインターン期間中は無給である場合が多いが、卒業後受入機関にフルタイムとして就職できる可能性もあり、学生および受入機関双方にとってそれなりのメリットのあるプログラムといえる。

3　犯罪学・刑事司法教育プログラムにおける人材養成

　人材養成の面では、犯罪学・刑事司法教育プログラムは、CCJ学士課程の卒業生にとっては、地元、州、連邦の法執行官のほか、矯正局、プロベーション・オフィサー、パロール・オフィサー、連邦司法省、移民局、州検察局、裁判所、少年施設など刑事司法に関連するあらゆる職域の現場担当者をはじめ、民間レベルでも弁護士事務所、探偵事務所、民間警備会社および企業の警備担当などの職域で活躍する人材を数多く輩出している。最近のアメリカの雇用情勢の予測では、全米で法執行機関職員の増員が今後も見込まれているところから、犯罪学・

刑事司法教育プログラムは、ますます学生たちにとって人気の高い学部となっているようである。また、学部卒業生には、さらにロー・スクールに進んで、刑事専門の弁護士や検事になる者や、大学院課程に進み、犯罪学・刑事司法の教授および研究職、刑事司法企画者、犯罪分析の専門家、各種のプログラム評価の専門家、科学捜査の専門家、警備保障関係の会社の経営者として活躍する者が確実に増加している。1960年代の時点では、こうした専門家はほとんど存在していなかったことを考慮すると、犯罪学・刑事司法教育プログラムは、アメリカの高等教育機関において、学問的な教育として受け入れられており、かつ犯罪学・刑事司法関連の職域ための有力なキャリア・パスとなっている。

五　アメリカにおける犯罪学・刑事司法教育における当面の課題

　このような活況を呈しているアメリカの犯罪学・刑事司法教育体制にあっても、人気学部であることの裏返しとしていくつかの問題点ないしは課題に直面している（Finckenauer, 2005：423-425）。先ず第一に、最近では、犯罪学・刑事司法専攻を希望しながらも、有職社会人（現職の警察官や刑務所職員など）の勤務や家庭の事情で、キャンパスへ通学できない人たちのニーズに応えるために、インターネットを利用したオンライン教育ないしは遠隔学習教育などが開発され、学生がいつでもどこでも授業が受けられ、かつオンライン学位を取得することのできる教育プログラムが整備されている。オンキャンパスよりも学費がかなり安いので、登録する学生数がこの十年間に爆発的に増加しているとのことである。しかし、オンライン教育プログラムのあり方については担当教員や学生同士間でのインタラクティブな議論や論争を行うことがほとんどできないなど、教育方法としての妥当性に重大な疑問を投げかけられている（斎藤、2013：6）。オンライン教育プログラムが決して学位取得者の粗製濫造とならないよう、その質的保証を確保するための取組が急務といえよう。

　第二に、一般的に大学の教育課程は、最新の争点や科学テクノロジーの進展に遅れないために授業科目の追加または削除するなどして、その内容を定期的に見直していくことが必要である。犯罪学・刑事司法プログラムの教育内容の改訂について、近年では、多くの大学においてサイバー犯罪、国際テロリズム、国境を超える犯罪（transnational crime）などの新しいタイプの犯罪およびその統制に関

する授業科目を創設する傾向がある。それに関連して、犯罪学・刑事司法の研究者にとって、比較刑事司法ないしは国際刑事司法の知識が益々重要になっている。伝統的な教育プログラムの内容を超えて、これからの学生および研究者にとっては、ITおよび英語以外の語学の知識が一層強く要請されるであろう。

第三に、科学テクノロジーの発展に関連して、犯罪捜査、刑事訴追および裁判において、今日ではDNA鑑定や犯人同一性を識別するためのより洗練された方法が開発され、科学的証拠の利用や専門家証人が刑事司法の現場で活用されている。必ずしもすべての専攻学生が、科学捜査（the science of forensics）を詳細に研究する必要はないが、少なくとも科学捜査の基礎的知識については理解できるようになっていることが望ましい。

第四に、今後の犯罪学・刑事司法教育のあり方にとって、優先されるべき課題としては、近年の科学的証拠に基づく刑事司法政策（evidence-based criminal justice policy）の動きに対応できように教育プログラムを整備する必要があるということである。効果的な犯罪低減目的を達成するためには、厳密な科学的手法を用いた犯罪統制および犯罪予防プログラムの評価研究が必要不可欠である。とはいえ、一般的にプログラム評価は極めて難度の高い研究テーマであるだけに、少なくとも大学院レベルでこのような課題に応えることのできる授業科目を開発し、学生が修得できる環境を整備する必要がある。

最後に、アメリカの犯罪学・刑事司法教育の現状は、そのプログラムの規模および学生数・教員数といった量的な観点からみれば、他の伝統的な社会科学（社会学、心理学、政治学など）と同様に、高等教育機関におけるひとつの独立した教育プログラムとして拡大発展し続けている。しかし、その教育課程の「質」の面ではまだ過渡期にあるように思える。ACJSが認証評価基準を2005年に作成したが、すべてのプログラムがその基準に適合しているわけではない。いかに質的に信頼のおける標準的な教育課程を構築することができるのかが、現在の当面する最大の課題であるように思える。この課題を克服することによって、はじめて犯罪学・刑事司法教育プログラムは真の意味で「成熟期」を迎えることができるものと思われる。

六　結びに代えて
――日本における犯罪学・刑事政策教育の今後の展望――

　以上の検討をふまえて、明らかとなったことは、日米間における犯罪学・刑事司法教育の決定的な違いが、その研究教育組織ないしはその制度化の違いに起因しているとうことである。アメリカでは、独立した学部、学科または専攻ないしは専門コースといった独自の教育組織と教育課程が整備され、受け入れ学生の入学方針や卒業後のキャリア・パスも明確であり、それらがしっかりと根付いている。犯罪学・刑事司法の専攻を希望する学生たちが、入学後そこで修得した専門知識を活用して、それぞれの関連する職域（主に警察官、刑務官、保護観察官などの刑事司法機関）へ就職している。アメリカでは学部教育における「入り口」（入学者選抜）と出口（卒業認定・学位授与）がしっかりと管理されていること、換言すれば、雇用市場の需要（ニーズ）が十分に見込まれ、大学側がそれに対する供給源（いわゆるシーズ）として有効に機能していることが、現在のような大学の犯罪学・刑事司法プログラムの隆盛をもたらした最大の要因であると思われる。

　一方、日本の大学における研究教育の実情を翻ってみると、高等教育機関における犯罪学・刑事司法教育の状況は、上記のような社会的ニーズと学内的シーズの両面において極めて悲観的であるといわざるをえない。本章の冒頭で指摘したような日本における「刑事政策教育の危機的状況」を克服するためには、アメリカのように独立した犯罪学・刑事司法学部・学科などを組織化・制度化することが、最善の策であることは言うまでもないであろう（斎藤、2013：16）[5]。しかし、当面はその実現が見込めないことを踏まえれば、次善の策として現行の教育組織体制の枠組のなかで何が可能なのかについて検討しなければならない。このような趣旨から、以下において、日本の犯罪学・刑事司法教育の停滞状況を克服し、アメリカ並みの研究教育水準に一歩でも近づくための方策について、若干の私見を展開してみたい。

　第一に、授業科目としての「犯罪学」や「刑事政策」を履修する学生数が近年減少傾向にあるという問題については、その問題の背景に司法試験改革により試験科目から「刑事政策」が外されたことに原因があるとみる考えが有力である。このような見方すれば、当然に犯罪学・刑事政策に関心を持つ学生を掘り起こす

ためにも司法試験の試験科目として復活させるということが、重要な条件となる（たとえば、安部、2016：50）。この提言は、たしかに学部ないしは大学院段階において「刑事政策」科目を履修する学生の増加そして教科書・参考書類の出版の拡大に直接つながるものと期待される。しかしながら、この提言は、必ずしも「科学的」犯罪学・刑事政策学の質的向上という点では一定の限界があることにも留意すべきである。犯罪学・刑事政策教育の活性化という目的からすると、この提言は、十分条件であっても必要条件ではない。依然として研究・教育する側の質の問題が残されている。これまでのような「講壇的」犯罪学・刑事政策の水準にとどまることは、もはや国際的な学術交流のレベルでは許されないことであろう。行動科学に習熟した人材をいかに自前で養成し、教育に反映させるのかという課題を解決することが、なによりも重要かつ急務なのである。

　第二に、上記の国際水準に見合う研究者養成の問題に関連して、「科学的」犯罪学・刑事政策学を系統的に学べる研究教育環境をどのように整備したらよいのかが問題となる。そのために法学部を中核とする既存の学部組織を前提として、専門の教育課程を編成することが可能であるかどうかが問われなくてはならないであろう。具体的な提案としては、既存の枠組のなかで実行可能なのは、法学部の中に学科または専攻あるいはコース制などのような形で、犯罪学・刑事政策に重点化した教育課程を改変することである。その際には、法曹養成に特化した法科大学院教育との役割分担を明確にすることが重要な視点となる。既存の法学部において養成すべき人材像は過去および現在においても法曹養成ではなく、あくまでも「法的素養をもつ社会人の養成」である。この点を強調しながら、アメリカの犯罪学・刑事司法学部の多くがそうであるように、警察官、刑務官などの刑事司法機関またはそれに関連した民間警備業、防犯コンサルティングなどで活躍できる人材を養成することをこれからの法学部のディプロマ・ポリシーとして採用することも一計ではないかと考える。もしそれが可能であれば、アメリカの同種のカリキュラムのように、統計学や社会調査法などデータの収集・分析・評価についての一定レベルの理解が可能となるような教育課程が編成されなければならない。そして、そこでは既存の教養レベルの法学教育と並んで、犯罪学・刑事政策学の方法論に重点をおいた科目編成が必要とされるであろうし、それを教育する行動科学系の専門家をスタッフとして拡充しなければならない。理想を言えば、社会学や心理学などの行動科学系の専任ポストを拡充し、将来的には学部及

び大学院レベルにおいて国際的な水準に見合った、定量的分析手法や定性的分析手法などに習熟できるような授業科目が配置されることが強く推奨される。

　法学部内での独自の教育課程の編成が困難であるとすれば、アメリカにおけるような犯罪学・刑事政策教育を法学教育から制度的に分化・離脱させる道筋をも考慮すべきかもしれない。その場合には、たとえば、現在日本の既存の学部でいえば、「教養学部」「総合政策学部」「政策科学部・学科」または「社会安全学部」などの学際的な教養科目中心の教育課程の中に刑事政策教育を位置づけることも考慮に値するであろう。アメリカの大学において、いわゆるリベラル・アーツ学部の中に犯罪学・刑事司法学科を置く大学が少なからず存在していることをここで想起すべきであろう。

　第三に、犯罪学・刑事政策を大学で学んだことが、卒業後の就職にどのように役立つのかということをもっと真剣に考えなくてはならない。日本において学部段階で犯罪学・刑事政策を学んだ者が卒業後の進路として、その専門知識を活用できるようなキャリア・パスを確立することができるかどうかが、きわめて重要な課題となるであろう。つまり、大学で学んだことが直接卒業後の進路に直接的に結びつくということが、当然に要求される。そのためには、先ずは、刑事司法機関または民間企業などとの連携が必要不可避となるであろう。たとえば、警察官志望の学生であれば、警察官採用試験においてその受験資格として「犯罪学」「刑事政策」などの関連科目の履修を最低限義務づけることが望ましい。アメリカのいくつかの州では、警察官や刑務官の採用試験の資格要件の一つとして、短大または大学において犯罪学・刑事司法の（准）学士号を取得していることが、定められている。日本においても、少なくとも学部段階でこれらの専門科目を履修していることが、要求されてもよいと思われる。学部卒で採用された後も、幹部昇進のためにはさらに大学院レベルで修士号や博士号の取得が強く推奨される。大学側としては社会的ニーズを待つのではなく、自ら市場を開拓し社会的ニーズを促すよう関係機関に働きかけるという積極さが望まれるところである。

　上記のような警察などの刑事司法機関との連携が当面困難である場合には、警察などの刑事司法機関に採用後に、それぞれの機関が実施している警察大学校、矯正研修所などの研修教育プログラムに犯罪学・刑事政策をより系統的に導入することも、考慮するに値するであろう（澤口、2015：161）。そこではとりわけ従来のような講義中心の理論的知識だけを修得するのではなく、定性的および定量的

な調査研究の技法も学べるだけの教育課程であることが望ましい。将来的にはデータ収集、データ分析・評価が実行可能なレベルにまで教育水準を向上させることが強く期待される。

　最後の、そして最も重要な方策は、これまで述べてきたことにも相通じる点であるが、高等教育機関において行動科学の手法に習熟した専門的研究者・教育者の養成をはかることが強く推奨される。伝統的な日本の刑事法教育において最も等閑視されていた問題である。犯罪学・刑事政策研究・教育の水準をグローバル・スタンダードにまで引き上げるためには、必要不可欠な課題といえる。アメリカの経験を見ても、犯罪学プログラム生成期においては、研究者不足の問題に直面し、警察官幹部を実務家教員として採用してきたという経緯がある。わが国においても当面は刑事司法関連の実務家を積極的に登用するなどしてこの問題を打開すべきものと思われる。その上で、将来的には理論と実務を架橋しうる研究者養成の道筋を構築していくことが期待される。

　とはいえ、ヨーロッパ型の高等教育体制の伝統が根強く残る日本の大学の現状では、犯罪学・刑事政策の学位取得および専門家養成を目指す「犯罪学部」や「刑事司法学部」の創設は、「見果てぬ夢」なのかもしれない。そして、アメリカにおける犯罪学・刑事司法研究教育の圧倒的なパワーを前にして、日本でひとつのプロフェッションとして犯罪学者になることの難しさを痛感せざるをえない。しかし、当面は、若手研究者の養成ということでは、大学院レベルで法学、社会学、心理学などの博士号の学位取得を目指すことが当然のことながら推奨される。ただし、どの大学院においても犯罪学または犯罪社会学をコアな専攻として系統的、組織的に研究指導できる教育課程が整備されていないのが実情である。それゆえ、日本での研究教育組織体制の現実を踏まえると、短期的な目標としては、学部および大学院博士前期課程（修士課程）レベルまでは社会学、心理学、刑事法などの基礎をしっかり修得した上で、アメリカの犯罪学部・刑事司法学部などの大学院課程に留学し、犯罪学博士号の取得を目指すことが、犯罪学者になるための、一見遠回りのようではあるが最も現実的かつ近道であるように思える。そして、彼の地で博士号を取得した若手研究者が自国に戻り、自国内で教職を得て後継者育成にあたり、グローバルなレベルで研究教育の水準を高めることに貢献できること、すなわち、そのような人材育成における自己生産システムを整備するということが急務といえよう。その際には、同じアジア諸国の中で、香

港、中国・台湾、そして韓国などはこの種の犯罪学者育成システムにおいて顕著な成功例を提供している。近年、アメリカなどで学位を取得したこれらの国々の犯罪学者が国際学会などで国際水準に見合った高度な定量的実証研究を報告する傾向が強くみられる。アメリカの動向だけではなく、今後は日本においてもこれらアジア諸国の経験から学ぶべきことが多々あるように思われる。

(1) ただし、博士課程の場合は、例外的であり、依然として社会学がCCJよりも圧倒的に学位取得者の数が多い。2008/2009年度のデータによれば、同年度の博士号取得者数について、CCJプログラムでは137名が博士号を取得したのに対しては、社会学プログラムでは628名であった（Wrede & Featherstone, 2012: 109）。博士課程におけるこのような例外的な傾向が今後とも続いていくのかどうか注視していく必要がある

(2) ACJS（http://www.acjs.org/）は、「アメリカ犯罪学会」（American Society of Criminology: ASC, 1958年発足。2011年現在の会員数約3,700名。世界中から60か国近くの国外会員も名簿登録されている。米国内のみならず世界最大規模の犯罪学の専門学会。ウエブサイトは www.asc41.com）内における路線の対立から、1963年にASCを退会した警察関係の教育者たちとそれを支持する実務研究者たちのグループによって設立された「警察学教授国際協会」（International Association of Police Professors）を前身として、1970年に現在のACJSに改称されて今日に至っている（2015年現在の会員数は約2,800名。）。ACJSの会員は、刑事司法分野における高等教育の改善、調査研究、そして政策分析についての研究活動に関心をもつ教育者、刑事司法実務家、および学生会員から構成されている。ACJSの会長職は設立当初は刑事司法のバックグランドをもつ実務家がなっていたが、1990年以降は、ASC以外で活躍の場を求める比較的若手の犯罪学者が会長に選任される傾向がみられる。会員の中にはACJSとASCの双方に入会する者が約300名近くもあり、学会活動の内容から見ると、両者の違いは今日ではほとんどないといってよいだろう。

(3) アメリカの大学では、一コマ週150分の授業が一学期間で3単位となる。そして、セメスター制を採用している多くの大学の学部教育において、卒業に必要な総単位数は120単位以上となっている。いわゆるフルタイム（正規）学生の資格を得るためには毎学期15単位（5科目相当）、年間30単位（10科目相当）の履修が要求されている。この履修条件を満たせば、4年間で卒業できることになっている。一方、大学院修士課程のフルタイム学生の資格は、毎学期12単位（4科目相当）、年間24単位（8科目相当）となっている。修士課程の修了要件は、30単位とするところが多いので、毎学期フルタイム学生として履修していれば、3セメスター（最短の1年から1年半ほど）で修士課程を修了することができることになっている。

　卒業要件および履修時間数の面では、日本の大学、大学院の場合とそれほど大きな違いはないように見える。日本の大学設置基準では「1週間あたり教室内と教室外を合わ

せて45時間」の勉強をして習得できる内容を「1単位」と定めている。この基準を単純にアメリカのセメスター制の学期に当てはめてみると、年間30単位の授業時間を履修する場合は、毎週45時間勉強しなければならない。これを仮に月曜から金曜日の平日5日間で消化するとすれば、毎日45時間÷5日＝9時間の学習が必要となる。あるいは、土曜日の午前中も学習するのであれば、平日8時間、土曜日5時間の学習が必要になる。

　アメリカの場合、学部であれ、大学院であれ、ほとんどの授業科目において、多くの課題読書、小テスト（クイズ）、宿題、レポート提出、口頭報告、授業への積極的参加、中間・期末テストなどにもとづいて成績評価が厳密になされているので、フルタイム学生は、学期中は、ほぼ毎日8時間から9時間ほどの勉強時間（講義、予習、復習、宿題など）に追われている。この要求水準に見合う勉学時間を確保しないと良いGPAが維持できない運用となっていることに留意すべきである。わが国の単位制度がいわゆる「空洞化」していることが大きな問題となっているが、アメリカでは名実ともに単位制度が現在でも有効に機能しているといえよう。

(4)　犯罪学・刑事司法教育プログラムでは、いわゆるシカゴ学派の伝統である参与観察やフィールドワークなどの定性的ないしは質的調査研究方法に関する授業科目は、ほとんど見受けられない。この種の調査研究方法は、もっぱら社会学専攻プログラムにゆだねられているものと思われる。

(5)　日本の大学機関において、犯罪学・刑事司法教育に特化した専門プログラムは、大学院レベルで設置されたことがある。2008年度に開設された大阪商業大学大学院地域政策研究科（博士前期課程）の「犯罪学コース」が、既存の刑事法教育とは別個独立した日本最初の犯罪学専門の教育課程であった。日本の犯罪学教育の発展にとって画期的な教育プログラムとして注目され、期待されたにもかかわらず、入学希望者が皆無であったとの事情で、2012年度に閉鎖されてしまった（斎藤、2013：15）。また、被害者学の分野ではあるが、常磐大学大学院が被害者支援にかかる実務家を養成することを目的に「被害者学研究科（修士課程）」を2005年4月に新設したことも注目に値する。そして2013年にはこの分野における日本最初の博士課程（後期）を設置したことも、被害者学の研究教育の発展に大きく寄与するものとして強く期待されていた。ところが、皮肉なことに、犯罪被害者等基本法を始めとする一連の被害者支援関連立法が着実に整備されるにつれて、被害者学研究科への入学希望者が激減するという傾向が顕著となり、2016年度に学生募集停止となった。よって、現在、日本には既存の学部、学科から独立した犯罪学・刑事政策教育に特化した教育組織は存在していない。アメリカのような独立した教育組織を制度化することの困難さを、残念ながらこれらの先行例が頓挫してしまったことに見ることができる。どのような学生を受け入れ、卒業後どのような職域に就職できるのか、学位取得と就職とが直結しうるように、その入口と出口の道筋がしっかり見込めないことには、高等教育機関における新設の専門教育プログラムの生き残りは大変厳しいということかもしれない。

第6章　ジェフリーのCPTED理論の進展と変容

一　はじめに

　1970年代以降、欧米諸国では、犯罪学者・刑事司法実務家などが、犯罪予防に関する様々な理論モデルを構築し、その実証的調査研究の成果をふまえた議論を活発に展開している（Bennett, 1998; Pease, 1997; Tonry and Farrington, 1995）。このような犯罪予防論に対する関心の高まりの中で、とくに1970年代初頭のアメリカ合衆国で生まれた「環境設計による犯罪予防」（Crime Prevention Through Environmental Design: 以下CPTEDと略）と「防犯空間理論」（Defensible Space Theory）は、その後の新しい犯罪予防論の進展の礎石として大きな影響を及ぼしている。すなわち、1980年代に入ると、先ずは主に英国においては、CPTEDや防犯空間理論と多くの点で類似する犯罪予防論として、「状況的犯罪予防」（Situational Crime Prevention）が、急速に台頭してきた（Clarke, 1980, 1995: 96）。さらには、1980年代後半から1990年代にかけては北米（とくにカナダ）において、CPTED、防犯空間理論、状況的犯罪予防などの一連の先行する犯罪予防論を包括するものとして「環境犯罪学」（Environmental Criminology）と呼ばれる新しい犯罪学派が発展してきている（Brantingham and Brantingham, 1981, 1991）。環境犯罪学の意味内容については、論者によってニュアンスの違いがあるものの、少なくとも北米犯罪学においては、CPTED、防犯空間理論、状況的犯罪予防を含む犯罪予防論と、その理論的基盤としてルーティン・アクティヴィティ理論（Routine Activities Theory）、犯罪機会理論（Crime Opportunity Theory）、合理的選択理論（Rational Choice Theory）などの犯罪原因理論とを結びつけようとする新しい犯罪学的研究アプローチを指し示す用語として定着しつつある[1]。

　ともあれ、欧米諸国において新しいタイプの犯罪予防論としてCPTEDや環境犯罪学が台頭してきた背景には、元々はといえば、理論的には1970年代前半に伝統的な実証主義的犯罪学がラベリング理論やラディカル・クリミノロジーによ

るイデオロギー批判によって一種の「混迷期」ないしは「犯罪原因論の不毛期」と言われるような状況に陥ってしまったことの反動として理解されうる(守山、1999: 74-75; 瀬川、1996: 2-6)。また政策的には、「社会復帰・処遇モデルの失敗」に対する反動として、過去の応報刑論ないしは抑止論への単純な回帰ではなく、それらに代替する新しい犯罪対策への模索という文脈において登場してきたものである。このような新しい犯罪予防理論の台頭の中心人物であり、かつ「CPTED」および「環境犯罪学」の命名者・提唱者であるのが、現在フロリダ州立大学名誉教授であるジェフリー (C. Ray Jeffery) である[2]。

ところが、奇妙なことに、現在入手し得る英米のCPTEDおよび環境犯罪学関連文献において、CPTEDの創始者の一人であるジェフリーの研究業績は、この25年間ほど犯罪学者および刑事司法実務家達の間で完全に無視され続けてきた[3]。彼とほぼ同時期にしかし相互影響なく展開されたニューマン (Oscar Newman) の防犯空間理論がその後のCPTEDプログラムの発展に絶大な影響力を及ぼしたのに対して、なぜジェフリーのCPTEDモデルはそうならなかったのか、大変興味ある問題である。かくて、本章の目的の一つは、ジェフリーのCPTEDモデルに対する政府機関、建築学者、企業ビジネス関係者、犯罪学者などによる反応を跡づけながら、彼がなぜ長年その命名者であるにもかかわらず無視されたのかについて、その理由、背景を明らかにすることである[4]。

そして、その前提的考察として、そもそもかくも無視され続けたジェフリーのCPTEDモデルの特徴とは一体どのようなものなのか、そして、1971年に出版された彼の著書『環境設計による犯罪予防』から1996年に大学を定年退職するまでの25年間の間にどのような進展・変容をもたらしたのかをトレースする。その際に、ジェフリーよりもむしろ環境犯罪学の基礎理論として言及されることの多いニューマンの防犯空間理論との異同ならびに上述した一連の「環境犯罪学」の名の下に包括される新たな犯罪予防モデル (状況的予防、合理的選択モデル、犯罪機会モデルなど) との違いをも比較検討することにしたい[5]。

二 ジェフリーのCPTEDモデルの特徴とその進展・変容

1 行動主義的アプローチに基礎を置くCPTEDモデル (1971年)

ところで、CPTEDの命名は、1971年に出版されたジェフリーの著書『環境設

計による犯罪予防』(Crime Prevention Trough Environmental Design) に由来する。なぜ彼がこの著書を執筆したかといえば、それは、彼自身が当時関わっていたワシントン D. C. での非行少年に対する社会復帰プログラムの失敗経験およびその当時においても支配的であった応報刑・抑止刑主義の破産 (たとえば、常習犯の急増、過剰拘禁) の現状を踏まえて、これらに代わる新たな犯罪統制モデル構築の必要性を痛感したからに他ならない (Jeffery and Zahm, 1993: 329-330)。その際に、ジェフリーが着目したのは、一つには、従来の犯罪統制モデルがすべて犯罪発生後における間接的な犯罪統制策 (二次的および三次的予防) であったのに対して、公衆衛生の分野における予防モデルにならって、犯罪が発生する前の直接的な犯罪対応策 (一次的予防) が刑事司法の中心課題になるべきであるということであった[6]。

そして、もう一つは、都市環境の衰退と犯罪との関連について論じたジェイコブズ (Jane Jacobs) の『偉大なるアメリカ都市の生と死』(Death and Life of Great American Cities) (1961年) による学問的影響である[7]。ジェイコブスは、この著書では都市計画および建築学の見地から、「街路への目」(すなわち、他者による監視) が確保されるように建物構造を工夫すること、および街路が頻繁に利用される状況にすることなどが、犯罪予防の基本として重要であることを指摘していた。彼女の研究の特色は、基本的には近隣社会による監視レベルを高めることにより安全な環境を実現しようとする点で、いわゆる今日喧伝されているコミュニティ・ポリーシングの着想との親和性を見ることができる一方で、その目的実現の手段として、物理的環境と犯罪リスクとの関係に着目した点といえよう。この点をさらに犯罪学の専門分野において敷衍しようとしたのが、ジェフリーのCPTED モデルに他ならない。この意味で、ジェフリーの研究の端緒は、ジェイコブスの着想の理論的、実践的応用の一例であるということができよう。

そこで先ずは、1971年の著書で展開された初期の CPTED モデルの特徴を整理すると、次の諸点に要約できよう。すなわち、第一に、CPTED の意義に関して、「環境設計による犯罪予防」は、犯罪が発生する前に、予め犯罪機会が減ぜられまたは除去されるような方法で物理的および社会的環境全体を設計することを意味するものとして概念化されている[8]。ジェフリーは、都市領域の物理的および社会的特質が犯罪パターンに影響を及ぼすということ、したがって、物理的な都市計画の改良が物理的に安全な生活の改善の可能性および非公式の社会統制

の発達の可能性を解く手がかりとなると主張している (National Crime Prevention Institute, 1986: 120)。このように、初期の CPTED は、人間行動に対する物理的および社会的環境的アプローチであるといえる。そして、彼によれば、このような観点から、犯罪予防戦略の中心となるのは、犯罪発生を減ずるための物理的環境の設計・変更であるが、それだけにとどまらず、さらには防犯活動における市民参加の必要性、並びに警察力のより効果的な利用をも提案している。

　第二に、ジェフリーの初期の CPTED モデルにおける最大の理論的特色は、それが現代学習理論において見受けられるような実験心理学に基づいているということである (Jeffery and Zahm, 1993: 329; 野村, 1999: 471-474)[9]。とりわけ B. F. スキナー (B. F. Skinner) の行動主義的アプローチ、とりわけオペラント学習理論 (operant learning theory) を直接適用しながら、初期の CPTED モデルは、物理的環境が犯罪者に対する快楽・苦痛体験の発達に影響を与え、そのことにより行動的結果を変更しうるということを強調した[10]。このような考え方は、スキナーのオペラント学習理論の特色として知られている行動の「刺激―反応モデル (a stimulus-response model or S-R model)」に基礎を置くものといえる。つまり、有機体 (個体) は環境における罰と強化因から学習するという理論仮説から、行動を統制するためには物質的報償と物理的環境の使用が重要であると説いている (Jeffery and Zahm, 1993: 330)。要するに、初期の CPTED モデルの根底にある主要な考えは、強化されない行動は実行されえないので、予め犯罪に対する強化因を除去することによって、犯罪行動の発生を妨げようとするものである。換言すれば、「人間の利得の対象を予め取り除くことにより、行為者が利得を目指して行動しようとしてもそれを獲得することができないような、すなわち、犯行を困難にさせるような環境を設定することである」(野村, 1999: 473)。

　第三に、上記の点と関連するが、ジェフリーの初期のモデルの特色は、スキナーの行動主義的アプローチ (S-R モデル) に依拠していたので、人間行動における有機体 (脳または精神) の役割についてほとんど無視していたということである。これは、スキナーの行動主義からすれば、有機体の精神は直接観察が不可能であるとして経験主義的な科学方法論的批判の対象であったし、有機体の脳も当時としては十分な科学的知見が欠如していたことなどを理由として、人間行動のメカニズムを説明する際に有機体 (脳または精神) を完全に無視していたからである[11]。1971年の著書 (Jeffery, 1971: 171-172) の中で、ジェフリーは、「行動

の生物学的基礎と行動における脳の役割について言及していた」が、それは極めて限定的なものであって、それ以上の詳細な議論を展開することはしなかった。その結果として、結局は、初期のCPTEDモデルには、スキナーのS-Rモデルの特徴である「空有機体」(empty organism) に向けられた批判・問題点がそのまま含まれていた。すなわち、ジェフリーの初期のモデルの理論的含意は、環境が直接有機体の行動に影響を及ぼすというものであって、物理的にであれ精神的にであれ有機体の内部を介在することはないというものである。ジェフリーは、この自分の理論的立場を「環境→行動モデル (an environment → behavior model)」とも名づけていたが、「空有機体」の仮定は、極端な環境主義(環境決定論)であり、行動の生物学的および遺伝学的側面を無視するなど、学習行動の現実に反するものであり、実際の行動プロセスはこのようには生ずるものではないとする最新の学習理論に基づく批判にその後直面することになった。

いずれにせよ、1971年の著書の中で構想された初期のCPTEDは、全体として、「環境」設計の手段として物理的環境のみならず社会的環境の改善をも含めて広くとらえていることからも示唆されるように、行動主義的アプローチに純化したCPTEDの積極的・建設的側面においては不十分かつ一貫性を欠くものではあった。しかしながら、ジェフリーの一次的犯罪予防論を支持するための議論の先駆けとして、つまりその消極的・批判的側面においては一定の役割を果たしたものといえる。すなわち、現在でも多くの人々によって支持されている応報や抑止といった犯罪統制目的や現行刑事司法制度によって用いられている懲罰的な犯罪統制策を拒絶・批判することにむしろその議論の重点と意義はあったものと評価されている (Robinson, 1999: 434)。

2 社会生物学的学習理論・生物学的環境主義モデルに基礎を置くCPTEDモデル(1977年および1990年)

ジェフリーは、1977年に出版された上記同名著書の改訂版において、彼の初期のCPTEDモデルに対する理論的アプローチを全面的に改めた。これは、ジェフリーが自著の初版公刊後、生物学の研究を精力的に自学自習し、そこから得られた最新の精神生物学的学習理論の知見に基づいて、行動プロセスにおける物理的有機体(脳)の役割の重要性を認識したことがひとつの動機づけとなっている[12]。そして、上述したように、スキナーの行動主義的アプローチは、刺激因

としての物理的環境を強調する一方で、行動プロセスにおける有機体の存在を完全に無視することから、過度の環境主義と批判されていたが、ジェフリーは行動主義のこの欠陥を改めるべく物理的環境と並んで同時に行動機制における物理的有機体の役割を重視する生物学的行動主義（biological behaviorism）または社会生物学的学習理論（a biosocial theory of learning）と呼称される立場に基づいて、新たなCPTEDモデルを再構築しようとしたわけである（Jeffery, 1977: 9-10, 236）。

　生物学的行動主義または社会生物学的学習理論とは、行動遺伝学（behavioral genetics）および精神生物学（psychobiology）を基礎において、行動における脳の役割に注目し、行動に至るメカニズムは脳の構造とその働きに密接な関連があるとする行動モデルをいう（Jeffery, 1977: 240-241）。この行動モデルによれば、行動は脳と環境との相互作用プロセスから生み出されるものである。すなわち、それは、脳が行動を通して環境を変化させるとともに、また環境が脳を変化させるという相互作用プロセスの結果であると説明する考え方である。そして、脳の働きとして、主にその感覚的、運動的、連合的機能に着目しながら、この行動モデルでは、脳が環境から感覚神経系を通して情報を受け取り、その感覚神経系情報を生化学的な暗号に直して蓄積し、その情報を過去の情報と連合させ、さらに、筋肉の興奮を制御する運動神経系を通して運動活動を制御することを「行動」と呼んでいる（Jeffery, 1977: 245; 野村, 1999: 475）。つまり、行動に対する環境的影響は、有機体の内部的物理的環境である器官（脳）を通して行動に及んでいるとするのが、この行動モデルの核心部分である。ジェフリーは、それを「環境→有機体（脳）→行動モデル（the environment → organism (brain) → behavior model）」と命名している。

　生物学的行動主義の犯罪予防モデルに対する理論的含意は、もし物理的環境が脳を媒介として有機体の行動に影響を及ぼすものと仮定されるならば、犯罪予防モデルにとって重要な要素としては、犯罪の発生を事前に防ぐために、強化因としての外部的な物理的環境（犯罪発生の場所的環境）と犯行者個人の内部的な物理的環境（脳）の双方を含めなければならないということである。もしそうであるならば、スキナー主義のS-Rモデルに基づく初期のCPTEDモデルにおいて、環境と有機体との間、あるいは刺激と反応との間で想定されたブラック・ボックス（空有機体）に現代生物学および精神生物学などによる遺伝や脳機能に関する科学的分析のメスを入れたという意味において、この新しいCPTEDモデルは、

行動メカニズムの科学的解明に対するより一層有意味な理論的および方法論的進展だったと主張している (Robinson, 1996: 18-19)。

要するに、改訂版における CPTED モデルの特徴は、それが現行刑事司法制度を支配している処罰および治療目的を否定し、犯罪発生前の事前の規制を目的とする「一次的犯罪予防」および行動に対する「直接的統制」を指向する点においては初期モデルと基本的な違いはないということ[13]。ただし、事前規制の対象となる物理的環境の概念が拡大されて、行動主義モデルのように犯罪発生場所の外部的物理的環境 (the external physical environment of the place) だけではなく、犯行者個人の内部的物理的環境 (脳) (the internal physical environment of the offender) をも含み、かつ両者の相互作用に分析の焦点を当てているということが、最大の特色といえる。さらに、それに関連して、有機体と環境との相互作用を強調することの結果として、犯罪と刑事司法に対する学際的アプローチ、つまり人間の行動諸科学に基づく学際的な研究努力の重要性・必要性を前面に出して説いているのが、もう一つの目新しさといえよう (Jeffery, 1977: 36-46)。

1977年の改訂版以降、ジェフリーの研究は、より一層生物学的アプローチを強め、遺伝学や脳科学を含む多数の学問研究の最新成果を犯罪行動理論および犯罪予防理論に積極的に取り入れようと試みた。その具体的成果が、1990年に刊行された彼の犯罪学教科書『犯罪学: 学際的アプローチ』(Criminology: An Interdisciplinary Approach) であった[14]。上記改訂版を絶版にした上で、彼の教科書において、ジェフリーは、犯罪予防に対する学際的アプローチを提唱しながら、先の生物学的行動主義モデルをさらに詳細に展開した。彼の教科書 (今日の立場でもある。) での最新の CPTED モデルの基本仮説は、次のようなものである。すなわち、「物理的環境に対する個体の反応は、脳の働きによって生み出されるものであり、そして次いで脳は遺伝と環境の所産である。環境は決して行動に直接影響を及ぼさないが、脳を媒介としてのみ影響を及ぼす。犯罪予防モデルのいずれもが脳と物理的環境の双方を含まなければならない」と (Jeffery, 1993: 330)。これは、上記改訂版における CPTED の生物学的行動主義モデルと同一の考え方であるが、「氏と育ち」(nature and nurture)、つまり遺伝と環境との相互作用並びに個体と環境との相互作用を強調するところから、ジェフリーはこの行動モデルを「生物環境主義」(bioenvironmentalism) または「生物環境的行動理論」(bioenvironmental theory of behavior) と新たに命名している (Jeffery, 1990: 235)。

人間行動に対する生物環境主義的アプローチは、行動機制の説明枠組として分析単位の異なる諸々の要素を含み、かつそれらの要素間の相互作用を強調するという理論的特色をもつ。このことは、方法論的には「全体論的」(holistic) 視点に立つものであり、統合的なシステム論的アプローチ (the integrated systems approach) の論理に基づくものである (Jeffery, 1990: 25-30)。システム論的アプローチは、有機体と環境との間の直線的な因果推論の代わりに、当該変数間における連続的な相互作用的効果の仮定の下に、最小単位の細胞から最大単位の社会までのあらゆる分析レベルの間での双方向的影響に分析の焦点を当てる研究方法である。そして、人間行動（犯罪行動を含む。）の出現機制にかかわるあらゆるレベルの要素を全体論的に分析することを可能とするためにも、論理必然的に犯罪予防研究（および犯罪学研究）は性質上学際的でなければならないという主張を、1977年の改訂版よりも彼の犯罪教科書においてより具体的かつ詳細に展開している (Jeffery, 1990: 35-39; 418)。

　かくて、以上のようなジェフリーの見解の CPTED モデルに対する含意としては、とくに神経学、心理学、社会学、地理学、都市設計などの学問的知見を統合しながら、犯罪予防のためには、個人レベルの物理的有機体または環境レベルの物理的環境を変化させる必要があるということである。CPTED は典型的には財産犯罪（たとえば、強盗、不法目的侵入、窃盗）の予防のためにデザインされるものであるが、この種の CPTED プログラムの分析にとって重要なのは、人為的環境 (the human-made environment) であって、たとえば、建物のタイプ、街路の場所、駐車場・空地・公園の場所、ショッピング・モールや工業団地の場所などの個別的な犯罪場所の特徴である。ジェフリーの CPTED モデルを適用した具体的な犯罪予防プログラムとして、1985年にフロリダ州のタラハッシー市とゲインズビル市でそれぞれ別個に実施されたコンビニエンス・ストアー強盗防犯プロジェクトがある (Jeffery, 1990: 414-416)。これらのプロジェクト研究において、コンビニエンス・ストアー内外の物理的環境と強盗発生との関係を分析したところ、たとえば、レジ店員の位置（店の中央）、レジ店員数（二名以上複数）、防犯カメラの設置、店の面前にガソリン・ポンプを設置していること、店内がはっきり見えるガラス窓が張られていることなどが、強盗発生の減少と統計的に有意味な関係をもっていることが明らかにされた。両プロジェクトは、当該地域におけるコンビニ強盗の発生率の減少をもたらしたという意味で、CPTED モデルの成功

例としてジェフリーによって評価されている[15]。

他方で、ジェフリーは、物理的環境の設計だけを問題とするような典型的なCPTEDプログラムが一般的には家族または友人を含む人身犯罪（たとえば、殺人、レイプ、暴行）に対しては有効ではないということを論じている（Jeffery and Zahm, 1993: 343; Jeffery, 1990: 400-401）。たとえば、自動車やアパート内で発生する面識ある者によるレイプは、アパートのドアや窓の鍵をいくら頑丈にしても、また駐車場の照明を改善したりしても予防することはできない。また、公営団地の再設計によっても、家庭内暴力や幼児虐待を防ぐことはできないであろう。さらには、物理的環境の変更が、友人または知り合いの間で発生する多くの殺人事件に影響を及ぼすこともないであろう。ただし、ジェフリーにとって、上述したような個人を対象とする多くの暴力犯罪の予防は、物理的環境の再設計では不可能であるが、個人レベルにおける個々の犯罪者または潜在的犯罪者に焦点を置くプログラムを通して実現可能とされる。そのようなプログラムとして、たとえば、乳幼児期における脳障害、栄養不足、重金属（鉛・水銀）汚染、およびその他の神経学的問題の早期診断と早期介入（脳の正常な発達をもたらすような栄養学的治療）が望まれている。また、それに関連して、環境レベルにおいては、個人の脳に悪影響を及ぼしうるアルコールまたは薬物の量、もしくは環境上の化学汚染物質を減少・除去することが重要となる。このことからも明らかなように、ジェフリーのCPTEDの特色のひとつは、財産犯罪に対しては物理的環境の再設計に重点を置く「1次的予防」を原則としながら、部分的には暴力犯罪の場合には個人レベルでの早期発見・早期介入にもとづく「2次的予防」をも強調しているということである（Jeffery, 1990: 442-443）。いずれにせよ、ジェフリーは、CPTEDの今後の課題としては、フロリダ州内において実施されたコンビニエンス・ストアー強盗防犯プロジェクトの実効的な調査研究結果の一般化を探求するべく、より十分な研究資金を獲得し、より大規模なCPTEDプロジェクトを立案・実施して行くことが大切であると、総括している（Jeffery, 1990: 421）。

三　防犯空間理論・状況的犯罪予防論との比較検討

上記のようなジェフリーのCPTEDモデルと並んで、ニューマンの「防犯空間理論」およびクラークの「状況的犯罪予防論」も犯罪発生における物理的環境

もしくは「状況」（発生場所と時間＝犯罪機会）の役割に着目し、その環境設計の変更による犯罪予防論を展開した代表的な例である（守山, 1999: 77-80; 1995: 22-24; 瀬川, 1998: 129-136; 1996: 7-17）。しかしながら、ニューマンやクラークの犯罪予防論は、今日、環境犯罪学的アプローチの主流を形成する一方で、それらが依拠する理論的基盤、理論仮説、および政策的含意は、実のところ、ジェフリーのCPTEDモデルのそれらとは、かなりの違いがある。以下では、ジェフリーのCPTEDの特徴をさらに明確にするために、ニューマンやクラークの犯罪予防論および彼らの理論が依拠している犯罪行動理論（合理的選択理論、ルーティン・アクティヴィティ理論、犯罪機会論、社会統制理論など）との相違点について比較検討する。

1　防犯空間理論：社会統制モデル

　ジェフリーとほぼ同時期に、そしてジェフリーと同様、ジェイコブスの着想に大きな影響を受けて、都市工学および建築工学の観点から、物理的な環境設計と犯罪予防の関係について先駆的な研究を行ったのは、建築家でありかつ当時ニューヨーク大学の都市計画の准教授であったニューマンである。彼は、1969年から3年間、ニューヨーク市における高層住宅団地と犯罪発生率との関係を調査研究し、高層住宅団地が低層（3〜5階建）住宅団地よりもはるかに高い犯罪率を有することを見出した。その研究成果は、1972年に『守りやすい住空間：都市設計による犯罪予防』（Defensible Space: Crime Prevention Through Urban Design）として公刊され、国内外に大きな反響を呼んだ[16]。そして、ニューマンは、その著書の中で、上記の観察に基づき、「守りやすい住空間」（以下「防犯空間」と略）の物理的環境設計によって都市コミュニティにおける住民間の非公式の社会統制力を促進させ、その結果として犯罪率を減少させることができる、という理論仮説を導き出した。

　彼のキー・コンセプトである「防犯空間」とは、「領域性」（territoriality）、「自然的監視」（natural surveillance）、「イメージ」（image）、そして「立地条件」（milieu）の4つの要素から構成されている（瀬川, 1998: 130; Jeffery, 1990: 409; 湯川, 1978: 45-48）。領域性とは、居住者が住宅地に対してもっている所有・帰属感であり、居住者の支配・管理が可能となるような私的領域（住宅・住戸）が確保されていることを意味する。自然的監視とは、居住者が私的領域である住戸およびそ

の周辺領域（半公的領域）において何が起こっているのかを日常的に何気なく観察する能力である。イメージとは、住宅地の外観に貼られるスティグマ（「スラム街」「治安が悪い」など。）を意味する。立地条件とは、住宅地を安全地帯に隣接して立地すること（逆にいえば、犯罪リスクの高い地域から離れた場所に住宅地を立地すること。）を意味する[17]。

　この「防犯空間」の設計上の指針として、ニューマンの研究では、①住宅団地においては居住者間の自衛意識を高め、不審者の識別が容易になりうる程度に、公的領域（屋外道路など）や半公的領域（団地の共用階段、ロビー、エレベーター、駐車場、住棟入り口前の遊び場など）と私的領域との間に物理的・心理的に画然と区別できるような現実的および象徴的な障壁（背の高い塀、柵、生垣、門扉、照明灯など）を設ける、②領域性が低い私的領域および半公的領域の日常的な自然的監視を可能とするよう、機会を物理的に作り出す、③低所得者用の公営住宅で、居住者にスティグマを付加しないような外面のデザインを作り出す、④住宅エリアを安全で脅威のないエリアに隣接して配置する、という諸方策が挙げられている（瀬渡, 2002a: 78-81; テイラー＝ゴットフレッドスン、1995: 205; Jeffery, 1990: 409）。

　ニューマンの理論の目標は、単に物理的に犯罪を受けにくい環境をつくり出すことではなく、「防犯空間」の物理的環境の設計を通して、匿名性の高い都市空間に代わり、都市住民間における領域性の意識もしくはコミュニティーとしての一体感を高め、それによって安全な生活環境を守ろうとする責任感を都市住民に植え付けようとすることにある。つまり「自衛するコミュニティ」を創造することにあった、といえる（瀬渡, 2002b: 13; Jeffery and Zahm, 1993: 332）。もしこの目標が達成されたならば、「防犯空間」の諸要素の効果により、近隣社会における住民は、領域的・自警的な態度で行動するようになり、その結果として犯罪のための機会を減少させることになるとともに、潜在的犯罪者に対しても犯罪リスクが高まることによって犯罪予防に貢献しうる、ということを彼は主張したのであった。

　以上のことから、ニューマン理論の最大の特徴は、彼がとくに自然的監視機会を伴った領域性の高い空間の創造を重視していることからも推察されるように、単なる「標的強化」と同一ではなく、日常的な生活の中で展開される都市住民による非公式の社会統制活動の強化をもたらしうるような環境設計に直接の関心があり、その間接的効果として犯罪発生率の減少が期待されているということであ

る。そして、その意味で、彼の犯罪予防論の根底には犯罪学理論におけるいわゆるハーシ（T. Hirschi）の「社会統制理論」との親和性を看て取ることができる（守山, 1999: 75; 瀬川, 1998: 115）。なぜならば、家庭や学校教育の失敗に犯罪の主原因があると考える社会統制理論の政策的含意は、家庭のしつけや学校の教育を厳格にし、地域ぐるみの犯罪対策を推進しようとする主張につながっているからである。

　ジェフリー自身も、ニューマンの理論を社会統制モデルとしてとらえ、自己の立場との違いを強調している。一つには、社会統制理論は、周知のように、その背後仮説として、いわゆる人間性悪説に依拠し、すべての人間は犯罪行動に対する同一の動機づけを持つと仮定されている。つまり、それは犯罪動機において個人差はないとの考え方である。人間は放任すれば誰もが犯罪を犯す存在となりえるので、犯罪を防ぐためには、社会統制（社会的紐帯）を強化することが必要であると説くのである。それに対して、ジェフリーのCPTED論は、生物環境主義モデルに基づき、現代心理学および生物学の基本原則である有機体の個人差を認める行動モデルをその前提としている。一卵性双生児を除けば、二人として同等の者はいないとするのがその原則である。ジェフリーは、遺伝学的、神経学的、かつ心理学的変数の観点から、暴力的常習犯と非暴力的機会犯、そして非犯罪者との間には著しい個人差があるとの仮定にたって、犯罪行動の分析において個人差を検討することの必要性を説いている（Jeffery, 1990: 362-391）。

　また、ニューマンとジェフリーの両理論は、基本的にはその理論的方向性において全く異なるといえる。ニューマンの犯罪予防論がもっぱら建築学的アプローチにもとづき、少なくとも犯罪学およびその他の行動諸科学の知見とは無関係に、独自に展開されたのに対し、ジェフリーのそれは単に物理的環境の設計に止まるのではなく、人間行動および学習理論に関する基本的論点を含み、あくまでも犯罪学および行動諸科学の枠組の中で、議論されているという点である。それに関連して、両者の理論の最大の違いといえるのは、彼らの環境設計の考え方・その内容にある。ニューマンの「防犯空間」は、都市コミュニティにおける非公式の社会統制の強化を助長することを目的とした外部的な物理的環境の設計を重視する一方で、有機体の内部的な物理的環境（脳）への視点を完全に無視している。他方、最新のジェフリーの環境設計の考え方は、既述したように、生物環境主義的行動モデルまたは統合的システム・モデルに基づいて、「有機体の外部的

環境および内部的環境の両者」を含む環境設計による犯罪予防論を展開したという点てある。

2　状況的予防

CPTEDや防犯空間理論と多くの点で類似する犯罪予防論として、「状況的犯罪予防」（Situational Crime Prevention）が、1980年代に入ると、主に英国において、急速に台頭してきた（Clarke, 1980, 1995: 96）。その代表的提唱者は、当時英国内務省調査研究部（the Home Office Research Unit）に所属していたクラーク（Ronald V. Clarke）（現在はアメリカ合衆国・ラトガース大学刑事司法学部教授）である。クラークによれば、状況的犯罪予防の着想は、ジェフリー（1971）とニューマン（1972）の先行研究から直接の影響を受けることなく、クラーク自身が関わっていた内務省調査研究部による初期の研究実績の教訓から独自に生成してきたものである（Clarke, 1995: 94-97; 守山, 1999: 80; 瀬川, 1998: 131）。ただ、米国におけるジェフリーやニューマンによるCPTEDの議論や実例などが、状況的犯罪予防論を推進していく上で有益であったことは、クラーク自身認めるところでもある。

いずれにせよ、状況的犯罪予防とは、「広範囲な犯行者によって認識されるほどに犯罪機会を減少させ、かつ犯罪リスクを高めることを目的として、できる限り系統的かつ永続的な方法で犯罪が発生する環境を直接的に管理・設計・操作することを含む、特定の犯罪形態に向けられた予防的手段である」と定義されている（Clarke, 1995: 91, 1983: 225）。その具体的な犯罪予防手段・方策としては、犯罪機会減少の最も簡便な方法である「標的の強化」（犯罪の標的となる対象物の弱点を補強する手段──具体的には、ドアや窓の開口部に二箇所の施錠、駐車場メータや券売機への偽コイン防止機の設置、および車のハンドル・ロック方式の導入など。）、「アクセス・コントロール」（潜在的犯罪者を接近させないための方策──駐車場の障壁、敷地の柵囲い、入り口のインターフォン設置などのように住居・施設への出入口制限をするもの。）、「所有物の識別」（所有物に何か確認できる目印をつける手法──通常、氏名のほか郵便番号を記入する方法、自動車確認番号制度など。）をはじめとして、潜在的犯罪者に対する犯罪リスクを高める方法であるニューマン流の「自然的監視」（まもりやすい住空間、街路の照明、近隣監視など。）はもとより、より洗練された電子機器を利用した監視システム（侵入盗防止アラームや監視カメラの設置。）、さらには犯罪

誘因ないし犯罪の報償を減少させる手段の開発など実に多種多様な拡がりをもっている[18]。

　状況的犯罪予防は、その理論的基盤として当初は犯罪発生における状況的要因（たとえば、脆弱な標的や適切な犯罪機会の利用可能性）の重要性を強調するだけであった（Clarke, 1983: 228-229）。しかし、近年では、その後の発展の過程において、明示的に合理的選択理論（rational choice theory）とルーティン・アクティヴィティ理論（routine activity theory）を含む犯罪機会理論（criminal opportunity theory）と呼ばれる新しい犯罪理論に、その理論的基盤が求められている（Clarke, 1995: 91; 守山, 1999a: 78）。これらの犯罪理論は、いずれも1970年代のアメリカにおける伝統的な実証主義的犯罪原因論の混迷および犯罪者処遇理念の衰退を背景として、古典派犯罪学および抑止刑論が復活してきた時期と重なって台頭してきたものである。合理的選択理論、ルーティン・アクティヴィティ理論および犯罪機会理論は、その基本的主張において多くの共通点および相互関連性を有している。

　合理的選択理論は、1980年代に入り犯罪の経済学理論の影響を受けて、経済的合理主義ないしは功利主義的人間像の観点から犯罪行動の原因を説明しようとするものである。この理論によれば、犯罪が発生するのは、犯罪者が犯罪から得られる利益（たとえば、金品のニーズ、復讐、スリル、娯楽など）と犯罪から生ずる損失（たとえば、逮捕の危険性、予想される刑罰の重大性など）を比較衡量し、その利益が損失を上回ると合理的に計算した結果として、犯行選択の意思決定を行なった場合である。この理論の基本的考え方は、周知のように、元来は18世紀中葉に生まれた古典派犯罪学と同様の理論的基盤に立つものであり、それは犯罪者を自由意思と合理性を持つ存在として仮定し、そしてその行動基準として快楽を求め苦痛を回避する功利主義的人間像を前提としている（瀬川, 1998: 119-125）。この理論の核心は、犯罪行為者の意思決定（合理的選択）に影響を及ぼす広範囲な状況要因の分析にある。つまり、個々の犯罪者が遭遇する状況における犯罪機会の認知と当該機会構造から生ずる犯行の損益の比較衡量に基づく合理的な意思決定のプロセスに分析の焦点が置かれている（Jeffery and Zahm, 1993: 337）。

　ルーティン・アクティヴィティ理論は、①犯罪動機を有する潜在的な犯罪者の存在、②魅力的価値のある適切な標的の存在、③犯罪防御のための効果的な監視人の不在という三つの要素が、ある一定の時間と空間において重なり合う場合

に、犯罪が生ずるというものである。この理論のキー・コンセプトである「ルーティン・アクティヴィティ」は、日常生活上の習慣的活動におけるこれら三つの要素の関数関係として定式化されている。この理論は、犯罪動機を有する潜在的犯罪者が監視人を欠く状況で適切な標的を合理的に選択すると仮定しているので、合理的選択理論と関連している（Robinson, 1999: 452）。そしてまた、この理論は、日常生活の習慣的活動の中で上記三つの要素が重なり合う状況（時間と空間）を犯罪「機会」ととらえ、犯罪がかかる犯罪機会から生ずるということを主張していることから、時として「犯罪機会」理論または単に「機会」理論とも名づけられている（朴，1996: 34）。

　犯罪機会理論は、上記のようにルーティン・アクティヴィティ理論と相互交換的な意味で用いられる一方で、「機会」概念をより広い意味にとらえる立場からルーティン・アクティヴィティを含む包括的な用語として使用する者もいる（Clarke, 1995: 101-104）。いずれにせよ、キー・コンセプトである「機会」は、一般には、犯行者に対する標的の魅力性の観点から理解されている。犯罪機会理論は、たとえば、「標的に関連した犯罪者と被害者との相互作用」と定義され、標的が高い報酬と少ないリスクのために魅力的となる場合に、当該標的が犯罪者によって「機会」と見なされている（Jeffery and Zahm, 1993: 335）。この限りで、犯罪機会理論は、少なくともルーティン・アクティヴィティ理論と密接に関連しているといえる。そしてまた、犯罪機会（標的の魅力性および効果的な監視人の不在）の評価に際して、犯罪者の合理的な意思決定が重要な役割を果たすという意味で、犯罪機会理論の合理的選択理論との結びつきも明白である。

　要するに、状況的犯罪予防を理論的に支える上記三つの理論は、いずれも自由意思、合理的選択、および功利主義に基づく人間性に関する古典派犯罪学の理論仮説を共有している（Jeffery and Zahm, 1993: 324; 326）。したがって、状況的犯罪予防は、当然に、効用、利益、または快楽を最大にし、リスク、損失、または苦痛を最小にすることを求める合理的な犯罪者像を前提にしている。その結果として、状況的犯罪予防論は、抑止刑、監視、標的強化・除去、アクセス・コントロールなどを強化することによって、合理的犯罪者に対する犯罪機会の減少を目的とする犯罪予防プロジェクトを展開しているのである（Robinson, 1999: 452）。

　このような状況的犯罪予防アプローチに対して、ジェフリーのCPTEDは、確かに初期の行動主義（S-R）モデルに基づくCPTED（Jeffery, 1971）では、快楽

と苦痛によって人間行動は支配されるとする功利主義的な人間像が前提とされており、その限りで古典派犯罪学の合理的人間モデルと一致していた（Jeffery, 1977: 238; 野村, 1999: 472）。しかしながら、1977年に改訂されたジェフリーのCPTEDモデル（Jeffery, 1977, 1990）は、人間行動に関する社会生物学的学習理論ないし生物学的環境主義モデルを前提にしており、古典学派的な合理的・功利主義的人間モデルを厳しく批判する立場に変化していることに注意しなければならない[19]。ジェフリーによれば、古典学派のキー・コンセプトである「合理性」または「選択」概念は形而上学的であり、経験的に実証できないものなので、科学的ではないとの批判があてはまる（Robinson, 1999: 450）。この古典学派的な合理主義・功利主義的人間行動モデル（ジェフリーの用語では、精神的内観モデル。）は、現在のジェフリーの生物環境主義モデルとは根本的に対立する考えである。

　現代生物学・心理学に基づく生物環境主義モデルは、既に述べたように、合理的な意思決定能力を有する有機体の「精神」と環境との相互作用からではなく、むしろ物理的有機体としての脳と環境との相互作用から行動が生み出されるとする立場である。このモデルによれば、「合理性」および「選択」などの「精神的プロセス」は、神経学の観点から脳の前部前頭葉の機能としてみなされる。そして、行動は、脳内部における情緒的および合理的プロセス双方の所産である。この点で、行動の合理的側面だけを強調する古典派犯罪学もしくは経済学理論と（したがって、状況的犯罪予防とも）大きな違いを見せている（Jeffery and Zahm, 1993: 342）。

　さらに、犯罪者の動機づけについての見方についても、ジェフリーの社会生物学理論と合理的選択理論、ルーティン・アクティヴィティ理論を含む犯罪機会理論とでは大きな対比を示している。犯罪機会理論では、犯罪者の動機づけが所与のものとして仮定されているので、動機づけは犯罪行動を説明する際に考慮されるべき変数ではないとして全く無視されている。これに対して、ジェフリーの生物環境主義的人間観では、各人はニーズと動機づけの観点から異なるということが、前提とされている。遺伝学的相違、脳の相違、学習経験の相違のために、二人の人間が同等であることはない。人間行動に対する基本的動機づけは、脳と大脳辺縁系から生じており、動機づけは個々の有機体の生物学的構造の中で形づくられる。したがって、犯罪予防論を論じる場合には、その前提としてニーズや動機づけにおける個人差を人間行動モデルにまず組み入れて研究する必要がある

と、主張している (Jeffery and Zahm, 1993: 342)。

　最後に、クラークの状況的犯罪予防は、その理論的枠組の中に、犯罪の機会構造に影響を及ぼす物理的環境だけではなく、犯罪発生状況の背景にある社会経済的構造といった社会的環境の役割をも取り入れており、犯罪にかかわるすべての範囲の環境を問題としている。これに対して、ニューマン流の防犯空間理論では、建物、住宅地区、商業エリアなどの物理的環境の設計と管理に分析の焦点をあわせる傾向にある。この意味で、状況的犯罪予防の方が、防犯空間理論に基礎を置くCPTEDよりも広いアプローチであるといえる (Robinson, 1999: 447-448)。しかし、状況的犯罪予防は、犯罪発生にかかわるあらゆる外部的な物理的・社会的環境を問題視する一方で、ニューマン同様、犯罪者内部の物理的環境としての脳の役割については全く無視している。したがって、ジェフリーの立場からすると、単純な犯罪機会減少の技術を超えて、場所の外部的物理的環境と犯罪者の内部的物理的環境（脳）の双方を含む統合的システム論的アプローチにもとづくジェフリーのCPTEDモデルの方が、状況的犯罪予防より現実には広いアプローチということになる (Robinson, 1999: 448)。この点に関連して、防犯空間理論に基礎を置くCPTEDに対する批判と同様、状況的犯罪予防に対しても、ジェフリーは、それは典型的には財産犯罪の予防策として適切なプログラムといえるが、家庭内暴力（幼児虐待、配偶者間暴力）、デート・レイプのように友人や親族を直接対象とする暴力的人身犯罪の問題に対しては、環境設計による予防策だけでは十分説明できないとの批判を展開し、両者の違いを強調している (Jeffery and Zahm, 1993: 343)[20]。

四　ジェフリーのCPTEDに対する反響：なぜジェフリーは無視されたのか？

1　どの程度無視されていたのか？

　ジェフリーのCPTEDに関する研究業績は、彼自身がその命名者かつ提唱者であるにもかかわらず、1971年の著書の出版から現在に至るまで、長い間いろいろな分野において無視され続けている。というのは、CPTED関連の文献調査によれば、政府、建築学、企業ビジネス、犯罪学においてこれまで様々に試みられてきたCPTED研究は、もっぱら犯罪が発生する場における外部的な物理的環

境だけを改善することに注意が注がれており、ジェフリーのように犯罪者の内部的な物理的環境（脳）の影響・効果について言及するものは、ほとんどまったくといってよいほど存在していないからである。とくに犯罪学の分野におけるCPTEDの発展をみても、そこでは犯罪発生における物理的環境だけではなく社会環境をも含む広範囲な外部的環境要因の分析にのみ集中しており、また状況的予防論のように、学説によっては犯罪者の内部的環境を考慮する場合があっても、それはあくまでも犯罪者の合理的選択という「精神的プロセス」として捉えられているにすぎない。ジェフリーの社会生物学的着想から離れた、このような内容のCPTEDが、現在のCPTED関連文献の主流であることが、ジェフリーの研究がいかに無視または軽視されているかを如実に物語っていると言えよう。

ジェフリーの初期の研究業績と彼のその後の研究の進展も含めて、ジェフリーがかなり広範囲に他の犯罪学者達によって無視され続けてきた原因は一体何であるのか。以下では、アメリカにおける政府、建築学、企業ビジネス、犯罪学の各分野において発展してきた様々なCPTEDを検討しながら、ジェフリーの研究業績がどの程度無視されてきたのか、そしてなぜそうなってしまったのかについて分析・検討することにする。その際に、まずはジェフリーの研究の発展に関連して上記の各分野においてどのような反応があったのかを見ておくことにする。そして、そのことを踏まえて、ジェフリーが無視された原因を例証して行くことにする。

(1) 政府機関・建築学の反応

1970年代に、連邦政府は、当時の連邦司法省法執行局（LEAA）を通して、ニューマンの「防犯空間」モデルの適用を試みた犯罪予防プロジェクトに対して総額200万ドルの研究助成金を交付した。LEAAの助成金を受けた研究プロジェクトとして最も有名なものは、ウェスティングハウス社（the Westinghouse Corporation）によって実施された三つの「CPTED－ウェスティングハウス」プロジェクトである（National Crime Prevention Institute, 1986: 124-129; Jeffery, 1977: 225-228）。すなわち、①オレゴン州のポートランドで行われた商業地区プロジェクト、②フロリダ州のブロワード・カウンティで行われた学校プロジェクト、③コネティカット州のハートフォードで行われた住宅地プロジェクトである。これらのプロジェクトは、犯罪および犯罪の不安感を減ずるという目標を達成するために、標的強化および「防犯空間（とくに自然的監視を強調）」の考えに基づく犯罪

予防策を導入した。たとえば、ポートランド商業地区プロジェクトでは、「街灯・緊急電話・歩道・造園などの改善、特別なバス待合所の設置、近隣監視プログラム、防犯診断」などが実施された。ブロワード学校プロジェクトでは、「ニューマン流の自然的監視および学校環境に対する学生の帰属感および責任感の強化」が試みられた。そして、ハートフォード住宅地プロジェクトでは、「街路を封鎖または狭く、もしくは一方通行路にしたり、また地区に防犯団体を結成し、警察とコミュニティとの関係改善」が図られた。

これらのプロジェクトは、明らかにジェフリーのCPTEDモデルではなくて、ニューマンの「防犯空間」理論にもとづいていたにもかかわらず、なぜか奇妙にもLEAAを初めとする政府機関は、ジェフリーの同名著書のタイトルを借用して、ニューマン理論に基づく犯罪予防プロジェクトに「CPTED」と名づけて今日にいたっている。そのために、現在ではCPTEDの意味は、ジェフリーの真意とはかけ離れてしまい、ニューマンの「防犯空間」理論と同義なものとして使用されることになってしまったのである。このことは、CPTEDが議論される時に、LEAA編集のニューズレターにおいて1970年代を通して一度たりともジェフリーの名前が登場したことはなかったことからも窺い知ることができる。なぜニューマンよりも先に1971年の同名著書でCPTEDのオリジナルな言葉を考案したジェフリーが、決して「防犯空間」のように多くの人々にアピールすることはなかったのかをジェフリー自身次のように自問自答している。すなわち「当時、人々が犯罪を予防するために利用可能な実際的適用を求めていた時代に、自分自身はもっと多くの調査研究の必要性と犯罪学研究所の創設を政府機関に要求していたことが一因であった。その結果として、研究助成金がすべて『防犯空間』の調査研究および上記の各種防犯プロジェクトに提供された一方で、ジェフリーは研究への財政支援をただ声高に叫ぶことぐらいしかできなかった」と(Robinson, 1999: 442, 1996: 30)。いずれにせよ、ジェフリーのCPTED理論は広く無視されてきたけれども、政府機関はなおもCPTED概念を使用しているし、それをニューマン流の建築設計による犯罪予防の意味にとらえていることに変わりはない(Fleissner and Heinzelmann, 1996; Taylor and Harrell, 1996)。

それはそれとして、1970年代を通して、LEAAが廃止された1979年までの間、公共住宅に対する防犯指針をモデル化したニューマンの著書は、多くの政府機関によって受容され、そしてニューマンの理論に基づいたプロジェクトに対する政

府機関の財政的な支援も継続的に行われている。LEAAは、CPTEDプログラムの推進のために他の連邦機関、例えば住宅都市開発省（Department of Housing and Urban Development）、全米科学財団（National Science Foundation）、教育福祉省（Department of Education and Welfare）、運輸省（Department of Transportation）などにも呼びかけて財政的支援の参加協力を求めた。その結果、1977年までには、41件の街路の照明灯プロジェクトが政府支援の下で行われたとのことである（Robinson, 1999: 437; Murray, 1995: 353）。ただし、一連のCPTEDプロジェクトの成果については、懐疑的もしくは否定的な報告をするものが多いとの指摘がなされている（Robinson, 1999: 437-439; Murray, 1995: 352-353, Jeffery and Zahm, 1993: 333）。

しかしながら、経験的支持を欠きながらも、ニューマンの研究業績は、現在もCPTEDおよび建築設計に関する政府機関の考え方に影響を及ぼし続けている（Robinson, 1996: 29, 1999: 440-441; クロウ, 1994: 5）。たとえば、政府の管理する多くの公営住宅団地では、住宅都市開発省の主導の下に、「防犯空間」原則にもとづく防犯計画が立案実施されている。また、フロリダ州では、1987年にCPTEDに関連した「安全な近隣法」（Safe Neighborhoods Acts）が制定され、州政府は住宅地や商業地域でのCPTEDプラニングの経済的援助を行っている。さらには、フロリダ州のゲインズビル市、オハイオ州のケント市では、強盗事件の発生を減らすことを目的に、市内のコンビニンスストアーに一定の防犯対策を講ずることを命ずるCPTED関連の市条例を制定し、劇的な成果をあげているとのことである（Jeffery, 1990: 415-416）。加えて、合衆国のほぼすべての法執行機関は、現在CPTEDの特別な研修を受けた犯罪予防の専門官を配置するようになっている。防犯部門を専門とする警察官は、新しい建物が建築される場合、また、新しいコミュニティが開発されるときに、都市計画家や建築家と協力して、CPTEDの考え方を生かすようになっている（Robinson, 1999: 443; サビル, 2000: 12）。このように、政府機関によるCPTED活動は全米の様々なレベルで定着する一方で、内部的な物理的環境としての脳の役割を強調するジェフリーのCPTEDモデルは、彼の研究の本拠地であるフロリダ州内の地方都市においても無視されつづけているといえよう。

(2) 企業・ビジネス的反応

「防犯空間」および「標的強化」に関するCPTEDプロジェクトの発展に伴って、CPTEDの相談を業務とする種々のビジネスが全米中に生まれてきた。たと

えば、駐車場設計を専門とするコンサルタント業は、20年間以上にもわたって長年CPTEDの利用を支持しているといわれている。また、警報器メーカなどは、侵入盗事件が最近発生した近隣の居住者向けに当該犯罪情報の電話サーヴィスを実施し、電子監視カメラ、侵入盗防止警報器およびその他の標的強化装置の設置に関連した設計変更を推奨している（Robinson, 1999: 444）。今日、ほとんどすべてのビジネスが、可視性を高めるために窓やドア近辺の生垣を刈り取ったり、防犯カメラを設置するなど、何らかのCPTED対策を利用しているということは、今や常識となっている。

　企業による全米レベルでのCPTED活動のより大掛かりな例は、クロウ（1994: 4-5）によって次のように紹介されている。すなわち、「全米コンビニエンスストア協会（National Association of Convenience Food Stores）は1987年のトロントでのコンベンションで、CPTEDを特別パネルとしてコンベンションのハイライトとして扱った。そこでは店の新しい配置のために、売上げが33％も伸び、セキュリティの問題が50％も減少したという報告」があった。その結果、セブン・イレブンのような全国チェーンの店は、防犯プログラムを設けることとなった（Jeffery, 1990: 416）。加えて、「アメリカ産業セキュリティ協会（American Society of Industrial Securities: ASIS）はラスベガスでの1987年のコンベンションで、店舗のセキュリティに関するところでCPTEDに関するセッションを目玉にした。そこでは、商店、コンビニエンスストア、ファーストフード店が取り入れているCPTED概念が大きく取り上げられた」と（クロウ、1994: 5）。

　要するに、このように企業・ビジネス関係者によるCPTED活動は、大なり小なり全米を通して浸透しているように思われる。しかし、注意しなければならないのは、そこでのCPTEDとは、政府機関による反応の場合と同様に、やはりジェフリーのCPTED理論の重点の一つである内部的物理的環境（脳）の役割をまったく無視しており、そして、外部的物理的環境設計の側面だけに焦点を当てたものになっているということである（Robinson, 1999: 445）。

(3) 学問的反応

　CPTEDに対する学問的関心は、1970年代後半には下降した。その原因としては、次のような点が指摘されている。すなわち、「ニューマンの着想は、多くの人によって『環境的決定論』として退けられていたし、また、彼は重要な社会的原因（たとえば、貧困、失業、人種差別など）を無視することによって犯罪問題を過

度に単純化していると批判されていたからである。さらに、政府支援による一連のCPTEDプロジェクトがいずれもそれほど効果的でなかったことを示したということ。そして犯罪学者達が、その際に、犯罪原因はCPTEDの統制を超えるのではないかと問題にし始めたからである。かくて、状況的犯罪予防論(Clarke, 1980, 1983)などの他の犯罪予防手段と比較して、政府機関によるCPTEDの支援は下降したのである」と(Robinson, 1999: 446)。

　要するに、CPTEDの関心の低下は、CPTED概念を単に物理的環境の建築設計の問題に狭隘化してしまったとの理論的批判と同時にCPTEDプロジェクトの失敗評価とが相まって、生じたものである。そして、その結果として、犯罪の社会的原因をも視野にいれつつ、犯罪減少効果はむしろ特定の「状況」に依存しているという考え方が、有力視されるようになってきた。この考え方が、疑いもなく、すでに前節で議論したような状況的犯罪予防論の発展に影響を及ぼしたのである。

　ただ、ここで注目すべきことは、ごく最近になってCPTEDに対する学問的関心が再熱してきたということである(Robinson, 1999: 452-453)。クラーク(Clarke, 1995: 122-132)によれば、その背景には、70年代に政府支援の下で行われた一連のCPTEDプロジェクトに対する最大の批判は、「犯罪の転移」(displacement)という問題であったが、現実には犯罪の転移がそれほど明確ではなく、むしろ「利益の拡散」(diffusion of benefits)と呼ばれるCPTEDの意図せざる潜在的な犯罪抑止効果を生じさせているとの経験的証拠が増大してきたという事情がある[21]。その結果、今後将来にむけてCPTEDがポピュラーな犯罪予防策として再び有望視されるようになったということである。とくに犯罪発生場所のマッピング分析により「犯罪多発地点」(hot spots)を割り出し、その地区に対する警察による監視パトロール活動の重点強化および環境改善を内容とするCPTED方策は、犯罪抑止効果の観点から見て大きな成果をもたらしうるものと期待されている(Robinson, 1999: 453)。

　サビルは、ジェフリーやニューマンの研究に代表される1960年代から1970年代に行われてきたCPTEDの先駆的な調査研究の発展時期を「第一世代CPTED」と呼び、現在再び進展の途中にあるCPTED調査研究の動向を「第二世代CPTEED」と呼んで区別している(サビル, 2000: 11)。しかしながら、犯罪学の分野においては、CPTEDを概念化するにあたり、このような世代を越えて当初よ

り今日まで一貫してジェフリーのCPTED理論が無視もしくは軽視されているのが実情である。CPTEDに関連したほとんどすべての犯罪学文献がその基本原則として言及しているのは、あくまでもニューマンの「防犯空間」理論に基づくCPTEDモデルであって、ジェフリーの志向する社会生物学的学習理論に基づくCPTEDモデルではなかった。つまり、多くの犯罪学者がCPTEDを説明するに際して、ニューマンの理論的貢献に言及することはあっても、ジェフリーの研究業績についてはほとんど一切引用することをしないという跛行的状態が続いているのである。そして、このような分裂状態は、今後ますます深まることはあっても、両者の溝が解消されることはないと思われる。なぜならば、前述したように、犯罪予防論の理論的基盤として、社会統制理論、合理的選択理論、ルーティン・アクティヴィティ理論、犯罪機会理論が、アメリカ犯罪学理論の進展の中で無視することのできないほど大きな地位を占め、そして広く支持されてきている一方で、ジェフリーのCPTEDモデルの理論的基礎となっている社会生物学的犯罪理論は、依然として社会学的犯罪学が主流のアメリカ犯罪学においては多くの支持を得るには至っていないからである。

2 ジェフリーが無視された原因

　以上のように、CPTEDモデルの本流は、その命名者であるジェフリーのそれではなくて、ニューマンの「防犯空間」理論およびクラークの状況的犯罪予防論に基礎を置くCPTEDモデルに取って代わられてきている。それでは、なぜジェフリーのCPTED理論が犯罪学の理論や実務の中でいわば異分子的なものとして扱われ、広く無視されるようになってきたのであろうか。以下では、その原因について、ジェフリー自身およびロビンソン（Mathew B. Robinson）の見解に基づいて、整理検討することにする。

　まず第一に、当時あまり有名でなかった出版社（SAGE）から出版されたジェフリーの1971年の著書には、犯罪予防の具体的処方箋がなんら提示されていなかったことである（Robinson, 1999: 442; Jeffery and Zahm, 1993: 330）。そのために、当時犯罪増加に悩まされていたアメリカ社会において、政府指導者達が具体的で有効な犯罪予防策を模索し、政府主導の犯罪予防策を実施するために広く公衆に訴えようとしていた時代にあって、まったく政治的指導者および諸政府機関の関係者に対して政策的にアピールするものがなかったということである。それとは

対照的に、1972年のニューマンの著書を代表としてCPTEDに関連した他の研究では、犯罪減少の方法について具体的な提案を含んでいた。それは少なくとも公営住宅団地における犯罪予防策として、たとえば、領域性と監視性を高めるために建物の高さを低くすること、共同の廊下を共有する住戸数を減らすこと、ロビーの可視性を高めること、玄関入口のデザインや建物の配置を変更することなどの建築学的ガイドラインの実行可能な具体的提案であった。そして、その具体的提案が有名な出版社や政府資料によって流布されるようになったということも無視される遠因としてあげられている。

　第二に、ジェフリーの著書（1971年の初版および1977年の改訂版）全体を通じて一貫として流れる現行刑事司法制度（警察、裁判所、矯正）に対する過度の批判的態度も、彼が広く無視される一因と思われる（Robinson,1999: 445, 1996: 35-36）[22]。1970年代以降刑事司法において処遇および社会復帰理念が後退した結果として、抑止刑および処罰思想が再度見直されるようになり、いわゆる「法と秩序」路線へと回帰してきた時期に、その路線を非科学的だとして痛烈に批判する見解を著書の中で展開してきたジェフリーは、少なくとも厳罰主義路線重視の連邦政府からの支援を得るチャンスを得ることができなかったということは容易に推察されるであろう。その意味で、ジェフリーの議論は、実にタイミングの悪いものとなってしまったのである。

　第三に、ジェフリーが無視された原因の中で、おそらく最も重要なものは、彼のCPTED研究における生物学的志向性に対する多くの犯罪学者達の拒否反応であったと思われる（Robinson, 1999: 455, 1996: 37-39、瀬川、1998: 130-131）。前述したように、1971年の著書の初版と1977年の改訂版との間に、ジェフリーのCPTEDモデルは、スキナー流の行動主義モデルから生物環境主義的モデルへと大きな理論的変容を遂げた。しかしながら、改訂版において人間の学習行動（犯罪・非行、不適応行動）における脳の役割を強調しながら、現代生物学理論（たとえば、行動遺伝学、脳科学）の成果を犯罪予防論に積極的に適用すべきであるとのジェフリーの主張は、社会学を学問的基盤として発展してきたアメリカ犯罪学の分野では広く無視されていただけではなく、多くの研究者によって相当の反発・批判を受けていたことに留意しなければならない[23]。一般に生物学理論に対する反対や拒絶の原因は、人間性に関する基本仮説の差異に求めることができる。すなわち、生物学理論では、個人的差異の原則に基づいて、個人はそれぞれ脳の

構造も、過去の経験も、遺伝的素質も、現在の環境も異なるものと考えられている。したがって、犯罪原因として犯罪者の個人的差異を強調するということは、ある意味では、優生学思想および人種差別主義との結びつきを強め、犯罪者を選別し、排除することにつながるとの根強い批判が展開されているのである。その結果として、アメリカ犯罪学の主流においては、全体として生物学的要因は人間行動を理解するためには重要でないものとして退けられており、多くの犯罪学テキストにおいても脳の役割を強調する生物学理論は軽視されているのが現状といえよう。

五　おわりに──システムズ・アプローチよりする統合的犯罪予防モデルへの転換──

　本章では、ジェフリーの犯罪予防論の特色を彼自身の理論的変遷を跡づけながら考察し、そして現在欧米諸国において主流となっているニューマンやクラークなどの犯罪予防論と比較検討しながら、なぜ彼の CPTED 理論だけが広く無視されるようになったのかについて、その理由、背景を検討した。以上の考察・検討から判明したことは、先ず第一に、CPTED という用語の命名者であるジェフリー自身がより生物学的志向性を強調する CPTED モデルへと変容・進展して行くにつれて、ジェフリーの理論は、それが依拠する人間行動モデルの差異に起因して、主にニューマンの「防犯空間」理論に基づく様々な CPTED モデルとは理論的にかなりかけ離れたものになってしまったということである。第二に、ニューマン流の建築学的 CPTED モデルは、その防犯設計の具体性および市民による非公式の社会統制力の強化を目指す社会統制モデルであるために、防犯活動における市民（および地域社会）と警察のパートナーシップを重視する政府機関によって支持されている。一方、ジェフリーのモデルは、当初より犯罪予防の具体的処方箋の欠如、現行刑事司法制度に対する過度の批判的態度および人間行動に関する社会生物学的理論への過度の思い入れのために、様々な分野で広く無視もしくは軽視されていたということである。その結果として、第三に、今日、注目を集めている CPTED と呼称される理論の主流は、ニューマン理論に加えて、合理的選択理論、ルーティン・アクティヴィティ理論、犯罪機会理論などの犯罪理論によって正当化されている状況的犯罪予防ないしは環境犯罪学と呼ばれる一

学派である。要するに、結論的に言えば、ジェフリーによって考案されたCPTEDの用語は、考案者の意図した意義からかけ離れて、政府機関などによって勝手に奪われてしまったということである。そして、現在通用しているCPTEDという用語は、もはやジェフリーの構想する最新のCPTEDモデルを意味していないということである。

このような事態を受けて、ジェフリーは、近年、次のようなことを述べている。すなわち、

> ジェフリーのモデルに言及する際、<u>環境設計による犯罪予防</u>（Crime Prevention Through Environmental Design）の用語を使用することを止める時期にきているかもしれない。なぜならこの用語は、ニューマンのモデルそして最近ではクロウの『環境設計による犯罪予防』（Crime Prevention Through Environmental Design, 1991）と題して公刊された同名著書を含めて、実に種々様々の犯罪予防モデルに適用されているからである。<u>犯罪予防</u>（crime prevention）という用語の方が1971年と1977年にそれぞれセェイジ（SAGE）出版から公刊された著書の中に含まれる諸概念をより正確に記述するものと思われる（Jeffery and Zahm, 1993: 330-331、原著では下線部はイタリック字体）。

犯罪予防の分野におけるジェフリーの研究が広く無視される一方で、ジェフリーは当初のCPTED概念を捨てて、犯罪予防のより一般的な理論的枠組への進展を試みようとしている。すなわち、その中心的な骨格は、「環境」概念を犯罪発生場所に関わる外部的物理的環境のみならず犯罪者個人に関わる内部的物理的環境としての脳の役割にまで拡大し、双方の物理的環境と人間行動に及ぼす相互作用的影響を全体論的に考察の対象とするものである。つまり、方法論的には、最小単位の細胞から最大単位の社会までのあらゆる分析レベルの間の双方向的影響を分析しようとするものである。犯罪予防に対する全体論的アプローチは、論理必然的に生物学（行動遺伝学、脳科学）、生態学、都市設計などの諸学問を一つの理論的パースペクティブに統合しようとするシステムズ理論に基づいて犯罪行動の予防を研究する学際的モデルを志向するものとなる。ジェフリーは、このような犯罪予防調査研究における学際的志向性を「システムズ・アプローチよりする統合的犯罪予防モデル」と呼んでいる（Jeffery, 1996, 1990: 25-30）。そし

て、従来の CPTED およびその他の犯罪予防論は、しばしば環境の側面を重視するあまり、犯罪者個人の問題を無視していた嫌いがあった。そこで、新しい学際的犯罪予防モデルでは、社会生物学的学習理論および最新の脳科学にもとづく個別的犯罪者（具体的には、重大犯罪の経歴犯罪者）の行動に関する生物学的調査研究に重点を置いているのが最大の特色となっている。

以上、ジェフリーが大学を定年退職するまでの過去25年間、ある意味で四面楚歌の状況の中で、頑迷にも独自の CPTED 理論を展開し、最終的には生物学および都市計画などを含む学際的アプローチよりする犯罪予防論へと変容していく様子を多少とも垣間見ることができた。その中で一つ言えることは、彼の理論に対する賛成・反対の立場を超えて、その愚直なほどまでの「科学主義」にたいする彼の楽観的なスタンスである。古典主義犯罪学や実証主義犯罪学における科学性の欠如および不備を徹底的に払拭し、犯罪学を犯罪行動および犯罪者に関する学際的学問として確立しようとするジェフリーの基本的立場は、犯罪学理論の発展史の中で確実に一つの地位を保持しうるものと評価しえよう。しかし、現在の行動諸科学の知見でも人間行動のメカユズムの解明が不十分な現状において、犯罪学の分野に科学至上主義を無理に当てはめ、人間行動の一部としての犯罪者および犯罪行動を説明しようとするのには、一定の留保を必要とするであろう。このような科学的限界があるにもかかわらず、ジェフリーは、「犯罪」行動および「犯罪」者を純粋に直接的に科学的分析の対象とする「犯罪行動理論」(theory of criminal behavior) または「犯罪者理論」(theory of the criminal) の深化に全精力を注いでいる。一方で、当該行動および個人が「犯罪」「犯罪者」と定義づけされる政治的プロセスの解明を試みる「犯罪理論」(theory of crime) については、1950年代における彼の初期の研究 (Jeffery, 1956) を除けば、なぜか全く言及しなくなっている。ジェフリーの犯罪学研究における一面性もしくは重点のアンバランスさがなぜ生じたのか、本章を執筆する中でさらに生じたもう一つ別の問題である。この問題の中にこそジェフリーの犯罪予防論の真の問題性が隠されているように思われる。

(1) 「環境犯罪学」(Environmental Criminology) という用語は、1981年にカナダのサイモン・フレイザー大学犯罪学部 (School of Criminology, Simon Fraser University) 教授のブラティンハム夫妻 (Paul J. Brantingham and Patricia L. Brantingham) が編集した同

名タイトルの本を出版してから、北米（アメリカとカナダ）および西側ヨーロッパ（主に英国）などにおいて一般的に流布するようになった。しかし、実際には、それ以前に、ジェフリーが、1971年に出版された著書『環境設計による犯罪予防』（Crime Prevention Through Environmental Design）においてこの用語を最初に使用していた。彼は、CPTEDモデルの構想を強調する文脈で、「環境犯罪学という一つの新しい学派が、科学主義、行動主義、環境主義に基づきながら、台頭しなげればならない」と論じている（Jeffery, 1971: 279）。

ただ、この用語の内容については、ジェフリー自身とくに具体的に説明しているわけではなく、彼の志向する新しい犯罪予防理論に対する単なるキャッチフレーズでしかなかったように思われる（野村，1999: 474; Brantingham and Brantingham, 1996: 1）。それはそれとして、環境犯罪学の構想において、北米（アメリカとカナダ）と英国との間にはニュアンスの違いがあるように思われる。北米では環境犯罪学とCPTEDとはほぼ同義語として使用されているのに対して、英国流の環境犯罪学は、CPTEDとは異なり、研究の焦点は、犯罪予防論ではなく、むしろ近年急速に発展してきた「地理情報システム」（Geographic Information Systems: GIS）技術を活用した地理的犯罪分析（the geography of crime）および犯罪生態学（the ecology of crime）にあるように思われる（たとえば、ボトムズ，1998; Bottomes and Wiles, 1997）。

(2) ジェフリー（C. Ray Jeffery）の経歴を簡単に紹介すると、彼はアイダホ州出身で1921年生れである。正式名は、Clarence Rayであるが、このファースト・ネームを個人的に好きではないとの理由で、C. Rayと表記しているとのことである。彼は、1954年にインディアナ大学で「犯罪の理論に対する制度的アプローチ」（An Institutional Approach to a Theory of Crime）と題する博士論文で、社会学博士号を取得した。シカゴ大学とウィスコンシン大学で博士号取得後の研究を継続した後、アリゾナ州立大学とニューヨーク大学で教鞭をとり、1970年にフロリダ州立大学犯罪学部の正教授として着任した。それ以降、同大学大学院では、「犯罪学理論Ⅱ: 生物・心理学理論」、「犯罪・非行の予防と処遇」、「犯罪学的思考の歴史」の三つの講座を主に担当されていた。1994年には、25年間在職していた同大学犯罪学部（現在は『犯罪学・刑事司法学部』と改称）を定年退職し、現在は同大学名誉教授となっている。なお、博士は、この間、アメリカ犯罪学会を中心に精力的な研究活動を展開され、1975年にアメリカ犯罪学会で最高の栄誉とされるE. H. サザランド（E. H. Sutherland）賞を受賞し、1978年には14代目のアメリカ犯罪学会会長に選出されるなど、名実ともに現代のアメリカ犯罪学界を代表する学者の一人である。

ジェフリーに大きな学問的影響を与えたのは、彼がインディアナ大学の大学院生時代に出会った三人の教授である。その一人は、犯罪学の泰斗であったE. H. サザランドである。当時、サザランドはインディアナ大学を定年退職の直前で、ジェフリーは、幸運にもサザランドの犯罪学の最終講義を大学院で受講することができたとのことである。したがって、彼によれば、自分とサザランドの間には、個人的な師弟関係はなかった

が、犯罪学を専攻する直接のきっかけを与えてくれたとのことである。ジェフリーは、また行動主義心理学の泰斗で、同大学心理学部長であったB. F. スキナー（B. F. Skinner）と同大学法学部の有名教授で刑法と法理学を教えていたジェローム・ホール（Jerome Hall）からも強い影響を受けていた。ジェフリーのいわゆる学際的犯罪学の着想は、彼らの学問的影響による。ジェフリーの初期の研究業績として、スキナー主義心理学の牙城であったアリゾナ州立大学に在職したことも影響して、行動主義的学習理論の立場からサザランドの異質的接触理論を批判的に発展継承しようとしたことはよく知られている。

　なお、個人的なエピソードで恐縮であるが、わたくしがフロリダ州立大学犯罪学部のResearch Assistant をしていた時期に、わたくしの仕事部屋が廊下を挟んでジェフリー先生の研究室の真向かいであったこともあり、毎朝規則正しく研究室に入りIBM のタイプライターを打ち続ける姿を垣間みることができた。また、ジェフリー博士には、オフィス・アワーの折、何度か先生の研究室を個人的に訪問した時、サザランドの最終講義に出席していた学生時代の頃の昔話を伺ったり、また、研究者としての日頃の研究生活ぶりを間近に見ることができ、学問的には立場は異なるが、deligent で stabborn な independent, self-reliant 孤高の（独立独歩の）尊敬すべき学者の鏡のような先生であった。FSUを定年退職後に長い闘病生活を過ごした後、2007年12月6日永眠された。享年86歳であった。

(3)　たとえば、最近の主要なCPTED関連文献において、ジェフリーの研究業績に多少とも言及しているのは、クロウ（1996）、クラーク（Clarke, 1983, 1995）、全米犯罪予防研究所（National Crime Prevention Institute, 1986）などだけである。他方、Bottomes and Wiles（1997）、Fleissner and Heinzelmann（1996）、Taylor and Harrell（1996）、Murray（1983, 1995）、ポイナー（1991）、ストラード（1993）、テイラー＝ゴットフレッドスン（1995）などではジェフリーの研究業績は完全に無視されている。なお、CPTEDの学問的な反応に関しては、後述する本書231頁以下を参照。

(4)　1996年11月にシカゴで開催されたアメリカ犯罪学会第48回年次総会において「環境設計による犯罪予防: ジェフリーの研究活動25年」（Crime Prevention Through Environmental Design: 25 Years of the Works of C. Ray Jeffery）と題するパネル・セッションが組織された。これは、フロリダ州立大学の関係者が主となり（パネル座長はProf. Laurin A. Wollan, Jr. フロリダ州立大学准教授）、ジェフリーの定年退職を祝し、彼の犯罪予防研究の出発点となった1971年の著書から25年目に当たることをひとつの区切りとして、彼の研究業績を包括的に再検討しようとするものであった。本稿の執筆は、ここで論議されたことがらに多く依存している。とりわけ、Robinson（1996, 1999）に負うところが大きい。

(5)　本章は、1997年3月8日に開催された第二回日本環境犯罪学研究会（代表・西村春夫・国士舘大学教授）において「CPTED: C. R. Jefferyの研究活動25年」と題する研究報告に加筆したものである。本研究報告の成果の一部は、『西村春夫先生古稀祝賀記念論文

集』(敬文堂、2002年) に寄稿した「CPTED 理論の進展と変容: C. R. ジェフリーの研究活動25年」と題する拙稿として出版されている。本章と併せてご参照していただければ幸いである。なお、本章を執筆するにあたり、フロリダ州立大学犯罪学・刑事司法学部の Prof. Laurin A. Wollan, Jr. と Dr. & Emeritus Prof. C. Ray Jeffery 両氏から資料のご提供をいただいた。ここに厚くお礼を申し上げたい。

(6) 公衆衛生の分野において用いられている医療モデルを犯罪問題に適用しようとする試みにおいて、Brantingham and Faust (1976) は、犯罪予防概念を次の三つのレベルに区分している。すなわち、①一次的予防 (primary prevention) は、物理的・社会的環境全体において犯罪を生み出す諸条件を修正することに、②二次的予防 (secondary prevention) は、犯罪リスクの高い個人や集団 (潜在的犯罪者グループ) を早期発見・早期介入することに、③三次的予防 (tertiary prevention) は、現実に犯罪を犯した者に対する再犯の防止に、それぞれ向けられた活動を意味する。そして、CPTED は、物理的環境の再設計による犯罪活動の排除によって達成されうる一次的予防の一例として挙げられている。なお、犯罪予防の公衆衛生モデルの詳細については、Brantingham and Faust (1976) および Jeffery (1977: 33-47) を参照。

(7) ジェフリー自身が、最近のある私信の中で、「ジェイコブスの著書を読んで、わたくしは犯罪予防に関する自著 (1971年) を執筆しようと決心しました。」と述べている (Robinson, 1996: 9)。この点に関連してさらに興味深いのは、ジェフリーとニューマンとの関係である。一部にジェフリーの CPTED はジェイコブスとニューマンの両者による影響を受けていると指摘する向きもあるが (瀬川, 1998: 130, 1996: 8)、ジェフリーによれば、「ニューマンの著作 (1971年に出版された『犯罪予防のための建築的デザイン (Architectural Design for Crime Prevention)』——筆者注) とわたくしの著作とはいくつかの点で重なり合ってはいるが、両者はその理論的方向性において全く異なるものである。…わたくしが『環境設計による犯罪予防』を執筆していた時 (1969年～1970年——筆者注)、わたくしはニューマンや彼の研究グループが同じ問題に取り組んでいたことをまったく知らなかった。」と述べ、ニューマンの研究に気づく以前に自著を執筆していたという意味で、ニューマンの学問的影響を受けたものではないことを明言している (Jeffery, 1977: 45)。

いずれにせよ、ジェイコブスやニューマンのように都市計画の専門家や建築家達が、まったく犯罪学者の研究業績を利用せずに、犯罪問題に取り組むことが出来たということは、ジェフリーにとって驚嘆に価することであった。一方で、犯罪学者の多くは依然として犯罪社会学的研究の枠にとどまり、他の学問研究領域 (たとえば、心理学、生物学、都市計画、建築学など) との相互交流からもたらされうる学問的メリットに気づくことがなかった。このような学問的自省を契機として、ジェフリーは、いわゆる学際的アプローチに基礎を置く犯罪学研究をその後展開していくことになったわけである。

(8) CPTED の概念化に関して、一般的に CPTED は、物理的環境が犯罪発生において重要な役割を果たしているとの理論的前提に基づき、「犯罪が発生する環境と当該環境の

被害受容性を減ずるための技術に焦点をあわせている」(Taylor and Harrell, 1996: 1)。かくて、CPTED は、一般的には犯罪機会を減ずるために物理的環境を変更することを意味している。全米犯罪予防研究所（NCPI）によって使用され、かつ一般的に受容されている CPTED の定義は次のようなものである。すなわち、「物理的環境を操作することによって。とりわけ、犯罪行動を助長する物理的環境の性向を減ずることにより、順法的市民にとっては生活の質を高めるのと同様に、犯罪発生と犯罪に対する不安感を減らすための行動的効果を作り出せるとするものである」と (Robinson, 1996: 5-6, 1999: 429; クロウ, 1994: 1, 37, 52)。

(9) ジェフリーの CPTED の構想は、ワシントン D. C. における非行少年に対する社会復帰プロジェクトでの彼自身の体験から生まれたとのことである。このプロジェクトでは、参加した非行少年には、学校の授業に出席したり、試験を受けたことに対して金品が支払われ、高校を卒業したり、安定した職業につくために必要とされる行動を発達させることがその最終目標とされていた。ここで適用された行動モデルは、非行少年が生活している環境が彼らの行動に快楽と苦痛を付与することによって（実験心理学者による専門用語を使えば、強化と罰によって）行動を統制するというものであった。ジェフリーは、この社会復帰プロジェクトが犯罪・非行が発生した物理的環境や非行者の生活する社会環境を十分統制していなかった点で、完全な失敗であったことを認めている。しかしながら、この失敗経験から彼は心理学的モデルが実は正しいものであったことを悟ったとのことである。ジェフリーの初期の CPTED は、このモデルが苦痛と快楽、そして個人が反応する物理的環境を強調するという点において行動心理学的学習理論の教訓を真剣に受け止めたことから発展してきたといえるのである (Jeffery and Zahm, 1993: 329-330)。

(10) ジェフリーがインディアナ大学に在学していた当時、B. F. スキナーは同大学心理学部長の要職にあったということ、さらにはジェフリーが「アメリカ西部のスキナー主義心理学の牙城」であったアリゾナ州立大学に一時在職していたことなどの彼を取り巻く研究教育環境を考慮に入れると、ジェフリーの研究がスキナーの影響を強く受けたものであるということは、格別驚くべきことではない (Robinson, 1999: 434)。

(11) スキナーの行動主義モデルが、ジェフリーの用語法に従えば、いわゆる「精神的内観モデル」(the mentalistic introspection model) に対する批判として台頭してきたことは良く知られている。精神的内観モデルとは、意識と行動は別次元にあるとする心身二元論に基づいて、環境が有機体の精神的プロセスを変化させ、それによって行動を統制すると仮定する（「環境→有機体（精神）→行動モデル」とも呼ばれている）。この精神的プロセスは決して直接観察されないが、観察される行動から推論される。たとえば、犯罪的態度は個人が逮捕、有罪判決を受けたという事実から推論されるとする。この行動理論は、内観心理学、フロイト精神分析、そして態度や価値、人格、自我などが行動を決定すると仮定する象徴的相互作用主義、社会的学習理論などの社会学において主流の考え方である。この行動モデルは、有機体の存在に着目をしているが、有機体の内容

に関しては「非物理的存在としての精神」を強調し、物理的環境の影響を無視する一方で、精神や行動に対する社会的環境の影響を重視する。方法論的には間接的観察（内観法、面接または質問紙法など）による行動の決定要因を研究する立場といえる。詳しくは、Jeffery（1977: 100-123; 1976: 150-152）を参照。

　他方、行動主義モデルは、行動を刺激（環境）─反応（行動）の関係から説明し、直接観察可能な事象のみを研究対象とする徹底した経験主義的立場から、精神主義的心理学（精神的内観モデル）を否定する。また、行動主義は、人間が「空」ないしは「白紙状態」（tabula rasa）で生まれて、環境によって決定されるとする極端な環境主義であり、有機体（物理的であれ精神的であれ）の役割は最小のものでしかないと仮定する。行動主義は、行動の直接的観察を促し、その限りで精神主義的心理学の方法論的問題（間接的観察による推論）を克服したという点では科学的研究の発展にとってひとつの前進といえる。しかし、行動主義は、行動の生物学的および遺伝学的側面を無視している点でやはり問題があった。

　この点を克服するために、その後のジェフリー（Jeffery, 1977, 1990）は、本文で後述するように、行動主義の「空有機体」の代わりに、「物理的有機体（脳）」を介在とした行動の環境的影響を説明する生物学的行動主義（biological behaviorism）ないしは生物環境主義（bioenvironmentalism）に立場を変更している。

(12)　ジェフリーのCPTEDが前提とする行動モデルが1977年の改訂版以後、行動主義（S-Rモデル）から生物学的行動主義に変化した主たる理由は、ジェフリー自身によれば、1970年代初頭に『学習の生物学的限界』（Biological Boundaries of Learning, 1972）を著したセリグマン＝ヘイガー（M. E. P. Seligman and J. L. Hager）のような研究者達によって行われた人間の学習における脳の役割についての調査研究に大いに啓発されてのことであった（Robinson, 1999: 435）。

(13)　伝統的に社会学的犯罪学の主流は、注（11）で述べた「精神的内観モデル」に基づいて、犯罪行動は社会的環境の所産であると仮定しており、そして犯罪行動に対する社会的環境の影響は、犯罪者の精神および態度や価値、人格、自我などによって間接的に推測されてきたに過ぎない。その結果として、犯罪予防の手段としても社会環境に対する「間接的統制」（たとえば、反貧困プログラム、自我発達、教育、職業訓練、刑事司法機関の取締活動など）を中心に開発されてきた。

　それに対して、ジェフリーのCPTEDプログラムの特徴の一つである「直接的統制」（direct controls）とは、犯罪行為の予防に直接的に関係した手段を意味する。たとえば、自動車窃盗犯を逮捕することではなくて、自動車窃盗に対しては、自動車に窃盗防止装置を予め装備することがその例である。ただし、ここで留意しなければならないのは、ジェフリーは確かに犯罪予防の問題解決のために物理的環境の設計を専ら問題にしようとしているが、実のところ、他面において、「健全な行動の発達」における環境の役割という問題においては、家庭環境、教育環境、近隣環境などを「環境」の意味に含めて理解しているということである。かくて、ジェフリーにとって、環境概念は物理的およ

五　おわりに　247

び社会的環境を含む「全体的環境」（the total environment）を意味しているといえよう Jeffery（1977: 46）。

(14) 筆者がフロリダ州立大学大学院犯罪学部（現在は犯罪学・刑事司法学部と改称）に在学中の1984年の春学期に、大学院課程の必修科目であるジェフリー博士担当の「犯罪学理論Ⅱ: 生物・心理学理論」を受講した。その際、主テキストとして使用したのは、1977年の改訂版であった（学生の仲間内では改訂版の表紙が黄色だったことからイエロー・ブックと呼ばれていた。）。しかし、当時の彼の講義内容は、そのテキストに基づくというよりは、主に彼の講義ノートにもとづくものであった。とくに大脳生理学の説明にかなりのウェイトを置いていたこと、そしてそれに関連した精神生物学的専門用語の習得のために講義ノートをとるのに四苦八苦したことを今でも覚えている。その後、1990年に本教科書が刊行されたとき、とくに生物学的犯罪学や心理学的犯罪学の説明箇所（第10章から第13章）が筆者の受講した時の講義内容を忠実に再現したといえるほどに、その内容がほぼ同一だったことに驚くとともに、もっと早く出版されていればと羨ましい気持ちになったものであった。彼の講義を受けたことのない者にとっても本書を読むことでジェフリーの生物学的犯罪学理論の真髄を知ることができる内容となっているといっても過言ではない。

(15) この点で興味深いのは、フロリダ州ゲインズビル市の「ゲインズビル・コンビニエンス・ストアー市条例」（The Gainesville Convenience Store Ordinance）の制定である。1986年に市当局は上記条例を制定し、次のような規定を定めた。すなわち、①はっきり見える窓、②見通しの良い場所へのレジ係の配置、③銀行の窓口風のレジ（a drop safe）と並んで、店内には現金で50ドル以上は保管していない旨の標識、④照明の行き届いた駐車場、⑤防犯カメラの設置、⑥午後8時から午前4時までの勤務時間内で働く店員全員に対する強盗の防犯訓練の義務化である。

　制定当初、レジ係の二人体制に関する規定は、店のオーナーや経営者の反対のために、置かれなかった。そして、新法導入後、ゲインズビルでの強盗率は130％まで増加してしまったとのことであった。そこで、1987年2月に上記条例の一部改正でレジ係の二人体制の規定が追加された。この規定追加後、コンビニエンス・ストアー強盗が64％減少したとのことである。したがって、この条例の経験から、コンビニ強盗に対する防犯上の勧告として、犯罪場所の物理的設計の変更という観点からは、レジ係の二人体制が極めて重要な意味をもっていることを示唆している（Jeffery, 1990: 416）。

　なお、同種の法律としてフロリダ州の「コンビニエンス営業防犯法」（The Convenience Business Security Act）も制定されている。その紹介については、野村（1999: 481-482）を参照。

(16) ニューマンの研究は、米国内で大きな影響を与え、著書公刊後1年ないし2年の内に、連邦司法省の法執行援助局（Law Enforcement Assistance Administration: LEAA）は、「防犯空間」理論にもとづく犯罪予防プログラムの実践に数百万ドルの資金援助をした。その最も有名な研究プロジェクトが、ウェスティングハウス計画（The

Westinghouse Project）である（Jeffery, 1990: 412-413, 1977: 224-225; National Crime Prevention Institute, 1986: 124-128）。他方、日本では、ニューマンの原著は、故湯川利和（奈良女子大学教授）らによっていち早く訳出、紹介されている。『まもりやすい住空間——都市設計による犯罪防止』（湯川利和・湯川聰子共訳、1976年、鹿島出版）を参照。また、湯川（1978）は、ニューマンの「防犯空間」理論を日本の高層住宅団地に適用し、犯罪発生率との関係について追究した先駆的な実証的調査研究を行った。彼の最近の業績としては、湯川利和『まもりやすい集合住宅』（2001）がある。日本における他の実証的な CPTED 研究業績としては、伊藤（1982; 1985）、瀬渡（1989）、中村（2000）などがある。

　さらに、警察庁は CPTED に関して近年注目すべき施策を展開している。警察による CPTED 対策として、たとえば、「監視性」、「領域性」、「接近の制御」、および「標的の強化」という CPTED の4つの基本原則に基づいて、2000年2月に「安全・安心まちづくり推進要綱」が制定され、その後2001年3月には国土交通省住宅局との共同作業で「共同住宅に係る防犯上の留意事項」が策定された。なお、国土交通省からは、これに基づく「防犯に配慮した共同住宅に係る設計指針」が都道府県に通知されている。現在、警察庁および都道府県警察においては、この方針に基づいて環境設計による安全・安心なまちづくりに鋭意取り組んでいる。詳しくは、「特集・環境設計からの安全・安心まちづくり」『警察学論集』第55巻第1号（2002年）1頁～98頁およびベータリビング（2001年）参照。

(17)　その後、ニューマンは、「防犯空間」理論に改良を加えて、当初の4要素の他に、「建物の高さやアクセスの容易さ（accessibility）」などの物理的特性が、住民の態度や行動に対し予期された効果を及ぼし、次いでそれが対人的犯罪の発生や恐怖感のレベルに対し予期された効果を及ぼしている」と述べている（テイラー＝ゴッドフレッドスン, 1995: 206）。さらに、ニューマン＝フランク（Newman and Franck）は、単に物理的に犯罪を受けにくい環境をつくりだすことではなく、低所得、成人に対する少年人口比、犯罪の不安感、不安定などの社会文化的背景要因も犯罪発生率に対して決定的であると述べている（Jeffery, 1990: 409）。

(18)　クラークによる状況的犯罪予防の手段・方策は、近年、相当に修正・拡大の傾向にある。クラーク＝メイヒュー（Ronald V. Clarke and Pat Mayhew）は、1980年の『設計による防犯』（Designing Out Crime）の中では、当初状況的予防手段として八つの施策を提示していた（守山, 1995: 24-25）。しかし、その後の状況的犯罪予防プログラムの実際例の具体的評価およびルーティン・アクティヴィティ理論や合理的選択理論を含む犯罪機会理論などの理論的発展をふまえて、クラークは、1992年の編著『状況的犯罪予防：成功例のケーススタディ』（Situational Crime Prevention : Successful Case Studies）の中では状況的予防手段を十二分類に修正・拡大した（瀬川、1996: 12-17）。そして、最近年の同名編著の第二版（1997年）ではさらにそれを十六分類にまで修正・拡大して今日に至っている（守山, 1999b: 39-42）。

(19) ジェフリーのCPTEDモデルが前提とする人間観について、野村 (1999: 479) は、CPTED前期と後期のいずれもが、苦痛と快楽を見極めて行動するというベンサム流の功利主義的人間観に立つと結論づけている。確かに、スキナー主義にもとづく前期の考え方においては、合理主義的・功利主義的人間観にたつといえるが、生物環境主義モデル・統合的システム理論に基づく後期の考え方においては、古典主義の功利主義的人間観を否定し、現代心理学、生物学における個人差の原則に基づく科学実証主義的人間観に立つことを表明していることに注意しなければならない。

(20) ジェフリーによる批判に対して、クラークは、友人、親族を対象とする暴力犯罪や家庭内暴力の問題に対しても、基本的には「あらゆる種類の犯罪が、憤激や自暴自棄によって強く動機づけられた犯罪ですら、状況的な付随性 (situational contingencies) によっておおいに影響を受けるものである。」と応じている (Clarke, 1995: 105)。クラークによれば、一定の暴力犯罪について、たとえば、潜在的犯罪者を犯罪の標的からそらす (deflecting offenders) 方法によって (たとえば、イギリスのサッカー場では、ファンのライバル集団を観客席でフェンスによって分離したり、彼らの入場、出場を時間的に変えて、トラブル防止を図っている。)、または銃器やアルコールのような犯罪促進手段を規制することによって、それらに起因する暴力犯罪を予防しうるとしている (Clarke, 1995: 111-112)。しかしながら、家庭内暴力の状況的予防の可能性については、まだ明確な反論をなしえていないようにみえる。ただ、現時点では、その調査研究の端緒についたばかりであり今後の成果を待つ必要があること、および状況的予防の限界は、犯罪の包括的な分類カテゴリー (財産犯罪または暴力犯罪もしくは性犯罪など) に対する犯罪動機の性質に関する一般的な理論的議論よりもむしろ特殊具体的な犯罪の個別的な状況を詳細に分析することによって確立すべきであると主張するに止まっている (Clarke, 1995: 105)。

(21) CPTEDに対する当初からの批判として、「犯罪の転移」を指摘するものが多かった。つまり、警察による厳重パトロール活動や防犯設備の拡充強化によってある地域の犯罪を予防しえたとしても、当該犯罪はそのような防犯対策を講じていないより脆弱な別の地域に転移して発生することになるのではないかという問題である。この問題は、ある意味でCPTEDに内在的な問題といえる。なぜならば、CPTED理論は犯罪者の動機づけを所与のものとしてとらえているので、犯罪を予防したとしても、それは犯罪者の動機づけの抑止を必ずしも意味するものではないからである。したがって、犯罪者の動機づけがなくならない以上、潜在的犯罪者は、ある地域の標的が強化されたとしても、犯罪の報酬を求めて、代替的な犯罪標的を選択するために別の標的となりやすい脆弱な地域に移動するようになり、結局のところ、社会内の犯罪の総量はまったく変わらないということになるというものである。また、これに関連して、犯罪減少効果の「消去」(extinction) の問題も指摘されている。これは、CPTEDプログラム (たとえば、標的強化策) が短期的には犯罪減少効果をもたらしたとしても、犯罪者がその新しい条件に順応するにつれて、予防効果が消失してしまうことを意味する。つまり、動機づけを

もった犯罪者は、警報器を取り除いたり、パトロール活動を避けることに習熟してしまうからである。

一方、近年になってCPTED（または状況的予防）プログラムの履践を肯定的に評価する経験的証拠が増えつつあるといわれている。クラークによれば、それは、CPTEDプログラムが当初は意図していなかった他のタイプの犯罪に対して潜在的な犯罪抑止効果をもたらしているということである。クラーク＝ワイスバード（Ronald Clarke and David Weisburd）は、このような他のタイプの犯罪にまで及ぼしうる潜在的犯罪抑止効果を「利益の拡散」と呼んでいる。拡散効果は、あるタイプの犯罪の抑止効果が別のタイプの犯罪の抑止効果をも同時に引き起こす場合と、ある地域における犯罪統制活動が他の近接する地域における犯罪減少をもたらす場合に生ずるとされる。たとえば、あるショッピング・モールで万引きを予防するために防犯カメラを設置したところ、万引き事件が減少したことに加えて、当初は予期していなかったヴァンダリズム行為をも同時に減少した場合などが、その典型的な例である。なお、詳しくは、Siegel（2000: 125-126）およびClarke（1995: 122-132）を参照。

(22) 刑事司法制度に対するジェフリーの批判は、次のとおりである。

「抑止と刑罰は失敗である。処遇と社会復帰は失敗である。刑事司法制度は、警察から、裁判所そして矯正まで失敗である。…刑事司法制度の中で行われていることは一切成功していない。公衆は保護されていない。犯罪者は保護されていない。警察は、犯罪予防の枠内を除けば、全く有効ではない。裁判所は、犯罪問題を取り扱うためには全く有効ではない。刑務所は、収容者を残虐に扱い、そして不運にも刑務所に収容された者を常習的な犯罪者に変えるところである。犯罪問題を取り扱う唯一の方法は、犯罪を予防することである。」(Jeffery, 1977: 9)

(23) ジェフリーは、今日「生物学的犯罪学の父」と呼ばれることもある。ただし、彼によれば、「生物学に関する激しい対決や論争が自分についてまわり、そして、自分が1978年にアメリカ犯罪学会長に就任した時には、ネオ・ロンブローゾ主義者として非難された。」とのことである(Robinson, 1999: 455, 1996: 39)。なお、犯罪生物学に対する一般的批判としては、藤本（1981a）を参照。

参考文献

英語文献

Adler, Freda. 1983. *Nations Not Obsessed With Crime*, Littleton, Colorado, Fred B. Rothman & Co.
――. 1996. "Our American Society of Criminology, the World, and the State of the Art---The American Society of Criminology 1995 Presidential Address." *Criminology* 34: 1-9.
Adler, Freda, Gerhard O. W. Mueller, and Willam S. Laufer. 2007. *Criminology and the Criminal Justice System, Sixth Edition*. New York, NY: McGraw-Hill.
Agnew, Robert. 1985. "Social Control Theory and Delinquency: A Longitudinal Test." *Criminology* 23: 47-61.
Aigner, D. J. and A. J. Heins. 1967. "A Social Welfare View of the Measurement of Income Equality." *The Review of Income and Wealth* 13: 12-25.
Allison, Paul D. 1978. "Measures of Inequality." *American Sociological Review* 43: 865-880.
Anderson, Linda S. Theodore G. Chiricos, and Gordon P. Waldo. 1977. "Formal and Informal Sanctions: A Comparison of Deterrent Effects." *Social Problems* 25: 103-114.
Archer, Dane and Rosemary Gartner. 1984. *Violence and Crime in Cross-National Perspective*. New Haven: Yale University.
Atkinson, Anthony B. 1970. "On the Measurement of Inequality." *Journal of Economic Theory* 2: 244-263.
Barak, Gregg (ed.). 2000. *Crime and Crime Control: A Global View*, Westport, CT: Greenwood Press.
Barak-Glantz, Israel L. and Elmer H. Johnson (eds.). 1983. *Comparative Criminology*. Beverly Hills: Sage Publications.
Bayley, David H. 1976. *Forces of Order: Police Behavior in Japan and the United States*. Berkeley: University of California Press.
――. 1984. "Police, Crime, and the Community in Japan." In *Institutions for Change in Japanese Society*, edited by George DeVos. Berkeley, Institute of East Asian Studies, University of California.
――. 1991. *Forces of Order: Policing Modern Japan*, 2nd ed. Berkeley, CA: University of California Press.
Becker, Gary S. 1968. "Crime and Punishment: An Economic Approach." *Journal of Political*

Economy 78: 169-217(ゲーリー・ベッカー著、増田辰良訳.2005.「犯罪と刑罰――経済学的アプローチ」『法学研究』(北海学園大学)41巻3号、606-558頁).

Beirne, Piers. 1983. "Generalization and its Discontents: The Comparative Study of Crime." In *Comparative Criminology*, edited by Israel L. Barak-Glantz and Elmer H. Johnson. Beverly Hills: Sage Publications.

Beirne, Piers and David Nelken (eds.). 1997. *Issues in Comparative Criminology*. Brookfield, Vermont: Ashgate.

Bendix, Reinhard. 1963. "Concepts and Generalizations in Comparative Sociological Studies." *American Sociological Review* 28: 532-539.

Bennett, Richard R. 1980. "Constructing Cross-Cultural Theories in Criminology: Application of the Generative approach." *Criminology* 18: 252-268.

Bennett, T. 1998. "Crime Prevention." In *The Handbook of Crime & Punishment*, edited by M. Tonry. New York, NY: Oxford University Press.

Berry, William D. 1984. *Nonrecursive Causal Models*. Berverly Hills, Sage Publications.

Berry, William D. and Stanley Feldman. 1985. *Multiple Regression in Practice*. Beverly Hills, Sage Publications.

Bertels, C. P. A. and P. Nijkamp. 1976. "An Empirical Welfare Approach to Regional Income Distributions: Alternative Specifications and Estimates of Income Inequality Measures." *Socio-Economic Planning Sciences: An International Journal* 10: 117-128.

Bishop, Donna M. 1984. "Legal and Extralegal Barriers to Delinquency: A Panel Analysis." *Criminology* 22: 403-419.

Blazicek, Donald L. and Galan M. Janeksela. 1978. "Some Comments on Comparative Methodologies in Criminal Justice." *International Journal of Criminology and Penology* 6: 233-245.

Block, M. K. and J. M. Heineke. 1975. "A Labor Theoretic Analysis of the Criminal Choice." *American Economic Review* 65: 314-325.

Bottome, E. and Wiles, P. 1997. "Environmental Criminology." In *The Oxford Handbook of Criminology Second Ed.*, edited by M. Mcguire, R. Morgan, & R. Reiner. New York, NY: Oxford University Press.

Braithwaite, John and Valerie Braithwaite. 1980. "The Effects of Income Inequality and Social Democracy on Homcide." *British Journal of Criminology* 20: 45-53.

Brantingham, P. J. & Brantingham, P. L. (eds.). 1981. *Environmental Criminology*. Beverly Hills, CA: Sage.

――(eds.). 1991. *Environmental Criminology, Rev. Ed*. Prospect Heights, IL.: Waveland Press.

Brantingham, P. J. & Brantingham, P. L. 1996. "*The Theory of CPTED*." Paper presented at the annual meeting of the American Society of Criminology, Chicago.

Brantingham, P. J. & Faust, F. L. 1976. "A Conceptual Model of Crime Prevention." *Crime and Delinquency* 22, 284-296.

Brenner, M. Harvey. 1976. "Effects of the Economy on Criminal Behaviour and the Administration of Criminal Justice in the United States, Canada, England and Wales and Scotland." In *Economic Crises and Crime: Correlations between the State of the Economy, Deviance and the Control of Deviance*, edited by United Nations Social Defence Research Institute (UNSDRI). Rome, Italy: UNSDRI.

Brown, Stephen E., Finn-Aage Esbensen and Gilbert Geis. 2004. *Criminology: Explaining Crime and Its Context, Fifth Edition*. Cincinnati, Ohio: Anderson Publishing.

Bureau of Justice Statistics. 1989. *Criminal Victimization 1988*. Washington, D.C., U.S. Department of Justice.

———. 1993. *Highlights from 20 Years of Surveying Crime Victims: The National Crime, Victimization Survey, 1973-92*. Washington, D.C.: U.S. Deparatment of Justice.

Cantor, David and Kenneth C. Land. 1985. "Unemployment and Crime Rates in the Post-World War II United States: A Theoretical and Empirical Analysis." *American Sociological Review* 50: 317-332.

Caplan, Aaron and Marc Leblanc. 1985. "A Cross-Cultural Verification of a Social Control Theory." *International Jurnal of Comparative and Applied Criminal Justice* 9: 123-138.

Carlan, Philip E., John A. Lewis and Kelly C. Dial. 2009. "Faculty Diversity and Program Standing in Criminology and Criminal Justice: Findings for 31 Doctoral Programs in 2008." *Journal of Criminal Justice Education* 20: 249- 271.

Castellano, Thomas C. and Joseph A. Schafer. 2005. "Continuity and Discontinuity in Competing Models of Criminal Justice Education: Evidence from Illinois." *Journal of Criminal Justice Education* 16: 60-78.

Catalano, Shannan M. 2005. *Criminal Victimization, 2004*. Bureau of Justice Statistics National Crime Washington, DC: U.S. Deparatment of Justice.

Cavadino, Michael and James Dignan (eds.). 2006. *Penal Systems: A Comparative Approach*. Thousand Oaks, CA: Sage.

Cavan, Ruth Shonle and Jordan T. Cavan. 1968. *Delinquency and Crime: Cross-Cultural Perspectives*. Philadelphia: J. B. Lippincott Company.

Chang, Dae H. (ed.). 1976. *Criminology: A Cross-Cultural Perspective. Volume 1 & 2*. Durham, North Carolina: Carolina Academic Press.

Chang, Dae H. and Donald L.Blazicek. 1986. *An Introduction to Comparative and International Criminology*. Durham, North Carolina: The Acorn Press.

Chiricos, Theodore. 1987. "Rates of Crime and Unemployment: A Review of Research Evidence." *Social Problems* 34: 187-212.

Clarke, R. V. 1980. "Situational Crime Prevention: Theory and Practice." *British Journal of*

Criminology, 20: 136-147.

———. 1983. "Situational Crime Prevention: Its Theoretical Basis and Practice Scope." In *Crime and Justice: An Annual Review of Research, Vol. 4*, edited by M. Tonry & N. Morris. Chicago, IL: The University of Chicago Press.

———. 1995. "Situational Crime Prevention." In *Crime and Justice: An Annual Review of Research, Vol. 19*, edited by M. Tonry & D. P. Farrington. Chicago, IL: The University of Chicago Press.

Clifford, William. 1976. *Crime Control in Japan*. Lexington: Lexington Books.

Clinard, Marshall B. and Daniel J. Abbott. 1973. *Crime in Developing Countries: A Comparative Perspective*. New York: John Wiley & Sons.

Cloward, Richard A. and Lloyd E. Ohlin. 1960. *Delinquency and Opportunity: A Theory of Delinquent Gangs*. New York, Free Press.

Cohen, Albert K. 1955. *Delinquent Boys: The Culture of the Gangs*. Glencoe, Ill., Free Press.

Cohen, Lawrence E. 1981. "Modeling Crime Trends: A Criminal Opportunity Perspective." *Journal of Research in Crime and Delinquency* 18: 138-164.

Cohen, Lawrence E. and David Cantor. 1980. "The Determinants of Larceny: An Empirical and Theoretical Study." *Journal of Research in Crime and Delinquency* 17: 140-159.

Cohen, Lawrence E. and Marcus Felson. 1979. "Social Change and Crime Rate Trends: A Routine Activity Approach." *American Sociological Review* 44: 588-608.

Cohen, Lawrence E. and Kenneth C. Land. 1987. "Age Structure and Crime: Symmetry versus Asymmetry and the Projection of Crime Rates Through the 1990s." *American Sociological Review* 52: 170-183.

Cohen, Lawrence E., Marcus Felson, and Kenneth C. Land. 1980. "Property Crime Rates in the United States: A Macrodynamic Analysis, 1947-1977: With *ex ante* Forecasts for the Mid-1980s." *American Journal of Sociology* 86: 90-118.

Cohen, E. G. and D. P. Farrington. 1990. "Differences between British and American Criminology: An Analysis of Citations." *British Journal of Criminology* 30: 467-482.

———. 2007. "Changes in Scholarly Influence in Major American Criminology and Criminal Justice Journals Between 1986 and 2000." *Journal of Criminal Justice Education* 18: 6-34.

Cole, George F., Stanislaw J. Frankowski, and Marc G.Gertz (eds.). 1981. *Major Criminal Justice Systems*. Beverly Hills: Sage Pbulications.

Cornish, Derek and Ronald Clarke (eds.). 1986. *The Reasoning Criminal: Rational Choice Perspectives on Offending*. New York, Springer-Verlag.

Crutchfield, Robert D., Michael R. Geerken, and Walter R.Gove. 1982. "Crime Rate and Social Integration." *Criminology* 20: 467-478.

Dammer, Harry R. and Erika Fairchild. 2006. *Comparative Criminal Justice Systems, Third*

Edition. Belmont, CA: Thomson Wadsworth.
Danziger, Sheldon. 1976. "Explaining Urban Crime Rates." *Criminology* 14: 291-295.
Decker, Scott H. and Carol W. Kohfeld. 1985. "Crimes, Crime Rates, Arrests, and Arrest Ratios: Implications for Deterrence Theory." *Criminology* 23: 437-450.
Defleur, Lois B. 1967. "Delinquent Gangs in Cross-Cultural Perspective: The Case of Cordoba." *Journal of Research in Crime and Delinquency* 4: 132-141.
——. 1969. "Alternative Strategies for the Development of Delinquency Theories Applicable to Other Cultures." *Social Problems* 17: 30-39.
Devine, Joel A., Joseph F. Sheley, and M. Dwayne Smith. 1988. "Macroeconomic and Social-Control Policy Influences on Crime Rates Changes, 1948-1985." *American Sociological Review* 53: 407-420.
DeVos, George A. 1973. *Socialization for Achievement: Essays on the Cultural Psychology of the Japanese.* Berkeley: University of California Press.
Downes, David M. 1966. *The Delinquent Solution.* New York: The Free Press.
Ehrlich, Isaac. 1973. "Participation in Illegitimate Activities: A Theoretical and Empirical Investigation." *Journal of Political Economy* 81: 521-565.
——. 1975a. "Deterrence: Evidence and Inference." *The Yale Law Journal* 85: 209-227.
——. 1975b. "The Deterrent Effect of Capital Punishment: A Question of Life and Death." *The American Economic Review* 65: 397-417.
Eisenstadt, Shmuel N. 1968. "Social Institutions: Comparative Study." In *International Encyclopedia of the Social Sciences, Volume 14.* New York: Crowell Collier and Macmillan.
Evans, Jr., Robert. 1977. "Changing Labor Markets and Criminal Behavior in Japan." *Journal of Asian Studies* 36: 477-489.
Farrington, David P. 1986. "Age and Crime." In *Crime and Justice: An Annual Review of Research, Volume 7*, edited by Michael Tonry and Norval Morris. Chicago: The University of Chicago Press.
Farrington, David P., Patrick A. Langan, and Michael Tonry (eds.). 2004. *Cross-National Studies in Crime and Justice.* Washington, D. C.: Bureau of justice Statistics, U. S. Department of Justice.
Federal Bureau of Investigation (FBI). 2004. *Uniform Crime Reporting Handbook.* Washington, D. C.: U.S. Department of Justice.
Finckenauer, James O. 2005. "The Quest for Quality in Criminal Justice Education." *Justice Quarterly* 22: 413-426.
Findlay, Mark. 1999. *The Globalisation of Crime: Understanding Transitional Relationships in Context.* Cambridge: Cambridge University Press.
Fisher, Franklin M. and Daniel Nagin. 1978. "On the Feasibility of Identifying the Crime

Function in a Simultaneous Model of Crime Rates and Sanction Levels." In *Deterrence and Incapacitation: Estimating the Effects of Criminal Sanctions on Crime Rates*, edited by Alfred Blumstein, Jacqueline Cohen, and Daniel Nagin. Washington, D.C., National Academy of Sciences.

Fleissner, D. & F. Heinzelmann. 1996. *Crime Prevention Through Environmental Design and Community Policing* (National Institute of Justice: Research in Action). Washington, D. C.: U.S. Department of Justice.

Fox, Vernon. 1978. "Importance of Comparative Corrections." *International Journal of Comparative and Applied Criminal Justice*. 2: 11-13.

Fox, James Alan. 1979. "Crime Trends and Police Expenditures: An Investigation of the Lag Structure." *Evaluation Quarterly* 3: 41-58.

Friday, Paul C. 1979. "Developing a Comparative Approach to Study Deviance." *Journal of Criminal Law and Criminology* 70: 270-272.

Friedrichs, David O. 2011. "Comparative Criminology and Global Criminology as Complementary Projects." In *Comparative Criminal Justice and Globalization*, edited by David Nelken. Burlington, VT: Ashgate Publishing.

Fujimoto, Tetsuya and Won-Kyu Park. 1989. "Substantive Criminal Law and Crime Problems in Japan: A Cross-Cultural Perspective."『比較法雑誌』23巻1号、1-25頁。

──. 1994. "Is Japan Exceptional? Reconsidering Japanese Crime Rates." *Social Justice*, 21: 110-135.

Ganapathy, Narayanan. 2005. "Critical Realist Reflections on Crime and Social Control in Singapore." In *Transnational and Comparative Criminology*, edited by James Sheptycki and Ali Wardak. London: The Glass House Press.

Gartner, Rosemary and Robert Nash Parker. 1990. "Cross-National Evidence on Homicide and the Age Structure of the Population." *Social Forces* 69: 351-371.

Glueck, Sheldon. 1964. "Wanted: A Comparative Criminology." In *Ventures in Criminology*, edited by Sheldon Glueck and Eleanor Glueck. Cambridge: Harvard University Press.

Gordon, David M. 1971. "Class and the Economics of Crime." *Review of Radical Political Economics* 3: 51-75.

──. 1973. "Capitalism, Class, and Crime in America." *Crime and Delinquency* 19:163-186.

Gottschalk, Martin, Tony Smith, Gregory J. Howard, and Bradley R. Stevens. 2006. "Explaining Differences in Comparative Criminological Research: An Empirical Exhibition." *International Journal of Comparative and Applied Criminal Justice* 30: 209-234.

Gould, Leroy. 1963. "The Changing Structure of Property Crime in an Affluent Society." *Social Forces* 48: 50-59.

Grasmick, Harold G. and Donald E. Green. 1980. "Legal Punishment, Social Disapproval and

Internalization as Inhibitors of Illegal Behavior." *The Journal of Criminal Law and Criminology* 71: 325-335.
Greenberg, David F. and Ronald C. Kessler. 1982. "The Effect of Arrests on Crime: A Multivariate Panel Analysis." *Social Forces* 60: 771-790.
Greenberg, David F., Ronald C. Kessler, and Charles H. Logan. 1979. "A Panel Model of Crime Rates and Arrest Rates." *American Sociological Review* 44: 843-850.
Greene, William H. 1985. *LIMDEP tm*, New York: Author.
Gujarati, Damodart. 1978. *Basic Econometrics*. New York: McGraw-Hill Book Company.
Gurr. Ted R. 1977. "Crime Trends in Modern Democracies since 1945." *International Annals of Criminology* 16: 41-85.
Hagen, Frank E. 1989. *Research Methods in Criminal Justice and Criminology, Second Edition*. New York: Macmillan Publishing Company.
Hale, Donna C. 1998. "Presidential Address Delivered at the 34th Annual Meeting of the Academy of Criminal Justice Sciences, Louisville, Kentucky, March 1997 Criminal Justice Education: Traditions in Transition." *Justice Quarterly* 15: 385-394.
He, Ni and Ineke Haen Marshall. 2011. "The International Self-Report Delinquency Study (ISRD)." In *International Crime and Justice, edited by* Mangai Natarajan.. New York: Cambridge University Press.
Hilton, Gordon. 1976. *Intermediate Politometrics*. New York: Columbia University Press.
Hirschi, Travis. 1969. *Causes of Delinquency*. Berkeley: University of California Press.
——. 1986 "On the Compatibility of Rational Choice and Social Control Theories of Crime." In *The Reasoning Criminal: Rational Choice Perspectives on Offending*, edited by Dereck B. Cornish and Ronald V. Clarke. New York: Springer-Verlag.
Hoenack, Stephen A. and William C. Weiler. 1980. "A Structural Model of Murder Behavior and Criminal Justice System." *American Economic Review* 70: 327-344.
Holyst, Brunon. 1979. *Comparative Criminology*. Lexington, KY: Lexington Books (B. ホウィスト著、中山研一監訳．1986. 『比較犯罪学』成文堂).
Horton, John and Tony Platt. 1986. "Crime and Criminal Justice under Capitalism and Soicalism: Towards a Marxist perspective." *Crime and Social Justice* 25: 115-135.
Howard, Gregory J. and Graeme Newman (eds.). 2001. *Varieties of Comparative Criminology*, Brill:Leiden, the Netherlands.
Howard, Gregory J., Graeme Newman and William Alex Pridemore. 2000. "Theory, Method, and Data in Comparative Criminology." In *Criminal Justice 2000: Measurement and Analysis of Crime and Justice, Vol. 4.*, edited by D. Dufee. National Institute of Justice: Government Printing Office.
Ito, Makoto. 1990. *The World Economic Crisis and Japanese Capitalism*. London: Macmillan.
Jacob, Herbert. 1984. *Using Published Data: Errors and Remedies*. Beverly Hills: Sage

Publications

Janeksela, Galan M. 1977. "Typologies in Comparative Criminal Justice Research." *International Journal of Comparative and Applied Criminal Justice* 1: 103-110.

Jeffery, C. R. 1954. "The Structure of American Criminological Thinking." *The Journal of Criminal Law, Criminology, and Police Sicence*, 46, 658-672.

――. 1971. *Crime Prevention Through Environmental Design*. Beverly Hills, CA: Sage Publications.

――. 1977. *Crime Prevention Through Environmental Design* (rev. ed.). Beverly Hills, CA: Sage Publications.

――. 1990. *Criminology: An Interdisciplinary Approach*. Englewood Cliffs, NJ: Prentice Hall.

――. 1994. "Biological and Neuropsychiatric Approaches to Criminal Behavior." In *Varieties of Criminology: Readings from a Dynamic Discipline*, edited by G. Barak. Westport, CT: Praeger.

――. 1996. "*Crime Prevention: An Interdisciplinary Approach through Biology and Urban Planning.*" Paper presented at the Conference on Ethology and Developmental Approaches to Male Violence, Wayne State University.

Jeffery, C. R. and Zahm, D. L. 1993. "Crime Prevention through Environmental Design, Opportunity Theory, and Rational Choice Models." In *Advances in Criminological Theory, Vol. 5, Routine Activity and Rational Choice*, edited by R. V. Clarke & M. Felson. New Brunswick, NJ: Transaction Publishers.

Johnson, Elmer H. 1979. "Institutionalization of Criminology: A Prerequisite to Comparative Criminology." *International Journal of Comparative and Applied Criminal Justice* 3: 27-33.

――. 1983 "Criminology: Its Variety and Patterns Throughout the World." In *International Handbook of Contemporary Developments in Criminology: General Issues and the Americas*. edited by Elmer H.Johnson. Westport, Connecticut: Greenwood Press.

Jupp. Victor. 1989. *Methods of Criminological Research*. London: Unwin Hyman.

Kaiser, Günter. 1984. *Prison Systems and Correctional Laws: Europe, The United States and Japan: A Comparative Analysis*. Dobbs Ferry, New York: Transnational Publishers, Inc.

Kalish, Carol B. 1988. *International Crime Rates: Special Report*. Washington, D. C.: Bureau of Justice Statistics.

Karstedt, S. 2001. "Comparing Cultures, Comparing Crime: Challenges, Prospects and Problems for a Global Criminology." *Crime, Law and Social Changes* 36: 285-308.

Kasai, Akio. 1973. "Some Causes of the Decrease of Crime in Japan." *Reseource Material Series* 6: 134-137.

Kennedy, Peter. 1985. *A Guide to Econometrics, Second Edition*. Cambridge, Massachusetts: The MIT Press.

Kethineni, Sesha (ed.). 2010. *Comparative and International Policing, Justice, and Transnational Crime*. Durham, North Carolina: Carolina Academic Press.

Kleck, Gary. 1979. "Capital Punishment, Gun ownership, and Homicide." *American Journal of Sociology* 84: 882-910.

Koehler, Johann. 2015. "Development and Fracture of a Discipline: Legacies of the School of Criminology at Berkeley." *Criminology* 53: 513-544.

Kohn, Melvin L. 1987. "Cross-National Research as an Analytic Strategy." *American Sociological Review* 52: 713-731.

Kosai, Yutaka and Yoshitaro Ogino. 1984. *The Contemporary Japanese Economy*. London: Macmillan.

Ladbrook, Denis A. 1988. "Why are Crime Rates Higher in Urban than in Rural Areas? — Evidence from Japan." *The Australian and New Zealand Journal of Criminology* 21: 81-103.

Land, Kenneth C., Patricia L. McCall, and Lawrence E. Cohen. 1990. "Structural Covariates of Homicide Rates: Are There any Invariances across Time and Social Space ?" *American Journal of Sociology* 95: 922-963.

Layson, Stephen. 1983. "Homicide and Deterrence: Another View of the Canadian Time-Series Evidence." *Canadian Journal of Economics* 16: 52-73.

Leishman, Frank. 2007. "Koban: Neighbourhood Policing in Contemporary Japan." *Policing* 1: 196-202.

Lejins, Peter P. 1983. "Educational Programs in Criminal Justice." In *Encyclopedia of Crime and Justice*, edited by Sanford H. Kadish. New York: The Free Press.

Lewis-Beck, Michael S. 1980. *Applied Regression: An Introduction*. Beverly Hills: Sage Publications.

Long, Sharon K. and Ann D. Witte. 1981. "Current Economic Trends: Implications for Crime and Criminal Justice." In *Crime and Criminal Justice in a Declining Economy*, edited by Kevin N. Wright. Cambridge, Massachusetts: Oelgeschlager, Gunn & Hain, Publishers, Inc.

Maddala, G. S. 1988. *Introduction to Econometrics*. New York: Macmillan Publishing Company.

Mannheim, Herman. 1965. *Comparative Criminology*. Boston: Houghton Mifflin Co.

Marsh, Robert M. 1967. *Comparative Sociology*. New York: Harcourt Brace & World, Inc.

Maxfiel, Michael G. and Earl Babbie. 2001. *Research Methods for Criminal Justice and Criminology, Third Edition*. Belmont, CA: Wadsworth/Thomson Learning.

Maxfield, Michael G. 1999. "The National Incident-Based Reporting System: Research and Policy Applications." *Journal of Quantitative Criminology* 7: 19-39.

Maxim, Paul S. and Paul C. Whitehead. 1998. *Explaining Crime, Fourth Edition*. Boston:

Butterworth-Heinemann.

Meier, Robert F. and Weldon T. Johnson. 1977. "Deterrence as Social Control; The Legal and Extralegal Production of Conformity." *American Sociological Review* 42: 292-304.

Merriman, David. 1988. "Homicide and Deterrence: The Japanese Case." *International Journal of Offender Therapy and Comparative Criminology* 32: 1-16.

——. 1991. "An Economic Analysis of the Post World War II Decline in the Japanese Crime Rate." *Journal of Quantitative Criminology* 7: 19-39.

Merton, Robert K. 1938. "Social Structure and Anomie." *American Sociological Review* 3: 672-682.

Messner, Steven F. 1982. "Poverty, Inequality, and the Urban Homicide Rate: Some unexpected Findings." *Criminology* 20: 103-114.

Messner, Steven F. and Judith R. Blau. 1987. "Routine Leisure Activities and Rates of Crime: A Macro-Level Analysis." *Social Forces* 65: 1035-1052.

Miethe, Terance D. and Hong Lu. 2005. *Punishment: A Comparative Historical Perspective*. New York, NY: Cambridge University Press.

Minor, W. Willam. 1977. "A Deterrence-Control Theory of Crime." In *Theory in Criminology Contemporary View*, edited by Robert F. Meier. Beverly Hills: Sage Publications.

Miyazawa, Setsuo. 1990. "Learning Lessons from the Japanese Experience: A Challenge for Japanese Criminologists." In *Crime Prevention and Control in the United States and Japan*, edited by Valarie Kusuda-Smick. Dobbs Ferry, New Yorkb: Transnational Juris Publications, Inc.

Morris, Albert. 1975. "The American Society of Criminology: A history, 1941-1974." *Criminology* 13: 123-167.

Mueller, Gerhard O. W. 1983. "The United Nations and Criminology." In *International Handbook of Contemporary Developments in Criminology: General Issues and the Americas*, edited by Elmer H. Johnson. Westport, Connecticut: Greenwood Press.

Murray, C. 1983. "The Physical Environment and Community Control of Crime." In *Crime and Public Policy*, edited by J. Q. Wilson. San Francisco, CA: ICS Press.

——. 1995. "The Physical Environment." In *Crime*, edited by J. Q. Wilson & J. Petersilia. San Francisco, CA: ICS Press.

Nagin, Daniel. 1978. "General Deterrence: A Review of the Empirical Evidence." In *Deterrence and Incapacitation: Estimating the Effects of Criminal Sanctions on Crime Rates*, edited by Alfred Blumstein, Jacqueline Cohen and Daniel Nagin. Washington, D.C.: National Academy of Sciences.

Natarajan, Mangai (ed.). 2005. *Introduction to International Criminal Justice*. New York: McGraw-Hill Custom Publishing.

―. 2011. *International Crime and Justice*. New York, NY: Cambridge University
National Crime Prevention Institute. 1986. *Understanding Crime Prevention*. Boston, MA: Butterworths.
National Statement of Japan. 1980. *Crime Prevention and the Quality of Life*. Tokyo: Ministry of Justice, Japan.
Neapolitan, Jerome. 2005. " Cross-National Crime Data Problems." In *Introduction to International Criminal Justice*, edited by Mangai Natarajan. Boston: McGraw- Hill Companies, Inc.
Nelken, David. 2000. "Just Comparing." In *Contrasting Criminal Justice: Getting from here to there*, edited by David Nelken. Burlington, VA: Ashgate Publishing.
―. 2007. "Comparing Criminal Justice." In *The Oxford Handbook of Criminology, Fourth Edition*, edited by Mike Maguire, Rod Morgan, and Robert Reiner. New York: Oxford University Press.
―. 2013. "The Challenge of Globalisation for Comparative Criminal Justice." In Globalisation and the Challenge to Criminology, edited by Francis Pakes. New York, NY: Routledge
Nelken, David (ed.). 2011. *Comparative Criminal Justice and Globalization*. Burlington, VT: Ashgate Publishin
Nettler, Gwynn. 1984. *Explaining Crime, Third Edition*. New York: McGraw-Hill Book Company.
Newey, Whitney K. and Kenneth D. West 1986. "A Simple, Positive Semi-Definite, Heteroskedasticity and Autocorrelation Consistent Covariance Matrix." *National Bureau of Economics Research (NBER) Tehnical Working Paper* No.55: 10-12.
Newman, Graeme R. 1977. "Problems of Method in Comprative Criminology." *International Journal of Comparative and Applied Criminal Justice* 1: 17-31.
―. 1980 *Crime and Deviance: A Comparative Perspective*. Beverly Hills: Sage Publications.
Newman, Graeme (ed.). 1999. *Global Report on Crime and Justice*. New York: Oxford University Press.
O'Connor. James R. 1973. *The Fiscal Crisis of the State*. New York: St. Martin's Press.
Ostrom. Jr., Charles W. 1990. *Time Series Analysis: Regression Techniques, Second Edition*. Newbury Park, CA: Sage Publications.
Pakes, Francis. 2004. *Comparative Criminal Justice*. Cullompton, Devon: Willan. Publishing.
―. 2010a. *Comparative Criminal Justice, Second Edition*. Cullompton, Devon: Willan. Publishing.
―. 2010b. "The Comparative Method in Globalised Criminology." *The Australian and New Zealand Journal of Criminology* 43: 17-30.
―. 2013. "Globalisation and Criminology: An Agenda of Engagement." In Globalization

and the Challenge to Criminology, edited by Francis Pakes. New York NY, Routledge
Parker, Jr., L. Craig. 1984. *The Japanese Police System Today: An American Perspective.* Tokyo: Kodansha International, Ltd.
Parker, Robert Nash and Allan V. Horwitz. 1986. "Unemployment, Crime, and Imprisonment: A Panel Approach." *Criminology* 24: 751-773.
Paternoster, Raymond. Linda E. Saltzman, Gordon P. Waldo, and Theodore G. Chiricos. 1983. "Perceived Risk and Social Control: Do Sanctions Really Deter ?" *Law and Society Review* 17: 457-479.
Pease, K. 1997. "Crime Prevention." In *The Oxford Handbook of Criminologyp, Second Ed.,* edited by M. Mcguire, Morgan, R. & Reiner, R. New York, NY: Oxford University Press.
Piliavin, Irving, Rosemary Gartner, Craig Thornton, and Ross L. Matsueda. 1986. "Crime, Deterrence, and Rational Choice." *American Sociological Review* 51: 101-119.
Piven, Frances Fox and Richard A. Cloward. 1982. *The New Class War: Reagan's Attack on the Welfare State and Its Consequences.* New York: Pantheon Books.
Pogue, Thomas F. 1975. "Effect of Police Expenditures on Crime Rates: Some Evidence." *Public Finance Quarterly* 3: 14-44.
Przeworski, Adam Henry Teune. 1966-67. "Equivalence in Cross-National Research." *Public Opinion Quarterly* 30: 551-568.
Reichel, P. L. 2002. *Comparative Criminal Justice Systems: A Tropical Approache, 3rd Edition.* Upper Saddle River, NJ: Prentice Hall.
———. L. 2012. *Comparative Criminal Justice Systems: A Tropical Approache, 6rd Edition.* Old Tappan, NJ: Pearson..
Roberts, Aki and Gary LaFree. 2001. " The Role of Declining Economic Stress in Explaining Japan's Remarkable Postwar Crime Decreases, 1951 to 1997." *Japanese Journal of Sociological Criminology* 26; 11-34.
———. 2004. "Explaining Japan's Postwar Violent Crime Trends." *Criminology* 42: 179-209.
Robertson, Roland and Laurie Taylor. 1973. *Deviance, Crime and Socio-Legal Control: Comparative Perspectives.* London: Martin Robertson.
Robinson, W. S. 1950. "Ecological Correlations and the Behaviour of Individuals." *American Sociological Review* 15: 351-357.
Robinson, M. B. 1996. "*The Response to CPTED: Governmental, Architectural, Academic, and Corporate/Business Activity, with Special Attention to the Scholarly Literature.*" Paper presented at the annual meeting of the American Society of Criminology, Chicago.
———. 1999. "The Theoretical Development of 'CPTED': Twenty-Five Years of Responses to C. Ray Jeffery." In *Advances in Cnminological Theory: The Criminology of Criminal Law, Vol. 8,* edited by W.S. Laufer & F. Adler. New Brunswick, NJ: Transaction

Publishers.

Ross, Ruth A. and George C. S. Benson. 1979. "Criminal justice from East to West." *Crime and Delinquency* 25: 76-86.

Sampson, Robert J. and Jacqueline Cohen. 1988. "Deterrent Effects of the Police on Crime: A Replication and Theoretical Extension." *Law and Society Review* 22: 163-189.

Schachter, Stanley. 1954. "Interpretative and Methodological Problmes of Replicated Research." *Journal of Social Issues* 10: 52-60.

Schroeder, Larry D., David L. Sjoquist, and Paula E. Stephan. 1986. *Understanding Regression Analysis : An Introductory Guide*. Beverly Hills: Sage Publications.

Shelley, Louise I. 1981a. *Readings in Comparative Criminology*. Carbondale and Edwardsville: Southern Illinois University Press.

———. 1981b *Crime and Modernization: The Impact of Industrialization and Urbanization on Crime*. Carbondale and Edwardsville: Southern Illinois University Press.

———. 2005. "The Globalization of Crime." In *Introduction to International Criminal Justice*, edited by Mangai Natarajan. New York: McGraw-Hill Custom Publishing.

Sheptycki, James and Ali Wardak (eds.). 2005. *Transnational and Comparative Criminology.*, London: GlassHouse Press.

Shichor, David. 1990. "Crime Patterns and Socioeconomic Development: A Cross-National Analysis." *Criminal Justice Review* 15: 64-77.

Siegel, Larry J. 1986. *Criminology, Second Edition*. New York: West Publishing Company.

———. 2000. *Criminology*, 7thEd. Belmont, CA: Wadsworth.

———. 2006. *Criminology. Ninth Edition*. Belmont, CA: Thomson Wadsworth.

Southerland, Mittie D. 2002. "Criminal Justice Curricula in the United States: A Decade of Change." *Justice Quarterly* 19: 589-601.

SPSS Inc. 1986. *SPSSx User's Guide, 2nd Edition*. Chicago: SPSS Inc.

Stack, Steven. 1982. "Social Structure and Swedish Crime Rates: A Time-Series Analysis, 1950-1979." *Criminology* 20: 499-513.

———. 1984. "Income Inequality and Property Crime : A Cross-National Analysis of Relative Deprivation Theory." *Criminology* 22: 229-257.

Stamatel, Janet P. 2006. "Incorporating Socio-Historical Context into Quantitative Cross-National Criminology." *International Journal of Comparative and Applied Criminal Justice*, 30: 177-207

Steffensmeier, Darell J., Emilie Andersen Allan, Miles D. Harer, and Cathy Steifel. 1989. "Age and the Distribution of Crime." *American journal of Sociology* 94: 803-831.

Steffensmeier, Darell J. and Miles D. Harer. 1987. "Is the Crime Rate Really Falling ? An' Aging' U.S. Population and Its Impact on the Nation's Crime Rate, 1980-1984." *Journal of Research in Crime and Delinquency* 24: 23-48.

Steiner, Benjamin and John Schwartz. 2007. "Assessing the Quality of Doctoral Programs in Criminology in the United States." *Journal of Criminal Justice Education* 18: 53-86.

Suchman, Edward A. 1964. "The Comparative Method in Social Research." *Rural Sociology* 29: 123-137.

Sutherland, Edwin H. and Donald R. Cressey. 1974. *Criminology, 9th Edition*. New York: J. B. Lipincott Company.

Swimmer, Gene. 1974. "The Relationship of Police: Some Methodological and Empirical Results." *Criminology* 12: 293-314.

Szabo, Denis. 1975. "Comparative Criminology." *Journal of Criminal Law & Criminology* 66: 366-379.

Taylor, R. B. and Harrell, A. V. 1996. *Physical Environment and Crime* (National Institute of Justice: Research Report). Washington, D.C.: U.S. Department of Justice.

Terrill, Richard J. 1984. *World Criminal Justice Systems: A Survey*. Cincinnati, Ohio: Anderson Publishing Co.

——. 2013. *World Crimnal Jsutice Systems: A Comparatice Survey, 8th Edition*. Waltham, MA: Anderson,

Thompson, James W., Michelle Sviridoff, and Jerome E. McElroy. 1981. *Employment and Crime : A Review of Theories and Research*. Washington, D.C.,: National Institute of Justice, U.S. Department of Justice.

Tokuoka, Hideo and Albert K. Cohen. 1987. "Japanese Society and Delinquency.", *International Journal of Comparative and Applied Criminal Justice* 11: 13-22.

Tonry, Michael (ed.). 2007. *Crime, Punishment, and Politics in Comparative Perspective (Crime and Justice: A Review of Research, Vol. 36)*. Chicago: The University of Chicago Press.

Tonry, Michael and Anthony N. Doob (eds.). 2004. *Youth Crime and Youth Justice: Comparative and Cross-National Perspective (Crime and Justice: A Review of Research, Vol. 31)*. Chicago: The University of Chicago Press.

Tonry, M. and Farrington, D. P. (eds.). 1995. *Building a Safer Society: Strategic Approaches to Crime Prevention (Crime and Justice: A Review of Research: Vol. 19)*. Chicago, IL: The University of Chicago Press.

Tufte, Edward R. 1974. *Date Analysis for Politics and Policy*. Englewood Cliffs, NJ: Prentice-Hall, Inc.

United Nations. 1960. *Demographic Yearbook, 1960, 12th Issue*. New York: Statistical Office of the United Nations, Department of Economic and Social Affairs.

——. 1971. *Demographic Yearbook, 1970, 22th Issue*, New York: Statistical Office of the United Nations, Department of Economic and Social Affairs.

United Nations Office on Drugs and Crime (UNODC). 2010. *The Globalization of Crime: A*

Transnational Organized Crime Threat Assessment. Vienna: UNODC.
Van Dijk, Jan J. M., J. N. van Kesteren, and P. Smit. 2008. *Criminal Victimization in International Perspective: Key Findings of the 2004-2005 ICVS and EU ICS.* The Hague: Boom Legal Publishers.
Van Kesteren, J., P. Mayhew and P. Nieuwbeerta. 2001. *Criminal Victimization in Seventeen Industrialised Countries: Key Findings from the 2000 International Crime Victims Surveys.* The Hague: Research and Documentation Centre.
Van Swaaningen, Rene. 2011. "Critical Cosmopolitanism and Global Criminology." In *Comparative Criminal Justice and Globalization,* edited by David Nelken. Burlington, VT: Ashgate Publishing.
Vaughn, Michael S. 1990. "Are Japanese Police Practices in Increasing Teenage Arrest Rate? Long-Term Juvenile Delinquency Trends in Nippon from 1936 to 1987." *Police Studies* 13: 33-44.
Vaughn, Michael S. and Nobuho Tomita. 1990. "A Longitudinal Analysis of Japanese Crime From 1926 to 1987 : The Pre-War, War, and Post-War Eras." *International Journal of Comparative and Applied Criminal Justice* 14: 145-169.
Vigderhous, Gideon. 1978. "Methodological Problems Confronting Cross-Cultural Crminological Research Using Official Data." *Human Relations* 31: 229-247.
Vold, George B. and Thomas J. Bernard. 1986. *Theoretical Criminology, Third Edition,* New York: Oxford University Press. (G・B・ヴォルド／T・J・バーナード著、平野龍一・岩井弘融監訳『犯罪学　理論的考察［原書第3版］』東京大学出版会、1990)
Watts, Rob, Judith Bessant and Richard Hil. 2008. *International Criminology: A Critical Introduction.* London : Routledge.
Weinberg, S. Kirson. 1964. "Juvenile Delinquency in Ghana: A Comparative Analysis of Delinquents and Non-Delinquents." *Journal of Criminal Law, Criminology and Police Science* 55: 471-481.
White, Halbert. 1980. "A Heteroskedasticity-Consistent Covariance Matrix and a Direct Test for Heteroskedasticity." *Econometrica* 48: 817-838.
Wicks, Robert J. and H. H. A. Cooper. 1979. *International Corrections.* Lexington: Lexington Books.
Wilkins, Leslie T. 1980. "World Crime: To Measure or not to Measure?" In *Crime and Deviance: A Comparative Perspective,* edited by Graeme R. Newman. Beverly Hills: Sage Publications.
Williams, Phil. 1999 "Emerging Issues: Transnational Crime and its Control." In *Global Report on Crime and Justice,* edited by Grame Newman. The United Nations Office for Drug Control and Crime Prevention. New York: Oxford University Press.
Williams Ⅲ, Frank P. 1985. "Deterrence and Social Control: Rethinking the Relationship."

Journal of Criminal Justice 13: 141-151.
Wilson, James Q. and Barbara Boland. 1978. "The Effect of the Police on Crime." *Law and Society Review* 12: 367-390.
Wolfgang, Marvin E. 1963. "Criminology and the Criminologist." *The Journal of Criminal Law, Criminology, and Police Science* 54: 155-162.
Wolpin, Kenneth I. 1978. "Capital Punishment and Homicide in England: A Summary of Results." *American Economic Review* 68: 422-427.
——. 1980. "A Time Series-Cross Section Analysis of International Variation in Crime and Punishment." *The Review of Economics and Statistics* 62: 417-423.
Wrede, Clint and Richard Featherstone. 2011. "Striking Out on Its Own: The Divergence of Criminology and Criminal Justice from Sociology." *Journal of Criminal Justice Education* 23: 103-125.

邦語文献

安部哲夫. 2016.「我が国の法学部及びロースクールにおける犯罪学教育」『犯罪学雑誌』82巻2号、44-51頁。
伊藤　滋編. 1982.『都市と犯罪』東洋経済新報社。
――. 1985.『犯罪のない街づくり』東洋経済新報社。
井上俊之. 2002.「共同住宅の防犯設計について――防犯に配慮した共同住宅に係る設計指針を中心に」『警察学論集』第55巻第1号、28-46頁。
岩間益郎. 2002.「警察の環境設計による安全・安心まちづくりへの取組み」『警察学論集』第55巻第1号、70-98頁。
エイムズ、ウォルター・L（後藤孝典訳）. 1985.『日本警察の生態学』勁草書房。
川出敏裕・金光旭. 2012.『刑事政策』成文堂。
来栖宗孝. 1982.「覚書・なぜ日本は犯罪が少ないか？」『亜細亜法学』17巻1号. 89-124頁。
来栖宗孝・奥沢良雄・進藤眸・佐藤典子・桂島真禧雄・徳山孝之. 1975.「社会変動指標による地域別犯罪率の推定――第2報告　時系列分析による接近――」『法務総合研究所研究部紀要』18号. 43-73頁。
クロウ、ティモシー・D（高杉文子訳）. 1994.『環境設計による犯罪予防』（財）都市防犯研究センター。
警察庁編. 1989.『犯罪統計書：昭和63年の犯罪』警察庁。
――. 1999.『平成11年版警察白書――国境を越える犯罪との闘い――』大蔵省印刷局。
――. 2010.『平成22年版警察白書　特集：犯罪のグローバル化と警察の取組み』ぎょうせい。
刑事政策研究会（法務省法務総合研究所）編. 1996.『Q&A　犯罪白書入門 '96』有斐閣。
――. 1997.『Q&A　犯罪白書入門 '97』有斐閣。

洪恵子．2014．「第2章　ICCにおける管轄権の構造」村瀬信也・洪恵子共編『国際刑事裁判所第二版』東信堂．

国家公安委員会・警察庁編．2016．『平成28年版警察白書　特集：国際テロ対策』日経印刷．

斎藤豊治．2013．「犯罪学・刑事司法の総合的教育体制」『大阪商業大学論集』9巻1号1-16頁．

サビル、グレゴリー．2000．「北米における防犯環境設計の動向」『JUSRIリポート』別冊第14号、10-19頁．

澤口聡子　2015．「犯罪学教育の展望　法医学・司法精神医学と刑事司法――諸外国との比較を交えて――」『犯罪学雑誌』81巻6号、158-164頁．

ジョンストン、J（竹内啓その他共訳）．1975．『計量経済学の方法　全訂版　上』東洋経済新報社．

――．1976．『計量経済学の方法　全訂版　下』東洋経済新報社．

ジョンソン、デイビッド・T（大久保光也訳）．2002．『アメリカ人のみた日本の検察制度：日米の比較考察』シュプリンガーフェアラーク東京．

ストラード、ボール（高杉文子訳）．1993．『住宅設計による犯罪予防』財団法人・都市防犯研究センター．

瀬川　晃．1996．「犯罪予防論の新局面――英米の『環境犯罪学』が教えるもの」『矯正講座』第19号、1-21頁．

――．1998．『犯罪学』成文堂．

瀬渡章子．1989．「2戸1エレベーター型高層住棟の防犯性能の検討」『日本建築学会計画系論文報告集』第399号、75-83頁．

――．2000．「環境設計による犯罪防止」管　俊夫編『環境心理の諸相』八千代出版．

――．2002a．「デザインは犯罪を防ぐ――防犯環境設計の基本原則」『刑政』第113巻第1号、74-81頁．

――．2002b．「コミュニティによる犯罪防止――安全・安心の住まいはテリトリーの画定から」『警察学論集』第55巻第1号、12-27頁．

総務庁統計局．1988．『日本統計年鑑（第38回）』日本統計協会．

――．1989．『日本統計年鑑（第39回）』日本統計協会．

――．1990．『日本統計年鑑（第40回）』日本統計協会．

染田惠その他．2008．「――第2階犯罪被害実態（暗数）調査（第2報告）国際比較（先進諸国を中心に――」『法務総合研究所研究部報告』39号．

滝澤千都子その他．2013．「犯罪被害に関する総合的研究――安全・安心な社会づくりのための基礎調査結果（第4回被害者実態（暗数）調査結果）――」『法務総合研究所研究部報告』49号．

玉木彰．1992a．「警察の時系列分析㊀――昭和47年～62年における警察事象の数理的研究――」『警察学論集』45巻4号．92-124頁．

――.1992b.「警察の時系列分析㈡――昭和47〜62年における警察事象の数理的研究――」『警察学論集』45巻5号.119-128頁.
土屋真一・宮沢浩一・佐藤晴夫・敷田稔・加藤東治郎・池田茂穂.1990.「座談会 昭和の刑事政策を考える」『法律のひろば』43巻1号、4-26頁.
土屋真一編.1991.『昭和の刑事政策』立花書房.
テイラー、ラルフ・B=スティーヴン・ゴットフレッドソン.1995.「環境設計・犯罪・予防――コミュニティのダイナミクスの検討――」アルバート・J・リース・ジュニア=マイケル・トンリィ共編(伊藤康一郎訳)『コミュニティと犯罪(Ⅱ)』都市防犯研究センター、193-228頁.
都市防犯研究センター.1990.『JUSRIリポート:犯罪の被害者発生実態に関する調査報告書』Vol.1, No.1. 都市防犯研究センター.
西村春夫・松本良夫.1969.「都道府県の犯罪率の推定のための試み」『科学警察研究所報告防犯少年編』10巻1号.53-61頁.
日本統計協会.1987.『日本長期統計総覧(第1巻)』日本統計協会.
――.1988.『日本長期統計総覧(第2-5巻)』日本統計協会.
ニューマン、オスカー(湯川利和・湯川聡子共訳).1976.『まもりやすい住空間――都市設計による犯罪予防』鹿島出版会.
野村和彦.1999.「防犯環境設計論(CPTED)の形成過程」『法学政治学論究』第43号、461-492頁.
朴 元奎.1990.「比較犯罪学の当面する諸問題」『比較法雑誌』24巻1号、87-110頁.
――1993a.「戦後日本における犯罪率の推移〜時系列回帰分析によるアプローチ〜(1)」『法学新報』99巻7・8号、165〜230頁.
――1993b.「戦後日本における犯罪率の推移〜時系列回帰分析によるアプローチ〜(2)」『法学新報』99巻9・10号、221〜226頁.
――1994.「戦後日本における犯罪率の推移〜時系列回帰分析によるアプローチ〜(3)」『法学新報』99巻11・12号、169〜195頁.
――1996.「被害者学研究における日米比較――日本の被害者学者はアメリカ合衆国から何を学ぶべきか?――」『被害者学研究』第6号、24-49頁.
――2010.「アメリカの犯罪学教育について考える」『青少年問題』639号、2-7頁.
――2016.「第3講 犯罪学の動向 Ⅳ日本」守山正、小林寿一編『ビギナーズ犯罪学』成文堂、53頁〜64頁.
橋本重二郎.1969.「戦後日本における犯罪学研究の展開――実証的研究推進の背景的事情」岩井弘融その他編『日本の犯罪学Ⅰ 原因Ⅰ』東京大学出版会、11-21頁.
バビー、E.(渡辺聰子監訳).2003.『社会調査法 1 基礎と準備編』培風館.
バビー、E.(渡辺聰子監訳).2005.『社会調査法 2 実施と分析編』培風館.
浜井浩一編.2007.犯罪統計入門:犯罪を科学する方法』日本評論社.
浜井浩一編.2013.『犯罪統計入門 第2版』日本評論社.

ピンディックR・S．ルビンフェルドD・L（金子敬生監訳）．1981．『計量経済学（上）――モデルと予測――』マグロウヒル好学社．
――．1983．『計量経済学（下）――モデルと予測――』マグロウヒル好学社．
藤本哲也．1981a．「アメリカにおける生物学的犯罪研究の現況」『法学新報』第88巻第7・8号、123-139頁．
――．1981b．「ジェフリーの刑罰論――心理生物学的アプローチ」『法学新報』第88巻第9・10号、95-122頁．
――．1991．『刑事政策の新動向』青林書院．
――．2006『刑事政策概論[全訂第五版]』青林書院．
藤本哲也編．2004．『諸外国の修復的司法』中央大学出版部．
ベイリー、デイビッド・H（新田勇他訳）．1977．『ニッポンの警察：そのユニークな交番活動』サイマル出版会．
（財）ベターリビング、他編．2001．『共同住宅の防犯設計ガイドブック』創樹社．
ポイナー、ベリー（小出治ほか共訳）．1991．『デザインは犯罪を防ぐ――犯罪防止のための環境設計』財団法人・都市防犯研究センター．
法務総合研究所編．1977．『犯罪白書（昭和52年版）』大蔵省印刷局．
――．1989．『犯罪白書（平成元年版）』大蔵省印刷局．
星野周弘．1973．「犯罪学における官庁統計使用上の諸問題」『警察研究』44巻3号、21-36頁．
――．2009．「20世紀における犯罪社会学の発展系譜」『犯罪学雑誌』第75巻第5号、133～145頁．
ボトムズ、アンソニー（斎藤豊治＝守山　正共訳）．1998．「ヨーロッパとアメリカ合衆国における環境犯罪学の諸側面」『甲南法学』第38巻第3・4号、183-214頁．
松村良之．1982．「刑罰による犯罪の抑止(2)――アメリカにおける経済学的研究を中心として」『北大法学論集』33巻3号、956-1016頁．
松村良之・竹内一雄．1990．「死刑は犯罪を抑止するのか――アーリックの分析の日本への適用の試み」『ジュリスト』959号、103-108頁．
宮沢節生．1990．「計量比較犯罪学の現状とわれわれの課題」『犯罪社会学研究』15号、134-147頁．
守山　正．1993．「犯罪予防をめぐる『状況』モデルと『社会』モデル――欧米における展開」『犯罪社会学研究』第18号、121-135頁．
――．1995．「環境犯罪学とは何か――犯罪環境を考える」『季刊社会安全』No.19、20-28頁．
――．1999a．「環境犯罪学入門（上）」『刑政』第110巻第5号、72-81頁．
――．1999b．「環境犯罪学入門（下）」『刑政』第110巻第6号、36-47頁．
矢島正見．1984．「日本犯罪社会学会の社会学」『犯罪社会学研究』第9号、80～96頁．
山浦耕志．1982．「数量モデルによる警察の効率の測定」『警察学論集』35巻5号、83-109

頁。

湯川利和. 1978. 「高層住宅団地と犯罪」『都市問題』第69巻第1号、42-58頁。

――. 2001. 『まもりやすい集合住宅』学芸出版社。

初出一覧

序　章　グローバル化時代における比較犯罪学の課題と展望
書き下ろし

第 1 章　比較犯罪学の方法論的諸問題
原題「比較犯罪学の当面する諸課題」『比較法雑誌』24巻 1 号（1990年）87-110頁を改題し収録

第 2 章　公式犯罪統計の日米比較
原題「公式犯罪統計の日米比較――その妥当性と信頼性の問題を中心として」『犯罪と非行に関する全国協議会機関誌（JCCD）』第100号（2007年）120-138頁

第 3 章　戦後日本における犯罪率の推移
原題「戦後日本における犯罪率の推移――時系列回帰分析によるアプローチ(1)・(2)・(3・完)」『法学新報』99巻 7 ・ 8 号（1993）165-230頁；同巻 9 ・10号（1993年）221-266頁；同巻11・12号（1994年）169-195頁

第 4 章　日本における社会学的犯罪学の特色
原題 "Some Characteristics of Japanese Sociological Criminology: A Content Analysis of the Official Publication of the Japanese Association of Sociological Criminology, 1974-2010," 国際犯罪学会第16回世界大会（2011年 8 月、神戸開催）において報告された英語論文（未公刊）をもとに邦語文献として翻訳加筆修正

第 5 章　犯罪学・刑事司法教育の日米比較
原題「アメリカの犯罪学教育について考える」『青少年問題』57巻夏季号（2010年） 2 - 7 頁および「アメリカ犯罪学教育の生成と発展」『犯罪学雑誌』81巻 6 号（2015年）165-173頁を改題し、独立の章として編集加筆修正

第6章　ジェフリーのCPTED理論の進展と変容

原題「なぜジェフリーのCPTED理論は無視されたのか？統合的システムズ・アプローチよりする『犯罪予防』論への進展と変容」『北九州市立大学法政論集』30巻1・2合併号（2002年）184-137頁を解題し収録

事項・人名索引

あ

IMF（国際通貨基金）データ公表基準 … 18
アーリック（Isaac Ehrlich） … 73, 76
アグレゲイティブ・ファラシー（aggregative fallacy） … 87, 163
アジア犯罪学会 … 26
アドラー（Freda Adler） … 3
アノミー … 23
アボット（Daniel J. Abbott） … 3, 33, 35, 37, 46
アメリカ同時多発テロ事件 … 8
アメリカ犯罪学会（American Society of Criminology: ASC） … 27, 34, 174, 197
暗数 … 14, 44, 53, 88

い

イギリス犯罪学会（British Society of Criminology） … 27
異質的機会（differential opportunity） … 23, 43
異質的接触（differential association） … 23, 43
一般化最小二乗法（generalized least squares method: GLS） … 70
一般抑止 … 95
因子負荷行列 … 123
因子分析 … 123
引用分析 … 179, 182

う

ウィックス（Robert J. Wicks） … 33
ウォルピン（Kenneth I. Wolpin） … 68
ウォルフガング（Marvin E. Wolfgang） … 180

え

英国犯罪調査（British Crime Survey: BCS） … 14
エイムズ（Walter L. Ames） … 28
エジトン（Suzanne S. Ageton） … 179

SPSSX … 101
エバンス（Robert Evans, Jr.） … 66
エリオット（Delbert S. Elliott） … 180
遠隔学習教育 … 207

お

欧州警察局（European Police Office: Europol） 20
欧州司法裁判所（European Court of Justice: ECJ） … 21
欧州人権裁判所（European Court of Human Rights） … 21
欧州犯罪・刑事司法統計資料集（European Sourcebook of Criminal Justice Statistics: ES） … 29
オーリン（Lloyd E. Ohlin） … 188
オンライン教育 … 207

か

回帰戦略（regression strategy） … 122
回帰診断（regression diagnostics） … 122
回帰分析 … 66
カイザー（Günter Kaiser） … 34
階数条件（rank condition） … 107
外生変数（exogenous variables） … 104
階層ルール（the Hierarchy Rule） … 54
科学捜査 … 208
科学的証拠に基づく刑事司法政策 … 208
カサイ（Akio Kasai） … 168
過少報告 … 44, 88
ガーツ（Marc G. Gertz） … 34
ガートナー（Rosemary Gartner） … 70
カリフォルニア大学バークリー校 … 197
環境設計による犯罪予防（Crime Prevention Through Environmental Design: CPTED） 215
環境犯罪学（Environmental Criminology） … 215

き

技術的・職業教育モデル ……………………203
キツセ(J. I. Kitsuse) ……………………………188
ギブス(J. P. Gibbs) ……………………………188
近代化理論 ……………………………………23
緊張理論 ………………………………………80

く

クーパー(H. H. A. Cooper) …………………33
クラーク(Ronald V. Clarke) ………………227
クリナード(Marshall B. Clinard) 3, 33, 35, 37, 46
クリフォード(William Clifford) ……………33
グリュック(Sheldon Glueck) ………………37
クレッシー(Donald R. Cressey) …………52, 63
グローバル・ヴィレッジ ……………………22
グローバル化 …………………………………1
グローバル犯罪学(global criminology) ………3
クロワード(Richard A. Cloward) …………188

け

経済的圧迫条件 ………………………………154
経済の機会 ……………………………………90
経済の不平等 …………………………………91
警察統計 ………………………………………53
刑事司法統計集(Sourcebook of Criminal Justice Statistics) …………………………………29
刑法犯 …………………………………………56
ケバン(Jordan T. Cavan) ……………………33
ケバン(Ruth S. Cavan) ………………………33
検挙率における人工的相関の問題 …………166

こ

強姦 ……………………………………111, 137
強姦モデル …………………………………152
公式犯罪統計 …………………………………51
構成妥当性 ……………………………………159
構造的理論(structural theories) ……………24
強盗 ……………………………………112, 139
強盗モデル …………………………………152
交番制度 ………………………………………10
合理的選択理論 ………………………80, 215, 228
合理的犯罪 ……………………………………168
コーエン(Ellen G. Cohen) ………………177, 179
ゴットフレッドソン(Michael R. Gottfredson) …………………………………………180, 189
ゴードン(David M. Gordon) …………………168
コール(George F. Cole) ………………………34
国際刑事警察機構(International Criminal Police Organization: ICPO-INTERPOL) ……8, 11, 20
国際刑事裁判所(International Criminal Court: ICC) …………………………………………21
国際裁判所ローマ規程(Rome Statute of the International Criminal Court) ………………5
国際刑事司法 ………………………………5, 208
国際自己申告非行調査(International Self-Reported Delinquency Study: ISRD) …16
国際司法共助 …………………………………21
国際データベース(International Data Base: IDB) …………………………………………17
国際テロリズム ………………………………8
国際犯罪 ………………………………………4
国際犯罪学(international criminology) ……2, 3
国際犯罪学部会(Division of International Criminology) ……………………26, 27, 34
国際犯罪学会(International Society for Criminology: ISC) …………………………26
国際犯罪統計(International Crime Statistics)
国際犯罪被害調査(International Crime Victimization Survey: ICVS) …………14, 61
国連アジア極東犯罪防止研修所(United Nations Asia and Far East Institute for the Prevention of Crime and Treatment of Offenders: UNAFEI) ……………………………………21
国連国際犯罪予防センター(United Nations Centre for International Crime Prevention) 13
国連地域間犯罪司法研究所(UNICRI-United Nations Interregional Crime and Justice Research Institute) …………………………14
国連犯罪動向および刑事司法制度運用調査 (United Nations Surveys of Crime Trends and Operation of Criminal Justice Systems: UN-CTS) …………………………………4, 12
国連犯罪防止・刑事司法プログラム・ネットワーク研究所(Institutes of the UN Crime Prevention and Criminal justice Programme

Network: PNI) ……………………………… 20
国連薬物・犯罪オフィス (United Nations Office on Drugs and Crime) ……………………… 13
個性記述的 (idiographic) 学問 ………………… 37

さ

再翻訳 (back translation) 手続 ………………… 43
サザランド (Edwin H. Sutherland)
　……………………………… 52, 63, 180, 242
殺人 …………………………………… 113, 141
殺人モデル ……………………………………… 153
サビル (Gregory Saville) ……………………… 236
残差平方和 (sum of squared residuals: SSR)・146
サンプソン (Robert J. Sampson) ……………… 180

し

ジェイコブズ (Jane Jacobs) …………………… 217
ジェフリー (C. Ray Jeffery) ………………… 216, 242
シェリー (Louise I. Shelley) …………… 4, 34, 36
時間的傾向モデル ……………………………… 73, 146
時系列研究 ……………………………………… 100
時系列解析 ……………………………………… 66
時系列回帰分析 ………………………………… 66
識別性 (identification) の問題 ………………… 105
識別性のための制約条件 ……………… 105, 107, 161
自己回帰和分移動平均 (ARIMA: autoregressive integrated moving average) モデル ……… 70
自己申告調査 (self-report survey) ……… 14, 16, 44
自己相関 ……………………………… 77, 101, 122, 142
次数条件 (order condition) …………………… 106
失業率 …………………………………………… 91
指標犯罪 (Index crimes) ………………………… 55
社会学的犯罪学 (sociological criminology)
　……………………………………… 173, 198
社会過程論 ……………………………………… 179
社会経済的成長仮説 …………………………… 155
社会構造論 ……………………………………… 179
社会生物学的学習理論 (biosocial theory of learning) ……………………………………… 220
社会的紐帯 (social bonding) ………………… 96, 155
社会的賃金 (social wages) ……………………… 93
社会統制理論 ………………… 82, 168, 190, 226
シューア (Edwin M. Schur) ……………………… 188

重回帰分析 (multiple regression analysis) 99, 122
自由度調整済決定係数 (adjusted coefficient of multiple determination) …………………… 146
修復的司法 ……………………………………… 10
ショー (Clifford R. Shaw) …………………… 180
傷害 …………………………………………… 110, 135
傷害モデル ……………………………………… 151
状況の犯罪予防 ……………………… 215, 227
ジョンソン (David T. Johnson) ……………… 28
ジョンソン (Elmer H. Johnson) ……………… 34
人口統計学的特徴 …………………………… 24
人口の年齢構成 ……………………………… 97
人道的・社会科学的モデル ……………………… 203
信頼性 ………………………………… 44, 46, 51, 88

す

推定された一般化最小二乗 (estimated generalized least squares: EGLS) ………… 102
スキナー (B. F. Skinner) ………………… 218, 243

せ

生態学的虚偽 (ecological fallacy) ……… 87, 163
生物学的行動主義 (biological behaviorism) ・・220
生物環境主義 (bioenvironmentalism) ……… 221
生物環境的行動理論 (bioenvironmental theory of behavior) ……………………………… 221
世界開発指標 (World Development Indicators: WDI) …………………………………………… 18
世界健康統計年鑑 (World Health Statistics Annual) ……………………………………… 17
世界システム論 (World systems theory) …… 31
窃盗 …………………………………………… 108, 134
窃盗モデル ……………………………………… 150
絶対的貧困 ……………………………………… 93
説明的因子分析 ………………………………… 104
先決変数 (predetermined variables) ………… 106
戦争の記憶モデル (war memory model)・73, 146
全米刑事司法学会 (Academy of Criminal Justice Sciences: ACJS)
　……………………………………… 174, 204, 213
全米事件報告システム (National Incident-Based Reporting System: NIBRS) 62
全米犯罪調査 (National Crime Survey: NCS)
　………………………………………………… 53, 90

事項・人名索引

全米犯罪被害化調査 (National Crime Victimization Survey: NCVS) ……… 14, 53, 90
専門職・管理職モデル ……………………… 203

そ

相関係数行列 ………………………………… 103
相対的貧困 ……………………………………… 93
測定誤差 …………………………………… 99, 159

た

竹内一雄 …………………………………………… 76
多項式分布ラグ・モデル ……………… 101, 122
多重共線性 ……………… 68, 77, 101, 102, 122
妥当性 ………………………………… 44, 51, 88
ダービン＝ワトソン検定 ……… 77, 101, 142
WHO (世界保健機構) 死亡統計データベース・18
単一方程式法 ………………………………… 107
探索的因子分析 ……………………………… 122
弾力性 (elasticities) ………………………… 167

ち

チャン (Dae H. Chang) ……………… 33, 36

つ

通常最小二乗法 (ordinary least squares: OLS)
……………………………………………… 69, 99

て

定性的研究方法 ……………………………… 187
定性的調査研究 ……………………………… 188
定量的研究方法 ……………………………… 187
定量的調査研究 ……………………………… 188
テリル (Richard J. Terrill) ………………… 34
テロリズムおよびバイアス犯罪部会 (Division of Terrorism & Bias Crimes) ……………… 28

と

統一犯罪報告書 (Uniform Crime Reports: UCR)
………………………………………… 29, 52, 89

同時性 ………………………………………… 157
統合的システム論的アプローチ (the integrated systems approach) ……………………… 222
等分散性 (homoscedasticity) ……………… 122
特殊日本説 (unique Japan perspective) …… 162
特定化誤差 ……………………………… 103, 164
特別法犯 ………………………………………… 56
都市化 …………………………………………… 94
トライアンギュレーション (triangulation) … 19
トランスナショナル犯罪 (transnational crime)
………………………………………… 1, 4, 6, 21
トランスナショナル犯罪学 (transnational criminology) ……………………………… 3, 6
トレランス統計量 ……………… 103, 122, 168
トンリィ (Michael Tonry) ………………… 4

な

内生変数 (endogenous variables) ………… 104
内容分析 ……………………………………… 181

に

西村春夫 ……………………………………… 188
二段階最小二乗法 (two-stages least squares method: 2SLS) ……… 71, 73, 107, 122, 134
日本長期統計年鑑 …………………………… 87
日本統計年鑑 ………………………………… 87
日本犯罪学会 ………………………………… 195
日本犯罪社会学会 …………………………… 174
日本犯罪心理学会 …………………………… 193
ニュー・クリミノロジー …………………… 176
ニューウェイ＝ウェスト法 ………………… 143
ニューマン (Graeme Newman) …………… 4
ニューマン (Oscar Newman) …… 216, 223, 224

ね

ネトラー (Gwynn Nettler) ………………… 168
ネルケン (David Nelken) …………………… 3

は

パーカー (Robert Nash Parker) …………… 70
ハーシ (Travis Hirschi) ……… 83, 180, 188, 226

事項・人名索引　*277*

バラク (Gregg Barak) ······················ 4, 6
バラク-グランツ (Israel L. Barak-Glantz) ····· 34
ハワード (Gregory J. Howard) ················ 4
犯罪学博士号 ······························ 197
犯罪学部 ································· 195
犯罪機会理論 ····················· 30, 84, 228
犯罪検挙率 ······························· 117
犯罪行動の合理性 ····················· 79, 83
犯罪社会学 ······························· 198
犯罪統計書 ································ 88
犯罪の経済学理論 ····················· 71, 81
犯罪の経済学モデル ························ 67
犯罪の批判的経済学理論 ··················· 79
犯罪被害者化調査 ····················· 14, 44
反復的プレイス＝ウィンステン法 ········ 102, 143

ひ

ビアーン (Piers Beirne) ······················ 3
比較刑事司法 (comparative criminal justice)
 ································· 5, 27, 208
比較国家的犯罪学 (cross-national criminology)
 ··· 3
比較犯罪学 (comparative criminology)
 ························· 1, 2, 33, 35, 65
比較文化的犯罪学 (cross-cultural criminology)
 ···································· 3, 162
ピケロ (Alex Piquero) ····················· 189
ピーズ (Ken Pease) ························ 189
批判的経済学理論 ················· 81, 83, 168
標準偏回帰係数 (standardized partial regression
 coefficient) ···························· 76

ふ

ファーリントン (David P. Farrington)
 ························ 177, 179, 180, 189
不均一分散 (heteroscedasiticity) ······· 122, 142
物質的生活水準 ···························· 94
フライディ (Paul C. Friday) ················· 43
ブラジセック (Donald I. Blazicek) ············ 33
ブランティンハム夫妻 (Paul J. Brantingham and
 Patricia L. Brantingham) ················ 241
ブラムシュタイン (Alfred Blumstein) ··· 179, 188
フランコウスキー (Stanislaw J. Frankowski) · 34

プレイス＝ウィンステン法 ················ 143
文化主義的アプローチ ···················· 162
分散膨張要因 (variance inflation factor: VIF) 168
分布ラグ・モデル ························· 100

へ

ベイリー (David H. Bayley) ············· 28, 33
ベッカー (Gary S. Becker) ·················· 79
ベッカー (Howard S. Becker) ·············· 188
変数の自然対数変換 ························ 99
ベンディックス (Reinhard Bendix) ··········· 37

ほ

ホイジンガ (David Huizinga) ·············· 180
ホウィスト (Brunon Holyst) ······· 3, 4, 27, 33, 35
ホール (Jerome Hall) ····················· 243
法執行援助局 (Law Enforcement Assistance
 Administration: LEAA) ················· 199
法執行教育プログラム (Law Enforcement
 Education Programs: LEEP) ············· 199
法則定立的 (nomothetic) 学問 ··············· 37
防犯空間理論 (defensible space theory) 215, 223
星野周弘 ································· 177
ホワイト検定 ···························· 143

ま

マートン (Robert K. Merton) ·············· 188
松村良之 ································· 76
マルクス主義的犯罪学理論 ················· 81
マルクス主義的コンフリクト理論 ·········· 162
マンハイム (Herman Mannheim) ········ 33, 35

み

ミューラー (Gerhard O. W. Mueller) ·········· 3

め

メリマン (David Merriman) ················ 71

も

モデルの特定化…………………………… 67

や

矢島正見………………………………… 174

ゆ

有効求人倍率…………………………… 91
有罪率…………………………………… 118
ユンガータス(Josine Junger-Tas) ………… 16

よ

ヨーロッパ犯罪学会(European Society of
　Criminology) ……………………………… 26
抑止仮説………………………………… 155
抑止理論………………………………… 82, 168
抑止-社会統制理論………………………… 79, 83

ら

ラウブ(John H. Laub) ……………………… 180
ラドブルーク(Denis A. Ladbrook) ………… 160
ラベリング論……………………………… 176, 179
LIMDEPコンピューター・プログラム ……… 101
ルーティン・アクティビティ理論(生活運行アプ
　ローチ) ……………………………… 30, 84, 228

れ

レマート(Edwin M. Lemert) ……………… 188
連邦捜査局(Federal Bureau of Investigation:
　FBI) ……………………………………… 52
連立方程式モデル………………………… 104

ろ

ローファー(William S. Laufer) …………… 3

著者紹介

朴　元奎（ぱく　うぉんきゅ）
1952年　東京都に生まれる
1975年　中央大学法学部卒業
1978年　中央大学大学院法学研究科修士課程修了
1984年　フロリダ州立大学犯罪学部大学院修士課程修了
1992年　フロリダ州立大学犯罪学・刑事司法学部大学院博士課程修了
　　　　（犯罪学博士号取得）
1998年　北九州市立大学法学部教授（現在に至る）
2014年　イリノイ大学シカゴ校客員研究員（2015年9月まで）

主要著書

Trends In Crime Rates in Postwar Japan: A Structural Perspective.
　（信山社、2006年）
リーディングス刑事政策［共編］（法律文化社、2016年）
ビギナーズ犯罪学［共著］（成文堂、2016年）
ビギナーズ刑事政策［第3版］［共著］（成文堂、2017年）

比較犯罪学研究序説

2017年5月20日　初版第1刷発行

著　者　朴　　元　奎
発行者　阿　部　成　一
〒162-0041　東京都新宿区早稲田鶴巻町514番地
発行所　株式会社　成文堂
電話　03(3203)9201　Fax 03(3203)9206
http://www.seibundoh.co.jp

製版・印刷　藤原印刷　　　　　製本　弘伸製本
© 2017 W. Park　　　　Printed in Japan
☆乱丁・落丁本はおとりかえいたします☆　検印省略
ISBN978-4-7923-5205-9　C3032

定価（本体6,500円＋税）